T0048014

LA INTELIGENCIA MORAL DEL NIÑO Y DEL ADOLESCENTE

Robert Coles

Ganador del premio Pulitzer

LA INTELIGENCIA MORAL DEL NIÑO Y DEL ADOLESCENTE

Traducción de Alfonso Colodrón

editorial Kairós

Numancia, 117-121
08029 Barcelona

Título original: THE MORAL INTELLIGENCE OF CHILDREN

© 1997 by Robert Coles
© de la edición española:
    Editorial Kairós, S.A., 1997

Primera edición: Marzo 1998

ISBN: 84-7245-405-3
Dep. Legal: B-45.146/97

Fotocomposición: Beluga y Mleka s.c.p., Córcega, 267, 08008 Barcelona
Impresión y encuadernación: Índice, Caspe, 118-120, 08013 Barcelona

Todos los derechos reservados. No está permitida la reproducción total ni parcial de este libro, ni la recopilación en un sistema informático, ni la transmisión por medios electrónicos, mecánicos, por fotocopias, por registro o por otros métodos, salvo de breves extractos a efectos de reseña, sin la autorización previa y por escrito del editor o el propietario del copyright.

A Ruby Bridges Hall, Arnold Hiatt, Cheryl Pickrell, Larry Ronan, que son ejemplos vivos de las tesis de esta obra

La mente en un momento piensa y en otro actúa, y cada movimiento reproduce al otro. Cuando el artista ha agotado sus materiales, cuando la imaginación ya no pinta, cuando los pensamientos ya no son captados y los libros producen cansancio, tiene el recurso de *vivir*. Pensar es la función. Vivir es el funcionario. La corriente se retira a su fuente. Un alma grande será fuerte para vivir y también para pensar.

RALPH WALDO EMERSON

Cantemos una nueva canción, no con nuestros labios, sino con nuestras vidas.

SAN AGUSTÍN

PREFACIO

Durante más de treinta años he estado intentando entender cómo adquieren sus creencias, valores y presupuestos básicos los niños y adolescentes de diferentes orígenes y entornos. Gran parte de este trabajo se ha llevado a cabo en hogares y colegios, así como en salas de hospitales y clínicas, y se ha publicado en libros como *The Moral Life of Children* (1986) y *The Spiritual Life of Children* (1990). Además, a principios de los años noventa trabajé con las Girl Scouts of America para completar un estudio hecho con Louis Harris y asociados, llamado "Las creencias y valores morales de los niños americanos". Después de haber acabado la investigación cuantitativa (miles de jóvenes a lo largo de todo el país rellenaron los cuestionarios), empecé a reunirme con muchos de los que habían respondido al cuestionario, con el objeto de obtener de ellos, individualmente y en grupos, algo que no proporcionan las preguntas con respuestas alternativas: el acceso a la compleja variedad de actitudes, convicciones, sensaciones y sentimientos que pueden informar cualquiera de los valores que mantenemos, así como las ambigüedades e incluso las incoherencias y contradicciones flagrantes que se ocultan detrás de nuestras opiniones cuando intentamos pensar en ellas o expresarlas. También empecé a realizar encuentros con grupos de padres y profesores de aquellos niños, hombres y mujeres que les habían criado, que se habían esforzado por hacerlo bien o que les habían estado enseñando. Personalmente soy padre de tres hijos y he enseñado en escuelas primarias y en centros de enseñanza media como voluntario, así como en varias universidades, en donde he trabajado con estudiantes de medicina y licenciados que hacían cursos de especialización.

En las obras que acabo de mencionar intenté describir cómo *piensan* diferentes niños sobre temas morales, sobre cuestiones éticas, religiosas o espirituales. En esta obra trato de otro asunto: cómo nosotros en tanto que adultos, como madres y padres y profesores y amigos, conformamos los valores de los niños tal como se expresan en su comportamiento, en su conducta; cómo les animamos e instruimos para mantener en la vida diaria una u otra serie de creencias. En los últimos años he oído hablar mucho de la capacidad de lectura, del CI [coeficiente intelectual] y de salud mental. Libros como *Cultural Literacy* y *The Bell Curve* nos han recordado que la actividad cognitiva de la mente continúa siendo un tema de gran interés y muy controvertido, a pesar de que Howard Gardner ha intentado ayudarnos a ampliar el debate, recalcando los diferentes aspectos de esa vida, en *Multiple Intelligences: the Theory in Practice*. Además, durante décadas, psicólogos y psiquiatras han insistido en que el proceso de cognición no tiene lugar en el vacío, en que la mente es la sede de las ansiedades, los afectos, los miedos y las preocupaciones, así como de los hechos y de las cifras. Un libro como el de Daniel Goleman, *Inteligencia emocional*, ha tocado con gran acierto una cuerda sensible en muchos de nosotros. En esta obra espero ampliar más esta reflexión continua sobre lo cognitivo, lo psicológico y lo emocional, tomando en consideración el aspecto moral de la vida de nuestros niños, que es un tercer ámbito, por así decir, de la actividad de la mente: el carácter, tal como se desarrolla desde los mismos inicios de la vida y a lo largo de la adolescencia.

La idea de escribir este libro empezó a partir de un artículo que escribí para *The Cronicle of Higher Education* (18 de septiembre de 1995), titulado "Diferencia entre carácter e intelecto". Las comunicaciones que recibí me desbordaron, así que respondo a ellas en la tercera parte de este libro. Muy pronto, impulsado por alguna de estas cartas, intenté ampliar los temas suscitados en aquel ensayo, y hacerlo con investigaciones que no había realizado en los años anteriores. Doy las gracias a estos hombres y mujeres por todo lo que aprendí de ellos y por los hijos que educaron y enseñaron. Doy las gracias también a Kate Medina, cuyo apoyo y guía editorial han sido fundamentales en este intento de dirigirme directamente a mis compañeros, padres y profesores, así como a Amanda Urban por sus ánimos constantes. Agradezco también a Ed Gerwig su ayuda experta en este manuscrito. También doy las gracias más sinceras a las cuatro personas a las que dediqué este libro: Ruby Bridges Hall por todo lo que ella enseñó a todos los americanos, siendo pionera en Luisiana de la integración racial en la enseñanza a principios de los años sesenta, y por todo lo que ha continuado enseñándonos como madre y con su forma peculiar de enseñar actualmente en las escuelas de Nueva Orleans; Arnold Hiatt, hombre de negocios de Massachusetts extraordinariamente sensible e inteligente; Cheryl Pickrell, profesor de Arizona que posee una gran energía moral; Larry Ronan, médico de Boston "a pie de calle" con los heridos y los más vulnerables y necesitados. Bendigo a estas cuatro personas y a las muchas que hay como ellas a lo largo de todo el país, por todo lo que hacen para mejorar esta vida a sus conciudadanos de los Estados Unidos y a todos los seres humanos.

I. INTELIGENCIA MORAL

1. LA IMAGINACIÓN MORAL: TESTIMONIOS

Este libro trata de la inteligencia moral y de cómo se la posibilita a través de la imaginación moral; versa sobre nuestra capacidad desarrollada gradualmente para reflexionar con todos los recursos emocionales e intelectuales de la mente humana sobre lo que está bien y lo que está mal. Este libro trata de lo que significa "ser una buena persona" en contraposición a ser una "persona no tan buena" o una "mala persona". Pretendo brindar algunas ideas sobre cómo se desarrolla el carácter de los niños y cómo evoluciona su imaginación en diferentes momentos de su vida. El libro está dirigido a aquellas personas que tienen hijos o que están enseñando a niños y a adolescentes. En *The Moral Life of Children*, examiné el *pensamiento* moral, tal como es conformado por las influencias ajenas al hogar: por la clase social y la raza, por los acontecimientos sociales, por las fuerzas culturales (integración escolar, la presencia de las bombas nucleares entre nosotros, el vecindario concreto en el que vive el niño o la niña, los presupuestos que alimenta). En esta obra, por el contrario, investigo el tema de la *conducta* moral, de la vida que viven los niños y adolescentes en respuesta a la forma en que son tratados en casa y sus centros escolares. Este libro tiene como objeto mostrar cómo se desarrolla el *comportamiento* moral como respuesta a las *experiencias* morales que van teniendo día a día en la familia y en la clase.

Oí por primera vez el término "inteligencia moral" hace muchos años a Rustin McIntosh, un distinguido pediatra que nos enseñaba a un grupo de alumnos a trabajar con jóvenes pacientes gravemente enfermos. Cuando le pedimos que nos explicase en qué estaba pensando cuando pronunciaba la frase "inteligencia moral", no respondió con una definición elegante y precisa. Por el contrario, nos habló de niños y niñas –que había conocido y a los que había tratado– que la poseían, que eran "buenos", que eran bondadosos, que pensaban en los demás, que tendían de forma natural hacia aquéllos que eran *listos* en este sentido. Algunos niños, incluso a los seis o siete años, tenían ya un deseo evidente de ser discretos y corteses; poseían la generosidad y la buena disposición para ver el mundo como otros lo veían, para experimentar el mundo a través de los ojos de alguien y para actuar según ese conocimiento de una forma bondadosa. Nos contó historias de momentos clínicos que consideraba inolvidables: una niña que estaba muriéndose de leucemia y que se preocupaba por la "carga" que ella suponía para su madre, que estaba enormemente triste; o un niño que había perdido el uso de su brazo derecho en un accidente de automóvil y que sentía menos pena por sí mismo que por su papá, a quien le gustaba el béisbol y le encantaba entrenar a su hijo y a otros amigos del vecindario en un pequeño equipo local.

Pero recuerdo haber necesitado más que los relatos de aquel médico. Yo quería que el doctor McIntosh fuera preciso, me diera una formulación, una descripción categórica para poder recurrir oportunamente a ella en mi vida, en un período en el que estaba metido de lleno en mi formación como pediatra y psiquiatra infantil, además de ser padre y maestro de escuela, cuatro formas en las que acabé quedando involucrado con jóvenes. Tiempo después sólo conseguí de este querido profesor de la Facultad de Medicina este resumen campechano: «se reconoce la "inteligencia moral" cuando se ve y se oye en el trabajo; un niño que tiene *esta* clase de inteligencia no la muestra con hechos y cifras, sino por la forma de comportarse, el modo en que habla de los demás y los toma en consideración».

Él pudo darse cuenta de que yo seguía hambriento por saber más. Dirigió su mirada hacia sus estantes de libros, hacia todos los volúmenes que estaban allí y que trataban de las enfermedades que afligen a los niños, pero también de su desarrollo cognitivo y emocional. A continuación me miró de nuevo; tenía sentado frente a él a un joven doctor con ansias de precisiones: «continuamente hablamos de niños "listos" o niños con "problemas emocionales", pero no estamos tan dispuestos a hablar de los niños de buen corazón, o de aquellos que nos incomodan porque pensamos que no son buenos en absoluto, que, de hecho, ya han recorrido un largo camino hacia la maldad».

Yo podía imaginar que no iba a conseguir lo que ansiosamente pretendía, que era una generalización satisfactoria que me permitiera ser "brillante" sobre un aspecto concreto del comportamiento humano, sobre la bondad en los niños. En vez de ello, un médico me estaba enseñando con su propio ejemplo, que es la forma de enseñar a los niños: haciéndoles testigos de nuestra propia conducta. Además, hizo algo más que nosotros también podemos hacer: recurrió a anécdotas, a recuerdos de momentos observados en vidas concretas de niños. Anécdotas de la vida real, o historias que aparecen en el cine y en la literatura pueden conmovernos y provocar la imaginación moral. Los argumentos didácticos o teóricos no funcionan muy bien; los relatos, las imágenes y la conducta que observamos sí que funcionan.

La "inteligencia moral" no se adquiere únicamente mediante la memorización de leyes y normas, a fuerza de exposiciones abstractas en clase o de la obediencia en el hogar. Crecemos moralmente como consecuencia de aprender cómo estar con los demás, cómo comportarnos en este mundo; es un aprendizaje suscitado por la incorporación de lo que hemos ido viendo y oyendo. El niño es un testigo, un testigo permanente de la moral de los adultos, así como de su ausencia; el niño busca una y otra vez claves para saber cómo debe comportarse, y encuentra una gran cantidad de éstas en cómo padres y profesores vivimos nuestra vida, tomamos decisiones, nos relacionamos con personas, mostramos en la acción nuestros presupuestos, deseos y valores más enraizados. Todo esto dice a los jóvenes observadores mucho más de lo que podemos darnos cuenta.

Cuando pienso qué pretendo con este libro, me recuerdo como joven médico y testigo de aquel anciano doctor; me acuerdo de *su* "inteligencia moral", de su respeto por los demás y por sí mismo, así como de la profunda conciencia que tenía de nuestra interconexión humana. Fui testigo de cómo abordaba a sus pacientes, niños heridos y enfermos, pero también a sus padres y a nosotros, internos, residentes y enfermeras, así como a los auxiliares de enfermería, voluntarios y conserjes, que contribuían a que el hospital funcionara eficazmente, y a los que él se esforzaba por tratar con consideración y respeto. De hecho, recuerdo cómo salía de su despacho aquel médico, que fue un padre para toda una generación de pediatras que se formaron con él, para agradecer a un auxiliar de enfermería por haberse preocupado con un gran celo de los juguetes o por la habitación de un niño; elogiar a una enfermera por la forma en que hablaba con una niña de cuatro años que estaba a punto de morir; tomarse el tiempo de sentarse en el suelo con un niño para mirar un tren eléctrico y ayudarle a enganchar un pedazo de vía que se había soltado. Allí había un "pez gordo" que además era psicológicamente sólido y ecuánime, y algo más: era un hombre de carácter noble que poseía una gran humanidad. Era respetuoso con los demás, sin que le importara la posición social que tuviesen; era "una buena persona": cortés, compasivo, cariñoso, bondadoso, nada pretencioso, elegantemente dispuesto a salirse de su camino, de su gran e importante camino, para reunirse con otros, reconocerles como compañeros en un esfuerzo compartido y cotidiano, para que la sala de pediatría funcionase bien, para que unos niños extremadamente vulnerables pudieran conseguir un poco más de la vida, algo que no hubiera sido posible de otro modo.

No nos daba a los enfermos y residentes conferencias y sermones sobre cómo comportarnos entre nosotros, con el personal del hospital o con los niños a los que tratábamos. Tampoco nos pasaba artículos de lectura obligatoria, guías de buen comportamiento en aquellas zonas del hospital ni libros de "autoayuda" para alimentar nuestra "inteligencia moral" (nuestra IM ¡como algo opuesto a nuestro CI [coeficiente intelectual]!). «No la letra, sino el espíritu», parecía estar diciéndonos amablemente aquel viejo doctor. De hecho, nos *decía* muy pocas cosas; vivía de acuerdo con sus principios morales y muy pronto fuimos testigos de su conducta, de su forma de estar con los demás. Nuestro desafío consistió en absorberla, en intentar hacer lo mismo, como son proclives a hacer todos los jóvenes cuando han aprendido a admirar y a confiar en alguien mayor que ellos.

Por otra parte, *había* mencionado directamente la idea de noción de inteligencia moral, el concepto concreto, lo cual nos dejó sorprendidos y perplejos al principio: que tuviéramos que tener en cuenta las acciones morales de una persona tanto como su calibre intelectual o su equilibrio y estado emocional. La idea nos entusiasmó al principio e intentamos elaborar una lista con subdivisiones: inteligencia cognitiva, bienestar psiquiátrico, vida o carácter moral. Pero él se rió cuando entró en la sala de reuniones de personal y vio aquella lista escrita en la pizarra. Cito sus palabras de memoria: «escuchen, jóvenes: yo simplemente quería sugerir que se parasen a pensar en estos niños que estamos tratando, para que no me hablasen siempre de lo listos o lo poco listos que son, o de que son tranquilos o emocionalmente problemáticos. Denme una idea más exacta de ellos; bueno, utilizando una palabra pasada de moda, de su *conducta*: ¿son generosos o egoístas?; ¿prestan atención a los demás y a *su* situación, o están absortos en su propio mundo? Podemos encontrar toda la gama incluso entre nuestros niños más enfermos: niños que piensan en los que les rodean y niños que no tienen tiempo para los demás, incluidos los miembros de su propia familia».

Con este mismo espíritu intento ofrecer aquí lo que es posible en un libro; historias y pensamientos que pretenden inspirar la formación de la imaginación moral; muchas palabras, pero con el recordatorio repetido, aprendido de aquel médico y de otras personas (mis propios padres, mi esposa, determinadas personas que han tenido en mi vida el papel de padres), de que estas palabras no son para memorizar con el objeto de pasar un examen que va a ser calificado por otro profesor, sino que intentan ayudar a desencadenar una vida de actividad humana honorable. Dicho de otro modo, este libro pretende ofrecer alimento a la imaginación moral de los lectores, a ese "lugar" dentro de nuestra cabeza, de nuestros pensamientos y ensoñaciones, de nuestras vidas errantes y preocupadas, en el que consideramos el sentido de nuestra vida y también otros desafíos éticos del mundo. Un lugar en el que intentemos decidir qué debemos hacer y qué no, cómo debemos comportarnos con otras personas, y todo ello por qué conjunto de razones éticas, religiosas, espirituales y prácticas.

Una mente reflexiva y capaz también de reflexionar sobre sí misma da lugar en algún punto a un "yo sabio": a la imaginación moral afirmada, realizada, desarrollada, entrenada para hacerse más fuerte por las decisiones diarias, las pequeñas y las grandes, las acciones realizadas y después consideradas y reconsideradas. A fin y al cabo, el carácter es lo que somos tal como nos expresamos en la acción, en cómo vivimos y en lo que hacemos. Y esto es lo que conocen los niños y los jóvenes que están en contacto con nosotros. Ellos absorben y almacenan lo que observan, concretamente a nosotros, adultos que vivimos y hacemos cosas con un cierto espíritu y que convivimos de muy diferentes formas. Nuestros hijos atan cabos, imitan, clasifican lo que han observado y muy a menudo se alinean así posteriormente con esos consejos morales específicos que les hemos dado, deliberadamente o casi sin darnos cuenta.

Por supuesto, algunos niños no nos dicen explícitamente lo que han observado, la sensación que tienen de nosotros o de nuestra forma moral de ser. Puede ser muy duro para nuestros hijos e hijas, que quieren querernos –que ciertamente nos miran y nos quieren– ponerse frente a nosotros, sus padres y profesores, y señalar las cosas que les inquietan. Pude darme cuenta de todo esto en una ocasión memorable en llevaba en auto al hospital a mi hijo de nueve años. Se había herido accidentalmente por desobedecerme a mí y a su madre "jugando" con algunas herramientas de carpintería que teníamos guardadas en el garaje. Yo estaba preocupado porque se había hecho un corte profundo, que obviamente exigía cierta atención quirúrgica y porque él había ignorado nuestras "normas", las instrucciones de nuestro hogar. Me apresuré con él al hospital en una mañana lluviosa, sin preocuparme de que mi coche estaba salpicando a los peatones que cruzaban la calle; en cierto momento me ignoré la luz naranja de un semáforo y a continuación me salté otro claramente en rojo; fue entonces cuando intervino mi hijo. En medio de aquella larga carrera hacia la sala de urgencias, me dijo: «papá, si no tenemos cuidado, causaremos más problemas con nuestra forma de intentar solucionar nuestro problema».

Pude observar cómo se mordía el labio para evitar decir algo más. Yo había utilizado previamente la palabra "problema", había dicho "tenemos problemas" cuando nos precipitábamos para entrar en el coche. En aquellos momentos, un niño estaba señalando, con tacto y respeto, además de un poco de miedo, una gran paradoja: aquel esfuerzo para solucionar un "problema" podía acarrearnos otros, y me estaba haciendo un reproche mientras pensaba, mirándome con cierta ansiedad: «sé cuidadoso; podrías herir a alquien en tu precipitada carrera», que corría el riesgo de convertirse en un desastre a causa de mi obstinación. Por así decir, era la manifestación del carácter de un hijo, su preocupación por los demás expresada en palabras, a pesar del momento de vulnerabilidad que vivía. Era capaz de pensar en la posibilidad de que otros pudiesen ser atropellados, heridos por un coche que desafiaba los semáforos y que corría a toda velocidad, conducido por alguien que tenía un estrecho impulso moral: «¡lo que importa ahora somos nosotros mismos y al diablo con los demás!». Caí en la cuenta de las implicaciones morales que tenía la advertencia –casi un reproche– de mi hijo: «aquí hay algo importante en juego, que es la vida de los demás». Un niño había salido de sí mismo y pensado en los demás, pasando por alto su propio sufrimiento, que hubiera justificado una mayor preocupación por sí mismo.

La reciprocidad de la guía moral

Esto es lo que nuestros hijos pueden ofrecernos y lo que podemos ofrecerles: una oportunidad de aprender de ellos, al mismo tiempo que intentamos enseñarles. Muy a menudo esta cuestión de "carácter", de "clarificación de valores", de "desarrollo moral" se presenta como un camino de una sola dirección: un niño o una niña que finalmente alcanzan la meta. Pero dentro de una familia o de una clase, los niños mantienen conversaciones con sus padres y profesores, se responden mutuamente y aprenden unos de otros. En aquella carrera al hospital, mi hijo me estaba ayudando a moldear mi carácter, impulsándome a reducir la velocidad, no sólo literal, sino también simbólicamente; estaba pidiéndome que me parara a pensar sobre lo que estaba bien y lo que estaba mal. Cuando llegamos al hospital, estuve tentado de valerme un poco de mi posición, como médico con amigos colegas que trabajaban allí y que, seguramente, estaban dispuestos a atendernos con rapidez, para no vernos sometidos a una larga espera. Pero era una sala de urgencias y había otras personas esperando allí, personas que tenían que soportar su propia dosis de dolor, ansiedad y miedo. Recuerdo haber pensado que mi hijo se había convertido aquel día en mi guía moral y que yo ya no debía atreverme a reclamar ningún trato especial. Además, él se había fortalecido moralmente por el hecho de tenerme a mí para observar, afrontar el desafío y enseñar.

Este libro, pues, trata de cómo se desarrolla el carácter en los jóvenes, cómo se forman sus valores y se construye una buena persona; también de cómo podemos colaborar para conformar la inteligencia moral de los niños y de los adolescentes. Este libro contiene historias que cuentan el modo en que niños y jóvenes se esfuerzan por encontrar una dirección moral. Contiene preguntas y también respuestas, problemas morales y posibles soluciones a los mismos. Intenta desarrollar respuestas que puedan ponerse en práctica a aquellas preguntas que continuamente nos llegan a lo largo de la vida sobre qué es bueno y qué es malo. Este libro versa sobre las conversaciones sobre ética que podemos tener, y que de hecho tenemos con nuestros hijos, así como con nosotros mismos y entre nosotros como adultos. Para educar niños y jóvenes con cierto éxito moral tenemos que suscitar una y otra vez cuestiones de conciencia, de preocupación moral. En este libro consideramos cómo continuamos reflexionando los seres humanos sobre lo que hacemos, e intentamos comprender cómo afecta nuestra acción a los demás. Por lo que sé, la advertencia que me hizo mi hijo, expresada de modo informal pero clara, tal vez nos evitó un accidente, o incluso salvó una o dos vidas. Aún hoy día sigo agradeciendo a Dios que mi hijo se expresase y que, de algún modo, en medio de mis momentos de preocupación por mí mismo y de mis sentimientos de importancia personal, fuese capaz de aceptar el sentido de lo que estaba intentando transmitirme: era una situación en la que su carácter y el mío estaban siendo puestos a prueba.

Así es como llegamos a ser las personas que somos en el aspecto moral: a través de las experiencias que tenemos, cómo las vivimos y qué nos respondemos unos a otros cuando las estamos viviendo. Muy pronto nuestros hijos empiezan a ser considerados, por nosotros y por los demás, como razonablemente "buenos" o "no tan buenos", como "abocados a tener problemas", o que "van por mal camino", como decía un niño que estaba en tratamiento psiquiátrico cuando yo hacía mis prácticas hospitalarias.

Qué es lo que hace a una buena persona

«Están los que tienen buen corazón —señaló una profesora y continuó— y están los duros de corazón». Yo y un grupo de profesores nos quedamos helados ante este último pensamiento: el del niño que evoluciona hasta convertirse en una mala persona. Y, por supuesto, nos interrogábamos en común sobre lo que puede hacerse en la clase —o en el hogar— para formar más corazones bondadosos y menos almas insensibles. No tengo ninguna receta mágica que ofrecer, ni tampoco la tenía ninguno de ellos. Me preguntaron qué es lo que hago —o haría— ante alguno de las situaciones problemáticas que me estaban describiendo; es decir, cómo crear la regla de oro, que tiene que ver con el tema de la empatía y que es tan fundamental en cualquier debate sobre moral y sobre lo que es ser una "buena persona". Esto es algo que surge entre los alumnos y que afecta su vida —su conducta—, y no sólo su mente —sus pensamientos—. Mientras estaba sentado allí preguntándome qué decir, pensé en una breve aunque convincente historia de León Tolstoi; una historia que puede leerse en clase o enseñarse a todo el mundo, sin que importe su edad, desde la escuela primaria a los alumnos de posgrado, pasando por los estudiantes de bachillerato y los universitarios. La historia se llama "El viejo abuelo y el nieto":

El abuelo se había hecho muy viejo. Sus piernas no le obedecían, sus ojos ya no veían ni sus oídos oían, y además carecía de dientes. Cuando comía, la comida se le caía de la boca.

El hijo y la nuera dejaron de sentarle a la mesa y le servían las comidas detrás de la estufa. En cierta ocasión le llevaron la cena en un cuenco y cuando el anciano fue a cogerlo, se le cayó al suelo y se le hizo añicos. La nuera empezó a quejarse de su suegro, diciendo que lo rompía todo, y juró que desde aquel día le daría de comer en un balde de lavar los platos. El anciano se limitó a suspirar sin decir nada. Poco después, el marido y su esposa vieron a su hijo pequeño jugando en el suelo con algunas planchas de madera; estaba intentando construir algo. Movido por la curiosidad, el padre le preguntó: «¿qué estás haciendo, Misha?». Y Misha respondió: «papá, estoy fabricando un balde para daros de comer en él cuando tú y mamá seáis viejos».

El marido y su esposa se miraron y empezaron a llorar. Se sentían avergonzados de haber ofendido al abuelo; desde entonces le volvieron a sentar a la mesa y no empezaban a comer hasta que él llegaba.

Cuando acabé de leer, nos quedamos todos sentados en silencio bajo el hechizo de Tolstoi. Al final, un profesor se dirigió a mí diciéndome: «tiene mucha fuerza», pero otro profesor se preguntó si no perderían rápidamente su garra las palabras mágicas de esta historia, al menos sobre algunos jóvenes que, por diversas razones, se habían vuelto demasiado cínicos, insensibles y egoístas: los "duros de corazón". Sin embargo, yo tenía algo que añadir: cómo solía utilizar esa historia de Tolstoi en las clases. La leía en alto, pedía una interpretación, algunos comentarios o pensamientos sobre lo que esta historia podía transmitirnos. Previamente había informado a los alumnos de cómo había llegado a conocerla, gracias al amor de mi madre por Tolstoi; les había contado la afición que ella tenía a leer sus diversos cuentos y novelas una y otra vez, y su hábito de leérselas en alto a mi padre. Había contado a la clase ciertos acontecimientos de mi vida; los momentos en los que había fallado en actuar conforme a la moral de esta historia, en responder a una u otra persona por estar demasiado preocupado con mis propias responsabilidades e intereses. He de añadir que el objeto esencial de estas alusiones personales no era el de acusarme a mí mismo ni el intento de justificarme, paradójicamente, al exponerme públicamente con la esperanza de que los alumnos aliviasen mi alma. La finalidad era invocar mi propio lado frágil para facilitar el que todos compartiéramos nuestras experiencias con más franqueza: ese tipo titubea y no está sacando mucho provecho, pero *está poniendo* su historia encima de la mesa y, en consecuencia, a mí se me facilita sacar algo de mí, mis recuerdos o mi historia, ya sea de modo explícito (hablando francamente) o en la forma en que lo hacemos muchos (recordando, ya que los recuerdos de otra persona desencadenan los nuestros). A su debido tiempo, después de haber hablado, pedí a los alumnos que escribiesen un ensayo sobre la historia de Tolstoi, sobre el significado que tenía para ellos, sobre lo que se imaginaban que harían con ella si fueran padres o profesores. Poco después, por supuesto, me encuentro leyendo recuerdos introspectivos o sugerencias para emprender tal o cual acción. De este modo, y con la ayuda de Tolstoi, todos nosotros nos convertimos en testigos de la imaginación moral en acción.

2. LA BUENA PERSONA

Durante muchos años he pedido a niños y jóvenes que me cuenten sus ideas sobre qué es lo que hace ser una buena persona. Obviamente sus respuestas han sido diferentes; algunos ponen el acento en la actitud de interés y servicio por los demás; otros recalcan la importancia de las creencias religiosas; hay quienes señalan la importancia de determinados valores laicos, como la independencia de espíritu, la responsabilidad civil, el compromiso en el trabajo y una sólida vida familiar.

En una de las clases de la escuela primaria en la que yo enseñaba, veintiocho niños estaban sentados ante a mí en sus pupitres bien alineados; recuerdo cómo reaccionaron cuando tuvimos un debate sobre la "bondad". Reflexionamos sobre diferentes guiones morales. En algún momento les conté una historia; había sido escrita por un alumno mío universitario, Howie Axelrod, un joven de gran inteligencia y buen corazón. La historia, una fábula moral si lo prefieren, se titulaba "Tiempo de estrellas":

> Hace mucho tiempo, no había estrellas en el cielo.
> Sólo la luna solitaria brillaba en la noche y, como estaba triste y sola, daba muy poca luz.
> Había alguien que tenía en su poder todas las estrellas. No era un poderoso rey, ni tampoco una malvada bruja, sino una

niña pequeña llamada Stella. Cuando su madre apagaba sus luces por la noche, el techo del dormitorio de Stella lanzaba destellos más brillantes que ningún árbol de Navidad.

A veces, Stella tenía la sensación de mirar hacia abajo como si estuviera sobrevolando las luces de una ciudad en un avión.

Stella adoraba dormirse bajo su techo estrellado y siempre tenía sueños muy agradables y luminosos. Un día, algunos niños y niñas estaban hablando en la escuela y oyó que uno de ellos decía:

—No puedo dormir por la noche, porque mi habitación está muy oscura y tengo miedo.

Una niña se unió a ella:

—A mí también me pasa. Esa vieja luna triste no sirve para nada. Mi habitación está tan oscura como un armario.

Stella se sintió mal, porque no sabía que ella era la única que tenía estrellas en su habitación.

Aquella noche, cuando su madre apagó las luces, su techo se iluminó con el resplandor de dan todas las luces de una ciudad, pero Stella no podía dormir. Se sentía triste pensando en todos los niños y niñas que estaban acostados y seguían despiertos en la oscuridad. Saltó entonces de la cama y abrió la ventana. La luna colgaba tristemente del cielo.

—Luna, ¿por qué no das más luz? —preguntó Stella.

—Porque estoy sola. Tengo que pasar toda la noche aquí fuera conmigo misma y, a veces, estoy asustada.

—Lo siento —respondió Stella, totalmente sorprendida de que algo tan grande y hermoso como la luna pudiera sentir el mismo miedo que las niñas y los niños pequeños.

—Además, me canso —añadió la luna—. Es una enorme tarea alumbrar todo el cielo.

Stella reflexionó durante unos instantes.

—Luna —le preguntó—, ¿te ayudarían mis estrellas a hacerte compañía?

—Sí —respondió la Luna.

–¿Y harían que el cielo fuese más brillante?

–Sí, y también me harían feliz.

Stella se apartó de la ventana y miró sus estrellas.

–Debéis ir y ayudar a la luna –les dijo–. Os echaré de menos, pero cada noche miraré por mi ventana y os veré en el cielo –y enjugando una lágrima, se despidió de ellas–; ahora, iros.

Tras estas palabras, las estrellas se desprendieron del techo y giraron con un resplandor deslumbrante hasta que cogieron suficiente velocidad para salir disparadas hacia la luna. Salicron a borbotones por la ventana y después se dispersaron por todo el cielo. Fue la visión más hermosa que jamás antes hubiera contemplado.

Desde entonces, las noches fueron más brillantes y la luna rebosaba de felicidad por tener muchas amigas.

Con la luz del nuevo cielo nocturno, las abuelas y abuelos empezaron a sentarse afuera en los porches y a contar historias de antaño, y las jóvencs parejas empezaron a pasearse agarradas de la mano por la calle.

Pero lo mejor de todo fue que Stella pudo sentarse afuera con un amigo a contemplar juntos las estrellas.

Los niños quedaron encantados y pedían oír el cuento otra vez. Querían que les hiciera copias del mismo para poder llevarlo a casa y leerlo a sus padres o que éstos se lo leyesen en voz alta. Estaban ansiosos por discutir este cuento, captar algún mensaje, alguna manera de pensar, pero, sobre todo, quedaron conmovidos por el gesto de Stella, por su capacidad y disponibilidad para pensar en los demás e incluso para entregar su propio mundo para que el de los demás fuera más luminoso. Su generosidad les llevaba a maravillarse ante su propia humanidad. Una niña señaló: «estaba siendo buena, era algo natural y es lo que a mí me gustaría hacer si pudiera». Otra niña recogió el tema preguntando si "natural" era la palabra justa, puesto que ella observaba que «a muchas personas probablemente no les gustaría compartir sus estrellas con nadie». Poco después, aquellas niñas y niños estaban enzarzados en una discusión inteligente sobre la extensión y los límites de la generosidad, un aspecto de la cuestión de la "bondad" que habíamos estado explorando con una considerable y, creo que por parte de todos, una ejemplar determinación.

Además, muy pronto me enteré de que "Tiempo de estrellas", con Stella como protagonista, tuvo una vida conmovedora hogar tras hogar durante varias semanas. Los padres leían este cuento, se lo leían también a sus hijos y lo comentaban, de forma que cuando tratamos de él una vez más (yo pedí a varios niños y niñas que lo dividieran en partes y leyeran en alto la que habían elegido), sus intercambios de impresiones fueron más vívidos, avispados y, a veces, apasionados. Aquellos niños empezaban a pensar en lo que tenían dentro de sí, en sus vidas y en lo que querían compartir con los demás, así como –y esto es muy importante– las consecuencias que esto podría tener.

Palabras en acción

Es obvio que esta última palabra, "consecuencias", fue muy importante: una cosa es hacer una lista de cualidades que, sumadas, hacen buena a una persona o bueno a un niño, y otra muy diferente es intentar imaginarse a uno mismo practicando tal o cual virtud, viviéndola en la vida diaria: convertir sustantivos como "generosidad", "bondad", "consideración", "sensibilidad" y "compasión" en verbos y en palabras activas.

Cuando terminó aquella clase, pensé que finalmente había tropezado con algún "consejo" pasado de moda que yo podía ofrecer a los padres de los niños a los que enseñaba o con los que trabajaba como médico, ya que todos los padres pasamos nuestros momentos de hambre de muchos consejos. Tomen esos sustantivos que denotan buenos rasgos morales y, con la ayuda de sus hijos e hijas, intenten convertirlos en verbos: tareas que realizar, planes de acción que deban continuarse con un trabajo real. Un plan imaginado es un simple preludio de una conducta cotidiana de vida, pero, a largo plazo, la suma de los planes imaginados que se llevan a la acción se convierten en el propio "carácter". Posiblemenete con los guiones que imaginamos estamos posiblemente creando el próximo marco de futuras acciones, en las listas de buenas cualidades, valores o virtudes que pueden olvidarse tan rápidamente como se aprenden.

En algún punto del debate sobre "Tiempo de estrellas", un niño se preguntaba si ese cuento podía ayudarnos a saber cómo describir un a "niño bueno"; como ya he mencionado, durante algún tiempo yo había estado animándoles a ellos y a otros niños a que me ayudaran a llegar a establecer algunas características útiles. «Si lees este cuento –declaró el niño– y le das algo a alguien, haciendo una buena acción, has dado al mundo una estrella y esto significa que eres mejor de lo que eras antes. Pero uno podría recaer olvidando al chico siguiente; por tanto, es necesario continuar compartiendo con otros ya que, si no, eres bueno un día y al día siguiente no haces lo que está bien y has perdido una oportunidad; eso es lo que dice mi madre». Mientras escuchaba, pensaba en el mundo de Sísifo de la mitología griega, con su imagen del hombre condenado a subir por una colina empujando una roca para dejarla caer colina abajo cada vez que llegaba a la cima; es un recordatorio constante de la lucha para elevarnos, por así decir, ante la posibilidad siempre presente de resbalar y retroceder. Y pensé en la idea de Emerson de que cada día es un buen día, que era una forma de recalcar las enormes posibilidades morales que puede ofrecer un período determinado. Todo esto estaba barajándose en la preocupada y exigente especulación ética de un niño.

Una buena persona

Los niños buenos son niños y niñas que han aprendido ante todo a tomar muy en serio el mismo concepto de bondad, su deseabilidad; que viven conforme a la regla de oro: el respeto por los demás, un compromiso de mente, corazón y alma con la propia familia, los que le rodean y el país; y que también han aprendido que la cuestión de la bondad no es algo abstracto, sino algo concreto y que se expresa: cómo convertir la retórica de la bondad en acción, en momentos que afirmen su presencia en una vida concreta.

He aquí el testimonio de otro niño, que tenía trece años cuando me dijo lo siguiente: «mi papá dice que mucha gente habla y habla, pero su "marcador" no es tan bueno, ya que hablar no cuesta dinero. Cuando intentas simplemente recordar ser amable y ayudar a alguien si puedes; cuando intentas tener una actitud amistosa con la gente y no hacerte el listo rebajándoles en lo que piensas y dices de ellos, entonces estás preparado para empezar, porque está en tu mente (¿lo ves?), está en tu mente el que has de estar ahí afuera haciendo algo, lo que creas que es justo, que está bien; no se trata sólo de hacer campaña del tema [de la bondad], y decirte lo que creo de ella; si haces mucho eso [sólo hacer campaña] sólo estás mejorando tu imagen, quiero decir, si tus palabras no se ajustan a lo que acabas haciendo». Un silencio, unos largos segundos y, a continuación una breve y aguda reflexión, bastante sorprendente: «mira, un tipo que está ahí, y que sólo es un buen tipo ¡incluso él puede estropearlo todo!; puede estar llamando la atención continuamente sobre sí mismo, sobre todas las cosas que hace y acabar con un gran ego; es alguien que sólo busca el aplauso de todo el mundo».

Una rectitud consumada, que se ha vuelto farisaica y egoísta es, sin duda alguna, un riesgo para muchos de nosotros, que podemos tener la tentación de señalar acusadoramente con el dedo a los demás, mientras nos ponemos como ejemplo con una actitud de satisfacción propia. En otras observaciones, aquel niño se preocupaba mucho y en voz alta del riesgo de convertirse en un "santurrón"; ésta era su repetida reflexión de advertencia sobre el tema de la "bondad" cuando estábamos intentando abordar el tema. Todavía recuerdo aquel momento, aquella preocupación expresada, ese instante de alarma moral: espera un momento, compañero, vamos a darle otra vuelta al tema para que no te conviertas en un pretencioso, en un jactancioso ebrio de autoalabanzas a tu propia bondad o a tus buenas obras, ya que todo ello puede rodar moralmente cuesta abajo, como en el mito de Sísifo. Ésta es otra de las ironías de la vida que puede esperarnos a la vuelta de cualquier esquina, incluso de una que aparentemente pueda parecer prometedora.

Una película como reflexión moral: Un asunto del Bronx

El hermano de aquel niño, tres años mayor que él, le había llevado a ver la película *Un asunto del Bronx*, dirigida por Robert De Niro, que también actúa en ella. Siempre recordaré lo que aquella película produjo en los dos hermanos, pero también conozco a otros jóvenes que la vieron y a los que les suscitó grandes momentos de reflexión. La película lleva al espectador a las calles de un barrio italiano de clase obrera en el Bronx, en donde vive un conductor de autobús, Lorenzo Anello, junto con su esposa y su hijo, Calogero, conocido como C. El padre es un hombre humilde, muy trabajador y honrado, que se niega a sucumbir a la autoridad de un gángster local, cuya mano de hierro hace temblar a todo el mundo. El muchacho es testigo de un crimen cometido por este gángster, pero no dice nada a la policía, ganándose así su gratitud. A partir de entonces se desarrolla una compleja amistad y, en poco tiempo, C llega a tener dos padres: el biológico, honrado y desde el punto de vista moral muy exigente, y el hombre cuyo trabajo y negocios están claramente fuera de la ley. El gángster puede ser amable, generoso, e incluso sensato, y de ahí el poder moral de esta película: nuestro corazón y nuestras tripas están con este joven desgarrado entre diversos afectos, lealtades, deseos y anhelos, que vive en un mundo en el que el bien y el mal no pueden distinguirse clara y adecuadamente en cualquier situación social o individual. En el argumento de la película también se introduce el tema de la raza: el joven se ve atraído por una compañera de estudios afroamericana, pero que es una presencia demasiado llamativa para los que viven en comunidades similares de clase obrera del Bronx, Brooklyn, Queens y el resto del país.

«En esa película nos perdimos –me confesó el mayor de los dos hermanos, explicándome a continuación por qué–: Se puede sentir el tirón, se puede estar de acuerdo con el padre en que una vez que se cede y se conecta con esa gente, con la mafia, se está pillado. Quiero decir, que se puede hacer más dinero de lo que nunca hubiera podido uno ganar de otro modo, pero entonces se abandona algo que es más importante: no se es libre. Se es un prisionero, ellos te poseen. El conductor del autobús es dueño de sí mismo. Ésta es la diferencia. Si dejas que la gente te compre, pierdes el respeto por ti mismo. Si te mantienes firme en lo que crees, puedes mirarte en el espejo y no necesitas huir ni esconderte.

»Este tipo de la mafia, sin embargo... La película era genial porque te das cuenta de lo solo que está. No tenía familia y C se convierte en su hijo. Entonces te sientes entre dos aguas; estás de acuerdo con su padre, pero piensas que ese tipo de la mafia tiene también muchas buenas cosas que decir al niño. No todo es blanco y negro, bueno y malo; es lo mismo que sucede con los negros y con los blancos; hay mucho miedo y mucho odio. Durante toda la película iba de un lado a otro continuamente. Cuando acabó, me quedé pensando en el padre y en lo que decía, y también en el tipo de la banda, el tipo de la mafia, y en cómo había un aspecto bueno en él, aunque él en sí no era bueno».

El muchacho continuó diciendo: «Creo que había un montón de cosas en esa película para reflexionar. ¿En qué creemos de verdad? ¿Puede alguien "comprarte"? ¿Por qué la gente se hace mezquina y desagradable y como resultado se mete en problemas y después no tiene nadie en quien confiar? ¿Por qué no puede la gente "vivir y dejar vivir", tal como dice nuestro párroco, y no estar buscando peleas entre los negros y nosotros como en las "pelis"? Ya ves lo que puede pasar; acabas de ver una película así ¡y tu cabeza se conecta!».

Pude comprender que él había sido inducido por una película a convertirse en una especie de testigo moral, que había sido animado a contemplar las cosas buenas y malas de la vida, no siempre diferenciadas neta, adecuada y categóricamente. Mientras veía la película, había empezado a mirar hacia dentro y, por tanto, a prestar mucha más atención al mundo que le rodeaba. La película y la contemplación interna que ésta había provocado se convirtieron para él en una ocasión moral en su vida. Según sus propios términos filosóficos: «empiezas a preguntarte cómo vas a vivir, cómo debes [vivir]». Supongo que puede discutirse que un muchacho de 16 años, que puede servirse de una película como *Un asunto del Bronx* de este modo –involucrarse de corazón con toda su energía moral hasta hacerlo algo suyo– ya esté en buen camino para convertirse en una buena persona. Aun así, aquel muchacho tenía suficiente desparpajo y también era suficiente modesto para recordarme: «A veces puedes perder el equilibrio; haces o dices algo y sabes que has cometido un error y te sientes mal, así que tienes que recordarte a ti mismo qué es bueno y qué es malo hacer en cada momento, o cometes cada vez más errores y muy pronto te encuentras completamente hundido y con el agua por encima de la cabeza».

Aquel muchacho me había hecho saber que él, testigo moral de su propia lucha cada vez más intensa para aprender cómo vivir una vida razonablemente buena, había comprendido cómo surgen continuamente nuevos desafíos desde el punto de vista moral. Nosotros no conquistamos la malicia, la injusticia y la maldad del mundo de una vez por todas, para gozar después para siempre de la cosecha moral de esta victoria. Por el contrario, luchamos a lo largo del camino, tropezamos día a día y necesitamos alimentarnos de nuevo con la ayuda de una historia, de una película, y no digamos de las experiencias inevitables y frecuentes que nos llegan a nuestras vidas de cada día. La buena persona es el testigo alerta, no sólo de los demás, sino también de sus propias tensiones morales cuando éstas encienden sus diversas señales y advierten de los conflictos futuros o de las ambigüedades que no son tan fáciles de resolver, así como de los sentimientos confusos, las tentaciones y las racionalizaciones que las justifican. Todo esto constituye la esencia de *Un asunto del Bronx*, la esencia de tu vida y de la mía.

3. UNA PERSONA NO TAN BUENA: LA RESACA MORAL

Sospecho que la tarea de cada uno de nosotros es intentar aprender, no sólo lo que queremos para nuestros hijos desde el punto de vista moral, sino también lo que *no* queremos. Incuestionablemente, algunos de nuestros jóvenes están atrapados en una resaca moral, que revela muy pronto que no lleva a ninguna parte. George Eliot estaría seguramente de acuerdo, si por alguna especie de milagro estuviera entre nosotros y hubiera de enfrentarse a algunos niños muy dañinos, niños que ya no son tan buenos, que han ido por el mal camino, niños que son impulsivos, exigentes, insensibles, tan absortos en sí mismos que los demás significan muy poco para ellos. Sin embargo, para muchos de nuestros hijos, y para muchos de nosotros, sus mayores, el tema suscita tensión: sabemos muy bien a dónde queremos ir, pero reconocemos en nosotros mismos y en los demás el obstáculo, «el egoísmo irreflexivo» (frase que utiliza George Eliot en *Middlemarch*) que sin duda alimenta gran parte de lo que llamaríamos la conducta de una "persona no tan buena".

Cuando abordamos el tema de los valores –lo que queremos ofrecer a nuestros hijos– es mejor que pensemos en lo que *no* queremos que ellos sean, así como en lo que queremos que acepten de buen grado. ¿Qué valores queremos impugnar, o incluso aborrecemos, cuando deliberamos sobre cómo educar niños "moralmente cultos"?

Hablando en términos generales, lo que caracteriza a una persona no tan buena es un ensimismamiento acrecentado y destructivo en todas sus variantes melancólicas. Lo mismo que todos hemos conocido la tensión entre el natural amor propio y períodos de ensimismamiento aislado en los que perdemos de vista nuestras obligaciones hacia los demás (o simplemente perdemos de vista a los demás), por desgracia, algunos somos víctimas definitivas de una resaca moral, perdemos el norte y quedamos totalmente arrastrados por una vida que responde a los deseos y estados de la mente, pero que presta escasa atención a los derechos de los demás, y no digamos a las propias obligaciones morales dentro de una familia, un aula o una comunidad.

Desgracias compartidas, desgracias menos sentidas

Una profesora de cuarto curso confiesa: «[el primer día de clase] digo a mis alumnos que tenemos *lecciones* que aprender y también una *forma de comportarnos*». Esta brillante mujer de mediana edad, siempre alerta, establece una clara distinción: «yo preparo la lección de cada día muy cuidadosamente, a pesar de que he estado enseñando desde hace quince años. Cuando los niños me causan problemas, ¡es porque a veces no me he preparado! El otro día un niño empezó a hablar con otro. Eso había sucedido un millón de veces, pero cada vez es diferente para mí. Aquel niño estaba provocando con su cháchara al niño que se sentaba al otro lado del pasillo y éste claramente no quería contestar. El primero sabía que estaba haciendo mal y yo le veía mirarme nerviosamente. ¡Sentí cómo surgía en mí un impulso de cólera! Entonces me pregunté qué es lo que podía querer aquel alumno que hablaba y vi que estaba mirando el papel que se hallaba en el pupitre del otro niño: todos estaban haciendo una redacción. Yo sabía que no estaba realmente copiando, pero, de algún modo, lo *estaba*: estaba distrayendo a su vecino, probablemente porque a él se le estaba haciendo muy difícil la redacción. ¿Qué hacer? ¿Qué debía haber hecho yo? ¿Qué era lo mejor que podía hacer?».

Esta profesora de cuarto es una de las siete con las que me reúno en la sala de profesores. Solemos hablar sobre el tipo de cuestiones que este libro intenta tratar: ¿cómo puede hacerse un buen trabajo de ayudar a los niños a ser buenos y cómo hacemos para que no vayan por mal camino? Como afirmaba esta profesora: «ese niño es realmente muy listo; demasiado listo para actuar en su propio provecho. Le gusta distraer a los demás, hacer que reduzcan el ritmo de su trabajo, meterles en líos y después zafarse y salir airoso. Puede escribir redacciones maravillosas. Es el muchacho más brillante de la clase, pero no es bondadoso. Yo aprecio su mente, ¡pero no puedo soportar su corazón o su alma! Mi marido afirma que hay muchos así en las mejores universidades [en las que *él* enseña], que es así como empieza todo y que con que sólo fuésemos capaces de cortar de raíz [esta tendencia precoz de algunos alumnos a ser insensibles, manipuladores, demasiado egoístas y centrados en sus intereses]..., pero no sé cómo puede hacerse, cómo se puede intervenir en una clase como agente moral –que es como supongo que podría llamárseme– de una forma que realmente marque la diferencia. Supongo que puedo gritar, que puedo castigar, que puedo decir que eso está mal o que es injusto, pero seguramente mis palabras les entrarán por un oído y les saldrán por el otro; eso es lo que pienso a veces».

Se detiene unos instantes y después continúa: «sé lo que debería haber hecho. Al día siguiente, mientras estaba volviendo en coche a casa pensé en ello. Estaba escuchando música de Vivaldi en la radio y ésta iba aumentando cada vez su ritmo y, a medida que escuchaba –me encanta Vivaldi–, imaginé mi clase y vi a aquel muchacho inteligente, a aquel niño sabelotodo, comportándose como un alborotador gandul. Entonces me oí decir a mí misma: "bueno, jovencito, ¡desgracias compartidas, desgracias menos sentidas!". Pienso que es suficientemente brillante y que me hubiera podido entender. Creo que si yo hubiera parado en seco su comportamiento, esto le habría hecho pensar. Pero yo podría haber ido más lejos. Podría haber dicho a la clase que dejáramos todo de lado, porque nada era más importante que el modo en que nos comportamos, la forma en que actuamos unos con otros. Podría haber explicado qué es lo que quise decir con esa observación críptica de "desgracias compartidas, desgracias menos sentidas", y añadir cómo a veces nos gusta arrastrar a otros a nuestros problemas: si uno está aburrido, intenta que la persona del otro lado del pasillo se aburra también. Si me siento fatal, ¡haré que todo el mundo se sienta también fatal! Podría haber propuesto un desafío a toda la clase: ¿cómo podemos *actuar mejor*, cómo hacemos para evitar la trampa? Podría haberles planteado la cuestión: ¿qué debe hacer una profesora cuando ve que uno de sus alumnos está intentando causar problemas a otro, o copiar, o hablar en voz baja, molestando así a los demás? ¡Hablemos de ello! ¡Hagamos una redacción sobre esto! ¡Leed alguna de las redacciones en voz alta! Vamos a escribir, o mejor, que ese niño que nos ha llevado a todo esto escriba en la pizarra: "Desgracias compartidas, desgracias menos sentidas". ¡Toda una lección psicológica! ¡Una lección de ética! ¡Una advertencia para todos nosotros! Ya ven, agua pasada no mueve molino, ¡ahora es demasiado tarde! ¡Qué pena que sea demasiado tarde, qué pena que esto suceda muy a menudo!; dejamos pasar nuestros mejores momentos de enseñanza, los perdemos. La gran pregunta es *¿por qué?*; cómo podemos aprender a prepararnos para esos momentos, para estar en guardia, de forma que cuando determinados niños "atacan", estemos preparados para "contraatacar" con alguna respuesta. ¡Eso es lo que me pasaba por la mente a toda velocidad mientras Vivaldi la atravesaba con su música!».

De la toma de conciencia a la acción

A todos nos conmovió su historia; consiguió que todos si-
guiéramos con otras sugerencias destinadas a iluminar un momento particular, a convertirlo en una ocasión difícil de olvidar
–o quizá inolvidable–, en una experiencia moral para toda la clase, en un momento de gran significado y de verdadera vida. Tampoco era necesario desviar la clase de su actividad intelectual, de
su válida tarea programada, que era la redacción de una compo-
sición improvisada. Aquellos niños habrían escrito sus redacciones perfectamente y tal vez habrían recordado durante mucho
tiempo y de forma imborrable los mensajes que contenían; al
menos eso es lo que esperábamos. Claro está que «no hay garan-
tías», como nos recordó otro profesor, cortando nuestro entusiasmo colectivo. A pesar de ello, habíamos propuesto nuestro
"plan curricular", una forma de convertir un episodio con implicaciones morales en una experiencia para todos los participantes
en aquella clase: escribir un ensayo sobre el tema.

La profesora nos comunicó que también había tenido una
última idea: «tal vez debía haber compartido algo de mí misma
con la clase, haberles contado algún período o acontecimiento de
mi vida, un incidente que guardara cierta relación con lo que estábamos debatiendo. Me he dado cuenta de que realmente puedo
comunicar con los niños cuando puedo unirme a ellos y dejar de
ser "doña perfecta". Ah, pero hay que tener *mucho* cuidado,
hay que mantener la autoridad moral. Ellos no necesitan ni quieren de vosotros (aunque por un minuto piensen que sí) que os
"derrumbéis" ¡que estéis continuamente confesando vuestros
errores! Deben respetaros. Pero de vez en cuando hay ocasiones
en que podéis dejarles saber con qué estáis batallando; bueno, es
con su humanidad. Cuando recordáis vuestros propios errores y
les comunicáis que habéis pensado en ellos y que entendéis lo
que hicisteis y lo que estuvo equivocado, que lo lamentáis y lo
sentís, que habéis intentado que no vuelva a suceder, y que eso
es lo que queréis de ellos, así es como les estáis enseñando, sir-

viéndoos de vosotros mismos como "caso de estudio". ¡Ahí es realmente donde os estáis poniendo en juego!».

En poco más de media hora habíamos recorrido un gran camino, habíamos empezado a considerar la pregunta de las preguntas: cómo pasar del conocimiento o de la toma de conciencia a la acción; cómo conectar las propias obligaciones y objetivos morales con las obligaciones como padres y profesores, cómo enseñar a los jóvenes valores que signifiquen algo para ellos, que tengan suficiente sentido para que puedan conformar su vida diaria. Continuamos aquel debate durante una hora y media más, contando cada uno de nosotros experiencias personales de interés recíproco. Alargué el tiempo en aquel punto, porque los demás estaban muy interesados en conectar momentos de la vida de sus respectivas clases con lo que habían oído contar aquella tarde a la primera profesora. Hacia el final, sin embargo, abordamos el tema de la empatía y el de la ausencia de empatía: la forma en que algunos niños intentan realmente comprender cómo se sienten los demás y dar una respuesta, mientras que otros niños no lo hacen.

Una y otra vez surgió la regla de oro, el ideal bíblico: la empatía tal como se practica en los encuentros de cada día con esos "otros", cuyo papel es ayudarnos a definir nuestra propia vida moral y nuestros valores, cuando éstos son puestos a prueba por las necesidades y fragilidades de esos "otros". Así pues, ¿qué pasa con un niño que parece tener poca o ninguna comprensión de esa regla, un niño que adopta en sus acciones otra clase de regla, una regla de apuesta mínima cuya esencia es «piensa sólo en ti mismo continuamente y deja que los demás se preocupen de sí mismos»?

El matón, el estafador

Hay veces en las que padres, madres y profesores tienen buenas razones para estar preocupados por determinada conducta de un niño. Por ejemplo, cuando éste da signos de tener poca conciencia, o incluso una mezquindad voluntaria de corazón, hasta el punto de que otros niños empiezan a darse cuenta y, a pesar de los adultos, a aplicarles palabras despectivas como "malo" y "matón". He aquí cómo un niño de ocho años describe a otro: «él está sentado al otro lado de mi fila y a mí no me mete en líos porque yo puedo defenderme, y él lo sabe: pero es un matón, eso es lo que es, un verdadero tirano. Intenta conseguir lo que quiere escogiendo a niños que piensa que son más débiles que él. Éstos le ayudan en sus tareas, le dan las respuestas, le dan los dulces de sus meriendas y aceptan sus órdenes. Veo cómo copia y pienso que la profesora lo sabe, pero como el padre de este niño es abogado, mi papá dice que probablemente ella tiene miedo de que le pueda poner un juicio».

Otro niño era un fanfarrón y molestaba a los demás jactándose de ello; era capaz de engañar, de ser brutal y cruel. Era un niño fuerte, astuto e incluso carismático, capaz de dirigir, mandar y persuadir a algunos y de dar de lado decididamente a los demás. Los profesores de su colegio no tenían una opinión totalmente negativa de él; algunos le consideraban un líder, con todos los posibles aspectos negativos que esto conlleva: una frialdad y un egoísmo constantemente necesitado de alimentarse de los demás y una inclinación manipuladora a apoderarse de lo más posible, ignorando a todos los que no se ponen voluntariamente –o por miedo– de su parte. Utilizando el rico y rudo lenguaje callejero, el niño que me informaba y le criticaba reflexionaba significativamente sobre *sí mismo*, y mucho más sobre el niño al que estaba reprobando: «a veces es un baboso y piensa que puede conseguirlo todo; es un estafador. Pero seguro que puede salirse con la suya. Yo nunca seré capaz de hacer que la gente me siga como lo hace él. No tengo el gancho».

Cuando conocí a aquel muchacho, simplemente no tenía claro qué pensar. Tal vez por ser yo adulto y médico, él estaba en guardia, tan en guardia que no fue mucho lo que pude ver además de su fina inteligencia y de su afán por envolverme en una agradable conversación. Sin duda tenía una especie de filosofía que justificaba el tipo de conducta que yo había oído describir como suya: «tienes que mirar por ti mismo o, si no, te metes en problemas. Si alguien es hostil, tienes que ignorarle. La mejor manera de triunfar es tener a la gente de tu lado y hay que pensar en lo que podría suceder si se presentara algún problema en el que pudieras verte metido». Le pedí que me describiese qué era para él una buena persona. «¿Una buena persona? Es alguien que hace su trabajo, quiero decir, que tiene éxito, que no gandulea sin hacer nada; simplemente se mantiene ocupada. Va a la iglesia, puede dar lo mejor a sus hijos, como una casa agradable y todo lo que necesitan. Además paga sus facturas y no culpa a los demás si tiene problemas. Esto es malo, es lo peor: empezar a lamentarse y decir que todo es culpa de *los demás*. Hay que hacer lo que es necesario hacer sin miedo y, si te critican, debes mantenerte firme y luchar, seguir luchando; si no, acabas siendo controlado por muchos otros y esto no es bueno; esto significa que has perdido tu independencia».

Una afirmación combativa para recalcar la importancia de la propia soberanía. Yo reflexionaba profundamente mientras escuchaba a aquel niño y seguía recordándome a mí mismo, como debe hacer cualquiera en una conversación de este tipo, que hay que distinguir entre lo que a uno no le gusta y lo que es "malo". ¿"Malo" según qué criterios?, seguí preguntándome. De acuerdo, se acusa al niño de haber copiado en clase, algo claramente incorrecto. Pero supongamos que no hubiera copiado; supongamos que el tema real es su insistencia en su propia supervivencia, en su relativa indiferencia hacia los demás. ¿Estoy entonces en presencia de un niño no tan bueno o de uno que proclama valores que no son forzosamente los míos, pero que no por ello merece una condena total?

Esta cuestión se nos presentará ineludiblemente siempre que consideremos asuntos de tipo moral, siempre que afirmemos nuestros valores y, al hacerlo, inevitablemente omitamos afirmaciones que otras personas defienden como muy deseables.

Obviamente, la ley rige para todos (aunque las leyes también pueden ser terriblemente injustas y pueden incumplirse), y un niño que copia, roba, prende fuego o miente, definitivamente no es un "no tan bueno", es realmente malo. Sin embargo, uno espera –y reza por ello– que la mayoría de nuestros hijos no estén en esta clase de relación con el mundo que les rodea, para vernos obligados a recurrir a los profesores, a los médicos o a la policía, que utilizan en este caso el término "antisocial". Pero, en general, a ustedes y a mí como padres, vecinos o parientes, a veces se nos presenta el desafío de ciertos niños cuyas palabras y acciones, cuya misma forma de ser, nos incitan, no sólo a intentar describirles o explicarles o a ser francamente críticos con ellos, sino a percatarnos de nosotros mismos, de los valores más elevados y queridos que sustentamos, así como de lo que la mayoría ciertamente consideramos como "no tan bueno" o como totalmente indeseable y reprensible, aunque sea legal.

Los duros de corazón

Por supuesto, los jóvenes sin ley, violentos y destructivos no plantean un desafío en este aspecto; por el bien de todos nosotros necesitan un juicio de todos y, cuando es necesario, una acción legal. He enseñado en aulas en las que he tenido que intervenir, en las que he tenido que recurrir a la policía para que me ayudase a intervenir y, como ya he señalado, en cierta ocasión trabajé con jóvenes –intenté comprenderles– a los que los jueces califican de delincuentes –es decir, infractores de la ley–, con la esperanza de que podría ayudar*les* a entenderse; lo hacía con la esperanza interior de que poco a poco se convertirían en miembros extraordinarios de sus propias familias, barrios y, en última instancia, de nuestro país. No obstante, el desafío más duro lo presenta el niño o la niña que no ha infringido ninguna ley, saca buenos resultados escolares y tal vez tiene mucho éxito o es muy popular también fuera del colegio, pero que nos sorprende por estar demasiado absorbido en sí mismo, por manifestar diferentes formas de falta de empatía hacia los demás, por ser egoísta o insensible. Puede observarse que existen juicios morales en estas palabras; los hacemos también en relación con nuestros amigos adultos, incluso con parientes, y ciertos niños nos pondrán en la tentación de pensar en esas mismas palabras y en los valores que nos inducen a usarlas.

A veces, cuando pienso en estos asuntos, pido ayuda a mis jóvenes informantes. Les pido que me hablen de los niños que les gustan y de los que no les gustan; que me digan por qué y que describan sus ideas de quién "no es bueno" y por qué razón. Es una forma excelente de iniciar una tímida discusión en un aula o en una sala de estar. ¿Por qué nos gustan ciertas personas y desaprobamos a otras? ¿Quién es una buena persona y quién es una "no tan buena" y por qué razones? En una clase de sexto oí cómo se condenaba rotundamente el egoísmo, pero también cómo se justificaba como algo necesario y válido: «si no miro por mí mismo, ¿quién lo va a hacer? Muchas veces tienes que pensar en tus propios problemas, aunque los demás te llamen egoísta. Ellos deberían hacer lo mismo intentando ayudarse a sí mismos. Si una se preocupa demasiado por los demás se vuelve débil y pierde independencia».

Algunos amigos de aquella niña estaban desconcertados por su forma rotunda de optar por sus "mejores intereses", según sus propias palabras. Cuando la escuchaba me daba cuenta de nuevo de que "el carácter" depende en gran medida del color del cristal con que se mire: otra razón más para que cada uno de nosotros piense a fondo sobre qué es lo que queremos defender para nuestros hijos, nuestros alumnos y, como ciudadanos, para nuestros país. Así pues, a menudo el verdadero quid de la cuestión está en los calificativos que utilizamos, las interpretaciones que hacemos de esas diversas "virtudes" o "cosas buenas que ser y hacer", como descubren muchos profesores cuando sugieren una cualidad particular de mente o de corazón a una clase. En aquel curso de sexto, por ejemplo, escribí una vez la palabra "bondad" en la pizarra, otra vez, la palabra "compasión" y en otra ocasión la expresión "no tan buena conducta", y me sorprendí de las variantes, de las diferencias en el modo de pensar, sentir y expresarse de aquellos veintitrés niños y niñas que estaban sentados delante de mí. Sin duda alguna existían ciertas hipótesis compartidas, como «se debe ayudar a los que lo necesitan», aunque algunos niños querían especificar más el asunto y después llegaron las reservas. «Hay que cumplir la ley», pero, en este punto, también algunos niños se preocupaban por la existencia de leyes injustas: las leyes de segregación racial, las leyes nazis e incluso las leyes que rigen hoy día en muchos estados. «No está bien matar a alguien –dice la Biblia– ya sea un feto o un asesino. El feto tiene que nacer y el asesino tendría que ser encerrado para toda la vida y que nunca se le dejase salir».

Lo que estoy intentando expresar aquí es que a todos nos puede ayudar a comprender qué es lo que queremos *para* nuestros hijos y para nosotros mismos el detenernos a considerar qué es lo que encontramos objetable, lo que calificamos como aspecto más indeseable del comportamiento humano. Lo mismo que la regla de oro exige nuestra lealtad constante si queremos que sea algo más que un simple eslogan, un principio de boca para fuera, todas las negatividades que nos han enseñado exigen también toda una vida de reflexión. Tenemos que mostrarlas a nuestros hijos y examinarlas en su esencia: ¿qué significa un tipo concreto de pensamiento o acción que juzgamos indeseable y en virtud de qué principios o valores de nuestra parte?

No quiero caer en la tentación de llegar a una conclusión fácil y simplista sobre el futuro de nadie. Tengo en mente la extraordinaria sabiduría de George Eliot en la conclusión de *Middlemarch*:

> Todo límite es un principio y también un final. ¿Quién puede abandonar vidas jóvenes después de estar mucho tiempo en su compañía y no desear saber qué es lo que les depara su

futuro? Pues el fermento de la vida, por típico que sea, no es una muestra de un tejido uniforme; puede que las promesas no se cumplan y que a un comienzo apasionado pueda seguirle un deterioro; potencialidades latentes pueden encontrar su oportunidad largamente esperada; un error del pasado puede instar a una gran reparación.

¿Quién puede dejar de lado esta observación sensible y equilibrada, tan consciente de la impredecibilidad de la vida que está llena de ironías, de sus paradojas, ambigüedades e incertidumbres (con la buena y mala suerte que cualquiera de nosotros podemos tener, conformando así nuestra conducta y lo que llegamos a ser), y seguir haciendo esa clase de generalizaciones sobre nuestros hijos que, por desgracia, muchos de nosotros no nos resistimos a hacer en nombre del conocimiento moderno (la psicología o la sociología)? A pesar de todo, las vidas varían y también suelen ser puestas a prueba, a veces de forma tan decisiva que su desenlace moral pende de una balanza en momentos de crisis moral, en momentos de tener que tomar decisiones morales.

4. ENCRUCIJADA MORAL: MAL COMPORTAMIENTO, MALOS "EJEMPLOS"

El objetivo de este libro es recalcar y documentar la seriedad y la curiosidad moral de los niños y de los adolescentes y, con ello, la importancia de la educación moral. Es algo de lo que tienen hambre y sed los jóvenes y que intentan denodadamente encontrar por sí mismos, pero también con la ayuda de los adultos. Este libro también pretende hacer hincapié en que la enseñanza moral más persuasiva que los adultos impartimos la transmitimos con el ejemplo: el testimonio de nuestra vida, nuestra forma de estar con los demás, de hablarles y de relacionarnos con ellos; todo esto es absorbido lenta y acumulativamente por nuestros hijos e hijas, o alumnos y alumnas. Ciertamente también pueden influir mucho otras fuentes: las conferencias formales o las charlas explícitas, muchas lecturas y debates sobre lo que se ha leído, reprimendas y recordatorios con castigos de varias clases, la asistencia a la iglesia o a la sinagoga, la experiencia de oír sermones y de escuchar los mensajes bíblicos, así como las lecciones morales y la sabiduría de nuestros novelistas, poetas y dramaturgos. Todo ello puede tener una gran influencia. Sin embargo, a largo plazo, en la vida de un niño los momentos naturales, los acontecimientos que se desarrollan simplemente a lo largo del día y de la semana resultan ser, desde el punto de vista moral, ocasiones muy sugestivas y de gran poder.

Abocado a tener problemas

«Mi papá es un bocazas; dice una cosa y hace otra». Son las palabras de un adolescente cínico. En 1958, un psicólogo escolar y un juez de menores habían clasificado a este muchacho como "delincuente juvenil", y yo estaba aprendiendo a hablar con una persona así, uno de los "jóvenes rebeldes" descritos por el psicoanalista August Aicchorn. Anna Freud hablaba frecuentemente de Aicchorn y de su asombrosa habilidad para trabajar con adolescentes "antisociales" extremadamente problemáticos. «Sabía –recordaba Anna Freud irónicamente– que la rebeldía de aquellos jóvenes [en general] se hallaba en proporción directa a las peculiaridades de su "educación moral"».

Le pregunté qué es lo que quería decir con la palabra "peculiaridades". Ella me respondió: «Bueno, creo que en su trabajo [Aicchorn] descubrió muy pronto que algunos jóvenes que parecen encaminados en la mala dirección lo han estado durante mucho tiempo. Él nos decía: "He observado que muchos de estos muchachos abocados a tener problemas y más problemas tienen padres que parecen muy rectos. Hablan muy bien, pero sus hijos les han descubierto; ésa es la triste verdad. El secreto de la familia ha sido revelado por el hijo que está diciendo al mundo: '*Mirad*, pueden hacer ceer a todo el mundo que son "rectos y estrictos", pero yo sé otra cosa ¡y lo que he descubierto se ha convertido en una parte importante de mi vida!'" Todos quedamos muy impresionados ante estas palabras; era un buen detective y esto es lo que nosotros [en psicoanálisis] tenemos que ser a veces».

En este capítulo me gustaría intentar mostrarles cómo los niños aprenden lecciones morales en casa, en la escuela y en el barrio, lecciones que a veces pueden llevarles a tener grandes dificultades o a sacarles de ellas. En nuestro país, actualmente tendemos a acentuar lo psicológico y lo emocional por razones comprensibles: hemos aprendido mucho sobre lo que sucede en las familias entre padres e hijos, sobre las ansiedades que viven los jóvenes, sobre sus miedos, sus preocupaciones y la forma general en que actúa su mente. Y los adolescentes también son ahora el centro de toda una especialidad clínica, "la medicina para adolescentes", dirigida a internistas, pediatras y psiquiatras.

Cuando hablo con padres y profesores, se esfuerzan en contarme "casos", hablarme de uno u otro niño que tiene tal o cual "problema emocional". A veces el problema es cognitivo; el niño tiene una dificultad intelectual y necesita hacer unas pruebas. Un psicólogo que conozco y que trabaja en una escuela de barrio se preguntaba conmigo qué ocurría en las décadas pasadas, cuando individuos como él no estaban disponibles para padres y profesores. ¿Qué hacía la gente? A él le llaman constantemente para ayudar a miembros de la familia, y las autoridades escolares toman decisiones respecto a niños que atraviesan algún tipo de crisis; él se limita a evaluarles intelectual o psicológicamente, o ambas cosas, mediante tests a los que les pide que respondan y también por medio de entrevistas. En las reuniones se le plantean las mismas preguntas una y otra vez: ¿está ese niño en la clase adecuada estudiando los temas apropiados para su edad? Hay que tomar una decisión cognitiva o intelectual. La pregunta alternativa es: ¿atraviesa el niño en cuestión una emergencia psiquiátrica, o simplemente atraviesa un momento de tensión, de nerviosismo o de aprensión por algún tipo de razones?

Yo he estado personalmente en esas reuniones y he actuado como consultor de escuelas y colegios, me he sentado en despachos en los que se nos traen a los niños a nosotros los expertos, por supuesto, con la esperanza de que hagamos diversas recomendaciones: expresar un diagnóstico médico, psiquiátrico, psicológico y cognitivo y, como conclusión definitiva, sugerir alguna medida concreta. Sin embargo, con frecuencia he pensado para mí, y después se lo he comentado a algunos colegas de profesión, que el tema que tenemos entre manos es un tema fundamentalmente moral: un niño tiene problemas; de acuerdo, ha hecho algo malo, ha herido a alguien o ha infringido las normas del centro escolar, las costumbres de la comunidad o incluso las leyes. A menudo, en esas circunstancias explicamos el asunto recurriendo a la psicología o también a la sociología: "la psicodinámica" del niño, la vida familiar, los antecedentes, la historia médica, "el funcionamiento cognitivo" según muestran los resultados de los diversos tests. Y no es que todo esto tenga que ser ignorado o minimizado. Sin embargo, Erik H. Erikson comentó en cierta ocasión: «Actualmente perdemos mucho tiempo evitando lo obvio y, a veces, ¡la psicología nos ayuda a perderlo!». Él también estaba hablando de los primeros psicoanalistas infantiles especializados en "jóvenes rebeldes" como Aicchorn y Anna Freud, y en los años veinte y treinta entrevistó a jóvenes con problemas morales y legales. ¿En qué punto nos enfrentamos por las buenas con *ese* aspecto de la vida de un niño y concluimos que nos hallamos ante una crisis, una crisis que exige una franca valoración de *carácter*, una evaluación de cuáles han resultado ser los presupuestos, actitudes y valores morales del niño o de la niña y con qué resultados probables en términos de conducta "antisocial" o cumplidora de las leyes?

Antes de que en los últimos capítulos tratemos el tema general del desarrollo moral de los niños, del de sus primeros días, meses y años hasta la adolescencia, me gustaría exponer tres historias entresacadas de mi vida clínica. Conocí a esas personas porque soy un psiquiatra infantil que trabaja y enseña en escuelas. Pero las historias de esos niños no son solamente clínicas; son también esencialmente morales. En cada caso, había un niño en plena crisis según el significado etimológico de la palabra: en un período de elección, de tener que decidir ir por un camino u otro. Estos niños se hallaban en una encrucijada moral respecto a lo que tenían que afrontar y dónde se hallaban en sus respectivas vidas.

Elaine: copiar en clase

A los nueve años, Elaine parecía una niña responsable y formal a los ojos de sus padres, amigos, parientes y profesores. Era la hija mayor de unos padres prósperos, ambos abogados. Tenía una hermana menor de siete años y un hermano de cinco. Estaba asistiendo a una idílica escuela privada situada en un área residencial, en la que estaba obteniendo buenas notas. Sobresalía en sus estudios, le encantaba el atletismo y ya era una prometedora jugadora de tenis. Era guapa, extravertida y popular; tenía muchas amigas; era el tipo de niña desenvuelta y llena de vida, de sonrisa abierta y risa fácil. Ya había estado en Europa y en Hispanoamérica, y le encantaba enseñar a sus amigas las diapositivas de sus viajes en su dormitorio, donde tenía su propio proyector, que sabía manejar muy bien. La casa era informalmente elegante; tenía su propia pista de tenis y jardines muy bien cuidados, que Elaine ya sabía cómo mantener en buenas condiciones. Según la cariñosa descripción de su madre, «es una buena jardinera y muy dispuesta».

Elaine también era otras cosas: había aprendido a montar a caballo, a mantener su habitación ordenada y a ayudar a sus padres a hacer el equipaje cuando se iban de viaje de negocios. No era una "niña perfecta", señalaba su madre, pero si lo hubiera sido, eso mismo sería por supuesto un signo preocupante, como señalaba irónicamente el padre, que sabía de psicología, en una conferencia sobre la familia: ¡algunos la llamarían una perfeccionista! Tenía un lado "rebelde"; podía ser tan descuidada en sus responsabilidades en el establo (alimentando y dando de beber a una gran cantidad de animales: caballos, conejos, pollos y un pato) como precisa, meticulosa y atenta era en el aspecto de su habitación. Cuando se le decía que no estaba montando a su yegua Susie correctamente, ella "se atrincheraba", se resistía a la corrección, enrojecía de cólera y, algunas veces, desmontaba y huía haciendo un mohín. Pero incluso "el mejor de los niños" puede ser "temperamental"; era lo que afirmaban sus padres.

En la escuela, Elaine era una alumna de primera fila, prestaba mucha atención a su profesora y seguía sus instrucciones con exactitud; aunque no era popular entre todo el mundo, tenía buenas amigas leales, obtenía buenos resultados en los exámenes y era una de las mejores en todas las asignaturas. Estaba especialmente dotada para la aritmética, lo cual satisfacía a su profesora, la señora Knowlton, a quien le preocupaba que los niños obtuvieran normalmente mejores resultados que las niñas en esta asignatura y había escrito un artículo sobre el tema para una revista educativa, citando a Elaine como una sorprendente excepción: «aquí hay una niña que es la mejor en la clase de ciencias y en aritmética, y me gustaría que hubiera más como ella». Elaine ya le había dicho a su profesora que quería ser un día corredora de bolsa, como su abuelo: «es un hacha con los números», era una observación que ella había oído hacer continuamente a su abuela. Era con mucho su nieta favorita, la mayor y con quien más le gustaba pasar el tiempo. Los abuelos vivían en una ciudad cercana y les gustaba llevarla consigo a sus partidas de golf. Los tres se desplazaban en un cochecito de un hoyo a otro y durante esos días Elaine decía "las cosas más divertidas".

Ahí había una niña luminosa y brillante perteneciente a una próspera familia formal, una niña trabajadora y capaz que un día fue sorprendida copiando en un examen. Había escondido las respuestas de algunas preguntas de matemáticas bajo el folio que estaba utilizando para responder al examen. Un niño que estaba sentado junto a ella la acusó y dijo a la profesora que no era la primera vez; hasta había hablado del asunto con sus padres, que le habían sugerido hablar con Elaine, en lugar de acudir a la profesora. Él había hablado en dos ocasiones con Elaine

RESPUESTA COMERCIAL
Autorización nº 13.593
B.O.C. nº 90
del 21 de Octubre de 1994

TARJETA POSTAL

NO
NECESITA
SELLO
A FRANQUEAR
EN DESTINO

EDITORIAL KAIRÓS, S.A.
APARTADO 197 F.D.
08080 BARCELONA

Si desea recibir nuestro último catálogo de publicaciones y estar al corriente de la salida de nuestras novedades envíenos esta tarjeta cumplimentada.

Título del libro que contenía este tarjetón: ....

NOMBRE Y APELLIDOS: ....

DIRECCIÓN: ....

CÓDIGO POSTAL/CIUDAD: ....

PAÍS: ....

PROFESIÓN/EDAD: ....

Me interesan particularmente las siguientes colecciones (marque las casillas correspondientes):

( ) Sabiduría perenne   ( ) Nueva ciencia
( ) Clásicos Kairós   ( ) Biblioteca de la salud
( ) Psicología   ( ) Ensayo
( ) Biblioteca de la Nueva Conciencia   ( ) Guías de viaje

SUGERENCIAS: ....

y las dos veces ésta se había encolerizado, había negado la acusación y le había llamado mentiroso, diciéndole que estaba "celoso" de ella por tener tan buenas notas. En esta ocasión había estado borrando una respuesta mientras comprobaba su chuleta, que inadvertidamente se le había caído del pupitre. En cuanto llegó al suelo, el niño la agarró y se la llevó a la profesora diciéndole lo que había sucedido.

Ésta, sorprendida y sin creérselo, al principio se irritó con el niño y no hizo nada. La clase, con Elaine incluida, siguió trabajando en el examen, pero el niño se quedó molesto y lloroso. La profesora le había lanzado una mirada de reprobación, o eso es lo que él pensó y, como consecuencia, no pudo acabar su examen. Sabía que lo había hecho mal y que tenía un problema. Aquel día no se le dijo nada a él ni a Elaine, que le lanzaba más miradas de lo habitual y que, al final de la jornada, emprendió su camino con lo que él consideró una mirada triunfal. A la mañana siguiente, en el autobús escolar ella le pasó una nota con cuatro palabras: «¡Para que te enteres!».

Él le contó a sus padres lo ocurrido y éstos empezaron a enfadarse de verdad. La madre había sido profesora antes de haber empezado a tener hijos y el padre era un oncólogo que atendía a jóvenes pacientes con leucemia, linfomas y la enfermedad de Hodgkin. Ambos eran personas respetables y de maneras discretas –esa fue mi conclusión cuando les conocí– y deliberaron mucho tiempo sobre qué hacer. Al final decidieron sugerir a su hijo que se olvidara del asunto. Quizá la profesora, a su debido tiempo y a su manera, hablaría a Elaine y la castigaría.

El problema fue que varios días después Elaine todavía le rechazaba y se reía de él, porque había sobrevivido jactanciosamente sin ser reprochada, o eso es lo que parecía, por la acción de su acusador. El niño estaba cada vez más molesto. También sentía que la profesora era cada vez menos amistosa con él y sabía que había suspendido aquel examen. Cuanto más oían los padres hablar de este asunto, más inclinados estaban, aunque de mala gana, a involucrarse. Una semana después del incidente, la madre del niño entró por sorpresa –él no sabía nada– en la clase para hablar con la profesora.

El resultado fue una tormentosa confrontación. La profesora se sintió molesta e insistió en que ella intentaba llevar el asunto "a su manera". Los padres del niño acabaron acusándola de que estaba protegiendo a Elaine, mientras que la profesora se escudaba en cuestiones psicológicas: la niña estaba atravesando un "período de estrés", porque a su abuelo se le había diagnosticado un cáncer y su madre había perdido un caso que significaba mucho para ella y que le había preocupado durante muchos meses. *Antes* de haber copiado, Elaine le había contado todo eso a la profesora y ahora ella estaba diciendo a los que dudaban de la niña que fueran más comprensivos y que la dejaran hacer su trabajo lo mejor que podía.

Al principio, y durante una semana aproximadamente, los padres del niño, que se sintieron adecuadamente reprendidos y que se habían disculpado ante la profesora, se esforzaron en asegurar a su hijo de que todo iría bien. Éste intentó olvidar el incidente; era el consejo que le habían dado sus padres. El único problema fue que, algunos días después, sus ojos atentos y observadores vislumbraron otras "chuletas", esta vez utilizadas en un examen de ortografía. El niño era muy bueno en esta asignatura y tomó muy a pecho lo que había visto: alguien que en secreto estaba comprobando las palabras a medida que las escribía. Su primera intención fue acudir a la profesora y acusar de nuevo a Elaine. Su mano derecha casi se levantó sola en el aire, pero reprimió su impulso y esperó hasta llegar a casa. Sus padres casi no se lo creían: «¿cómo podía comportarse así aquella niña tan amable, tan querida y de una familia tan apreciada?» Le contaron a su hijo las tensiones que sufría Elaine en aquellos momentos, aunque tenían dudas sobre lo que estaban haciendo, que era algo más que implicarse; también estaban consintiendo la conducta de una niña que copiaba y mentía. Pero su compañero estaba extremadamente perturbado y, en aquel momento, *su* comportamiento, sus sentimientos y su estado mental se convirtieron en el interés principal de sus padres, y muy pronto también de la directora del colegio, a la que posteriormente manifestaron su difícil dilema.

Así es como yo quedé involucrado. Yo había estado haciendo entrevistas con niños y niñas del colegio como parte de mi estudio de los niños "privilegiados", y fue así como conocí a aquellos dos niños y a sus padres. La directora lo consideró una crisis psicológica: obviamente Elaine se estaba comportando de una manera anormal y el muchacho que la había sorprendido copiando y al que ella había mentido ahora estaba molesto, y temeroso por un sentido exagerado (eso es lo que creía la directora) del peligro que él mismo corría. Inmediatamente quise saber si alguien del colegio, además de aquel niño, le había hablado a Elaine sobre su acción de copiar en clase. Nadie lo había hecho; ¿quería hacerlo yo? Respondí que pensaba, por el contrario, que era muy importante para la profesora de Elaine que se implicara en este asunto rápidamente. Cuando vino a hablar con la directora y conmigo, oí una vez más aducir la buena posición de la familia, su "crisis médica y psicológica", los logros escolares de la niña en todas las asignaturas y desde hacía tiempo. En cuanto al niño, *él* parecía también "dolido": su trabajo no era estable y parecía notablemente "tímido" en clase, lo que significaba que mantenía una cuidadosa distancia de su profesora.

¿Qué hice con todo esto? Pregunté a la profesora qué es lo que *ella* hacía con todo este asunto, aunque yo sabía que ella nos había contado –más bien *demostrado*– sus puntos de vista a todos nosotros a través de sus acciones: de hecho, su falta de voluntad para actuar. ¿Creía ella a la niña? ¿Se hallaba intimidada por los padres, su prosperidad e influencia? ¿Tenía miedo a intervenir directamente en aquellas circunstancias? No obtuve una respuesta directa. Hice referencia al acto de copiar en el ejercicio de ortografía y ella señaló que se trataba de «la palabra de un niño contra la de otro». Yo respondí que aún teníamos que averiguar si Elaine podía admitir haber hecho mal, hacer una confesión total. La profesora dudó de que eso pudiera suceder, y acto seguido la directora admitió que «debíamos averiguarlo».

La profesora tenía razón: Elaine negó haber copiado. Insistió en que las supuestas "chuletas" eran resúmenes de estudio. Sin embargo, su problema resultó ser algo más que un problema familiar o psicológico. El niño que le había visto copiar había preguntado a otros si habían visto lo mismo que él y había encontrado a otros testigos, a una niña que afirmó que lo había sabido hacía semanas, «incluso desde que empezaron las clases». Los padres del niño informaron rápidamente de esto a la directora y casi inmediatamente se montó una "escena". A mí todo esto me pareció triste, aunque también instructivo. No me sorprendió la forma en que los padres de Elaine se aliaron con ella. Pero sí quedé un poco sorprendido –francamente preocupado– por la serena frialdad de aquella niña. Parecía imperturbable y no cedió ni un ápice a ninguna crítica o juicio: todo aquel asunto se debía a la falta de honradez y a las mentiras de los demás, no a las suyas. Su acusador –insistía ella– estaba "celoso", la envidiaba por sus buenos resultados en matemáticas y en ortografía. ¡Era *su* problema! Debía de ir ¡a "un médico"! Cuando se le dijo que dos compañeras contaban versiones similares sobre su hábito de copiar, tranquilamente señalaba que eran "amigas" del niño y que, por tanto, se aliaban con la otra "parte". A continuación escuchamos un relato muy bien modulado, sin señales de paranoia, de sus pruebas y tribulaciones por ser una de las primeras alumnas en sus resultados escolares y deportivos, por ser un personaje popular. Volvía a insistir: «la gente se pone celosa y dice cosas».

Varias semanas después, cuando yo había hablado ya con todo el mundo –cada uno de los niños, cada uno de sus padres, otros cinco niños de la clase escogidos al azar–, obtuve lo que yo pensé que era la verdad de todo el asunto: la niña había estado copiando desde hacía tiempo, antes de que su abuelo se hubiera puesto enfermo, antes de que su madre hubiera perdido aquel caso judicial. Resultó que la profesora no estaba «completamente sorprendida» porque había visto a Elaine «hacer alguna pequeña trampa» como atleta; los padres de la niña sabían que ella «de vez en cuando exageraba las cosas» y «decía mentiras sin importancia», porque era «muy ambiciosa» y «siempre odiaba perder».

¿Qué hacer? ¿Debía aquella niña empezar una psicoterapia? Todo el mundo se planteaba esta cuestión; yo lo hice ciertamente, lo mismo que sus padres, los padres de los demás niños, su profesora y la directora. Fue mi esposa, también profesora, la que siguió manteniendo otra línea de argumentación: se trata principalmente de un asunto moral, y debemos considerarlo como tal y hablarlo con la niña y sus padres en este sentido, en lugar de seguir recalcando la naturaleza psiquiátrica de la dificultad, el «problema emocional» de esa niña, tal como seguía llamándolo su profesora.

Sin embargo, fue más fácil de decir que de hacer. Me reuní varias veces a hablar con los padres de Elaine y oí que ella estaba siendo tratada como en un tribunal y que yo era un fiscal equivocado. Se me pidió recordar quién era yo: un psiquiatra infantil y no «una persona moralista que no quiere entender por qué los niños chismorrean acusándose unos a otros». Llegué a percatarme de que allí había una familia aliándose con uno de sus miembros, una familia que se encontraba en una encrucijada moral: los padres no eran capaces de negar completamente que «tal vez había ocurrido algo», que fue la única confesión posterior y reticente del padre. Sí, Elaine «podía haber echado una ojeada a algo». ¿Por qué? Bueno, ella es «tan concienzuda» que podía «haberse metido en una trampa». Esta charla evasiva y protectora basada en la psicología me ilustró mucho. Aquí estaba en cuestión la vida moral de una *familia*: una madre y un padre habían señalado a una hija cómo debía comportarse, cómo debía realizarse. Cuando finalmente pregunté a los padres de Elaine si querían considerar esta serie completa de incidentes como "una cuestión moral", como una ocasión para algunos encuentros con ellos y su hija, enfocados en esa perspectiva en lugar de en el "estrés emocional" que yo seguía oyendo mencionar, obtuve aplazamientos y peticiones de "tiempo", durante el que la familia podría "pensar sobre ello". No fue una sorpresa el que la decisión nunca se tomara de una forma clara y neta. La respuesta a aquellas reuniones nunca fue un sí ni un no, sino más bien una petición de que el asunto fuera dejado de lado; de que se concediera a Elaine "el beneficio de la duda", y de que, de algún modo, las dos especies de testigos materiales se sacaran del caso, puesto que, como decía la madre «la profesora, que es imparcial, se mantendrá alerta».

Ya no tenía nada más que hacer allí, pero ciertamente sentí que había sido muy instructivo todo lo que había visto y oído. Había aprendido mucho sobre los demás, pero también mucho sobre mí mismo, y no digamos sobre la utilización (¿el abuso?) de mi profesión que a veces puede hacerse en los estamentos más afortunados de la América de finales del siglo XX. Paradójicamente, durante algún tiempo me preocupé del asunto de Elaine de la forma en que mi cabeza se ha entrenado durante años: ¿cuáles eran sus "problemas" y cómo podíamos "ayudarle" todos nosotros? En este asunto, cuando cambié de opinión, cuando empecé a ser más que escéptico sobre ella, a sospechar de lo que decía, de sus argumentos y de los de sus expresivos padres, lo hice sobre bases psiquiátricas: me pregunté si ella no tenía "problemas" más graves ¡de lo que sus padres y su profesora le atribuían! Poco a poco me percaté de que el acto de copiar y de mentir de una niña se había convertido en un desafío moral importante para un colegio y una familia. Pero este suceso se había visto envuelto en la jerga psicológica, recordatorio revelador de que a veces los padres y los profesores se pasan de listos, y con ellos los niños: una especie de evasión moral. Después me enteré de que Elaine obtuvo su indulto –o mejor, quedó con la hoja de servicios limpia– y sus padres acudieron a un "terapeuta familiar" que habló con Elaine y también con su abuela sobre la tragedia que había sucedi-

do: un marido, un padre y un abuelo muriéndose lenta y dolorosamente. Bueno, por supuesto, tengo que admitir que todos
«iban a trabajar sobre el tema». Sin embargo no podía menos
que preguntarme si, cuando lo hiciera, no se estaría represen-
tando otra especie de "mentira", aunque la profesora de Elaine
insistía (¿haciendo ver que todo estaba bien?) en que «todo el
asunto se disolvería», convencida de que una niña dotada y capaz continuaría su camino hasta llegar a ser una adulta igualmente realizada y extraordinaria.

Un año después, la predicción de aquella profesora se cum-
plió en cierto grado: Elaine era una alumna sobresaliente desde
el punto de vista intelectual e incluso, según parecía, psicológico: una número uno en clase y en las actividades deportivas.
Sin embargo seguía produciendo antipatía a algunos de sus
compañeros, y no sólo porque la tuvieran envidia. También
confundió a su profesora de quinto curso, que la admiraba, aunque la encontraba «un poco manipuladora».

Después perdí la pista de aquella niña y de su progreso escolar, así que no tengo ninguna información sobre la naturaleza
de su carácter posterior. Tal vez se haya convertido en una persona decente y digna de confianza, o puede haber llegado a ser
una de esas estudiantes cuya inteligencia moral va muy por detrás de sus logros intelectuales. Sin embargo, por el bien de
todo aquel curso de cuarto, supongo que si yo hubiera sido su
profesora habría estado dispuesto y habría sido capaz de enterarme inmediatamente de lo que había sucedido, habría ido a
hablar inmediatamente con Elaine y con los compañeros que le
habían visto copiar, con las personas que no se lo creían y con
sus acusadores, uno por uno y todos juntos. Les habría aclarado
a todos ellos que se trataba de un asunto grave, que estaba en
juego la integridad de toda la clase, que no se puede permitir el
copiar y que, en consecuencia, el acto de copiar observado por
otros debía convertirse en un tema de reflexión para todos. De
este modo habría ahorrado a Elaine y a los que la acusaban de
haber actuado mal una confrontación pública inmediata, a me-

nos que se hubiera repetido el asunto. También supongo que habría aprendido de esta experiencia, y en algún punto habría pedido a toda la clase que se involucrara en el tema de copiar mediante debates y redacciones.

Marie, Charlie y "la Masa": el alcohol y las drogas

En una ciudad cercana a la de Elaine llegué a conocer a un grupo de alumnos de enseñanza secundaria que se llamaban a sí mismos con orgullo y cierta ironía cínica "la Masa". (Estos jovencitos y jovencitas, cuando eran niños habían participado en el informe de las *Girl Scouts* sobre actitudes morales mencionado anteriormente.) "La Masa" era en realidad un pequeño grupo de jóvenes que iban resueltamente a lo suyo: alumnos del undécimo y duodécimo curso, cuatro chicos y tres chicas de 16, 17 y 18 años. Los cabecillas (como se llamaban a sí mismos en broma) eran Marie y Charlie, ambos personas enérgicas y carismáticas. Salían por ahí juntos, iban de casa en casa, salían en coche a la ciudad para asistir a conciertos de rock y echar unos "canutos", palabra que aplicaban tanto a cigarrillos como a la "maría". También se atiborraban ilegalmente de cerveza y tanto Charlie como Marie intentaban esnifar rayas de cocaína. Todos los miembros de "la Masa" reclamaban la legalización de todo ello: tenían primos en escuelas técnicas de la *Ivy League** que hacían lo mismo y, en el caso de Charlie, un hermano mayor que era alumno de los últimos cursos en una de esas escuelas técnicas y que era un proveedor ocasional de "la Masa" de "hierba muy buena", además de alguna que otra botella de licor de vez en cuando. «No es moco de pavo», decía Charlie.

Conocí a estos jóvenes cuando llevaba a cabo mi investigación en el prestigioso colegio privado en el que estudiaban y no era el único que estaba al corriente de su consumo de drogas;

---

* Grupo de ocho universidades prestigiosas de los Estados Unidos.

varios profesores lo sospechaban igualmente, pero no tenían pruebas. Lo mismo que en el caso de Elaine, había otros alumnos que habían oído rumores o que habían visto con sus propios ojos el material: ¡tranquilo, hombre, déjales probar! ¿Y por qué no? Estudiando y con todos esos juegos de atletismo tan reglamentados, y con todas las normas impuestas por los profesores que vivían en el internado; ¿qué clase de *vida* es ésta y qué clase de persona la escogería?

«¿Y *qué*?», me decían cuando hablábamos. Charlie: «hay que experimentar esto continuamente y, si no... ¡te pierdes un montón!». Maric: «¡así nos mantenemos al margen de los problemas! Esta hierba te mantiene "guay y tranquilo"; ningún agobio para los burócratas. Eso es lo que ellos [las autoridades escolares] quieren en realidad: ¡que no haya olas! Ellos se ponen las botas de beber, pero nosotros, como tenemos menos de veintiún años, ¡nada de nada! La mayoría de ellos son unos farsantes; se les llena la boca de grandes palabras, pero, mira, nosotros estamos aquí ¡y sabemos más de lo que ni siquiera podrían imaginar que sabemos! Hay un tipo que está pegándosela a la esposa del nuevo profesor. Hay otra profesora que va todas las noches a las reuniones de los Alcohólicos Anónimos de esta ciudad y de algunas otras; ¡no puede faltar ni un solo día! Hay otro que se va fuera los fines de semana y, según dicen, cuando vuelve sus manos están temblando y su cara está "roja como una remolacha". Vi aquella vieja película *Lost weekend* en la televisión, y fui a alquilarla y la dejé en su buzón. El problema es que nunca me la devolvió, así que tuve que pagarla. No tuve más remedio». Había más, me aseguró ella como si yo fuera un ingenuo y ella una veterana de un millón de guerras morales asqueada de la vida y con mucho mundo a sus espaldas, y aquí estaba el resultado: una toma decidida de conciencia de la hipocresía de los adultos, que para ella y para el resto de "la Masa" se traducía en una justificación muy cómoda para faltar a clase e ir a fumar canutos (o "esnifar coca"), lo que también hacían durante los permisos de fin de semana. Se cuelan en los dormitorios universitarios de parientes y amigos mayores, se "colocan" y vuelven, como dice Marie irónicamente, «demasiado cansados para poder siquiera aburrirse de este lugar».

Estoy contento de que esta "Masa" acuda al despacho de mi Facultad, se siente allí y me cuente más; de esta forma aprendo mucho. Pero empiezo a preguntarme (es una "encrucijada moral") sobre mis obligaciones y responsabilidades: ¿no decir ni pío?, ¿hablar con los responsables del colegio?, ¿comunicar a "la Masa" personalmente mi deseo de hablar con otros?, ¿convertirme menos en el cronista investigador y más en el profesional clínico?, ¿un poco de las dos cosas o las dos a la vez? Cuanto más me cuentan, más aprendo, pero también más formo parte de lo que está sucediendo, así que rápidamente empiezo a pensar y a preocuparme. El asunto es más problemático cuando intento tener una conversación franca y recordar a esos jóvenes que están infringiendo las normas del colegio y las leyes generales y del Estado, al comprar bebidas alcohólicas, cigarrillos y las llamadas "sustancias ilegales", siendo menores de edad. Ellos quieren darme seguridad: «no te preocupes de nosotros, hombre, estamos bien». Me atrevo a sugerir que yo también estoy preocupado por mí mismo, de lo que debo responder: «no es para sudar, hombre, usted está limpio en lo que respecta a nosotros». Para entonces estoy más que sudando; siento que el dolor de cabeza me sube por la frente y deseo tomar una aspirina, aunque si la tuvieran, dudo si la tomaría frente a ellos: sería un reconocimiento de que me estaban afectando excesivamente y de que yo también recurro a "drogas" para aliviarme.

Continuamos, aunque siento pinchazos en la cabeza. Es la forma que adopta mi irritación y mi enfado contra estos jóvenes: son egoístas, autocomplacientes, altaneros, mimados, arrogantes, etc, etc. ¿Quién cuida de ellos? Se supone que el internado, pero están engañando al colegio. Me cuentan que, de hecho, están seguros de que hay algunos profesores que lo saben "todo", aunque hacen la vista gorda. Así son las cosas;

¿para qué iban a meterse en líos? Advierto en mí un tono de sorpresa, me vuelvo irónico: ¿tener problemas por tomar medidas drásticas? Tonto de mí; me hacen saber que no habría "dividendos" para el colegio si los padres acaban enfadándose. ¿Por qué –cómo– sucede *eso*? Mira, tonto, sus padres están ocupados y por ello han enviado a esos jóvenes "la Masa" al internado para quitárselos de encima. Si fueran convocados a "alguna reunión", se "pondrían furiosos". Dirían: ¿qué clase de lugar es éste? Les confiamos nuestros hijos y ustedes van y nos pasan la pelota ¡Mala cosa! Entonces, cinco de los jóvenes de "la Masa" se vuelven en una especie de coro silencioso hacia Charlie y Marie y juntos dicen: «¡son miembros del consejo de administración!». El papá de Charlie y la mamá de Marie ¡son miembros del Consejo de administración! Sonrío y ellos toman ese signo como prueba de que voy a seguir su consejo, de que voy a callarme. Pero estoy listo para acabar este encuentro, el octavo que he tenido con ellos, así que puedo tomar una aspirina y algún imprescindible consejo de uno o dos colegas, además del de mi esposa.

¿Qué hacer con esta "Masa", y con sus observaciones sobre el colegio al que van, sus cultos e influyentes padres, algunos de los cuales son, según me dicen sus hijos e hijas, "loqueros" [psiquiatras] y «mejor es que no te muevas sin consultarles»? A este respecto, dos aspirinas no me ayudarán. Empiezo a darme cuenta de que el asunto consiste en que los "adultos" de estos colegios, sus profesores, no tienen la autoridad moral que necesitan para relacionarse con estos jóvenes. Considero la posibilidad de hacer una visita al director. Considero que es el final de mis encuentros con los alumnos, pero ¡qué bien!, he aprendido lo que tenía que aprender y sus escapadas contadas y confesadas no son de todos modos asunto mío. Considero la posibilidad de un último encuentro con ellos, en el que les diría lo que pienso. Mientras tanto, me recuerdo a mí mismo que los encuentros fueron aprobados por los colegios, los padres de los alumnos y los mismos alumnos, y que, como es costumbre, yo les prometí a todos la "confidencialidad", lo cual no es nada sorprendente, puesto que constituye el requisito *sine qua non* de la vida de cualquier investigador, incluida la confidencialidad de no revelar la identidad de ninguno de los afectados en ningún escrito que redactara.

Todo esto me pasa por la cabeza. Considerados todos los aspectos, decido reunirme de nuevo con ellos. En esos momentos tengo mucho que decir, porque estoy inquieto y lo hago saber. ¿Qué me ha sucedido?, se preguntan de una forma imparcial. ¿Cuál es mi *problema*? Se lo cuento. Les hablo de las normas y de las leyes y, más cerca de sus intereses, de sus casas, de la psiquiatría y de las drogas como una forma de automedicación para aliviar el dolor. ¡Aquellas aspirinas atraviesan mi mente cuando pronuncio esta frase! Ellos escuchan, asienten con la cabeza; en realidad, no discuten: me dicen que puedo saber mucho pero que "no tengo ni idea" sobre ellos, las costumbres y valores de su generación. Yo sonrío y después me molesto lo suficiente como para decirles que tal vez yo sepa un poco más de lo que ellos creen. Un tonto callejón sin salida: su vanidad y arrogancia contra mi puro egoísmo, un narcisismo amenazado que se empareja con una profesión privilegiada, por no hablar del respeto, deferencia y credulidad habituales que las personas como yo podemos dar normalmente por sentadas, hasta el punto de que no es raro que lleguemos a depender de ellas, y, en última instancia, a explotar a nuestro favor. Intento liberarme en varios sentidos. Menciono mi "trabajo" y les informo de que estas "entrevistas de investigación" están llegando a su fin. Les agradezco su paciencia y el interés cooperativo que me han brindado. *Muy bien*, muy bien y a continuación me preguntan: «¿entonces podemos irnos ya?». Les digo que no, que todavía no, que existe un conflicto que siento, y esta palabra suscita una aparente simpatía en ellos, expresada en las miradas que me lanzan con ojos más abiertos, en la inclinación de sus cabezas, e incluso de sus cuerpos, hacia mí, y en el silencio, la disminución de ese leve ruido que todos hacemos cuando cambiamos de posición, nos rascamos la cabeza o hacemos sonar las llaves con nuestra mano en el bolsillo. Entonces lanzo otra carta: "conflicto moral".

No intento poner el énfasis en la segunda palabra, simplemente lanzo la frase rápidamente. «Tranquilo, hombre, tranquilo», responden al principio indiferentes. Pero rápidamente la captan y nos enzarzamos en una larga conversación, en un intercambio de puntos de vista, en una discusión muy acalorada. Lo esencial de sus argumentos: estás haciendo un gran drama cuando no existe. Lo esencial de los míos: simplemente no puedo salir de aquí, diciendo sencillamente adiós y gracias sin desearles buena suerte con los médicos y, por supuesto, dejarles saber que siempre puedo, ¡incluso en ese mismo momento!, recomendarles algunos. Lo fundamental de su respuesta: ¿y qué es lo que vas a hacer? El resumen de mi respuesta: deciros, como lo he estado haciendo esta tarde, qué es lo que está aquí en juego, qué es lo que está sobre la mesa: la verdad, la ley, lo moral o lo inmoral de las cosas, el autoengaño, las mentiras que nos contamos a nosotros mismos. Les digo explícitamente que están infringiendo la ley, que están fumando hierba que daña su mente y su cuerpo; que moral y psicológicamente están metiéndose en un callejón sin salida. Ellos escuchan, pero no con la atención entusiasta que yo hubiera deseado. Me doy cuenta de que lo sienten por mí. Llego a entender que están decepcionados conmigo. Están desilusionados; pensaban que su "frialdad" cosmopolita, jactanciosa, segura de sí misma y de "gallitos" me había vencido, a mí, que estaba ansioso por estar distendido, por no mencionar lo deseoso que estaba de aprender, de conseguir marcar unos puntos, de estar desenvuelto.

Finalmente me dije a mí mismo que teníamos que llegar a una especie de pacto (una interesante palabra que atravesó mi mente mientras ésta se debatía con lo que justamente se llama un asunto *moral*). Otra ironía: estaba preocupado por la ética de nuestra "relación" establecida, definida, mantenida de mutuo acuerdo y, en aquellos momentos, fuente de mi ansiedad. Reconozco su confianza. Les informo de que no me interesa ser un soplón. Repito mi estribillo de que las drogas son una especie de anestesiante del dolor, así que afrontémoslo, afrontemos *ese hecho*. Les pregunto si piensan que alguien puede evitar el dolor en esta vida. Les pregunto si el coste de eliminar el dolor no será un dolor mucho peor y mayor. Insisto en que si no digo lo que estoy diciendo, si no me manifiesto claramente con ellos desde el punto de vista moral y psicológico, soy en realidad un aliado de esas drogas. En este punto vais en contra de la ley, después la infringís en otro punto, la vais socavando de esta manera; pero es lo que etáis eligiendo, y estáis rodando cuesta abajo. Lo mejor que podemos hacer todos los que lo sabemos para ser sus amigos es decirlo, ponerlo en juego, manifestar lo que vemos en sus obras, lo que les puede venir encima: un montón de problemas para sí mismos sin duda, pero también con la policía, los profesores y con una sociedad que dice no a cosas que ellos insisten en hacer con un aire de desafío y malicia.

Hacia el final de este discurso de ansiedad, sentimientos contradictorios y cólera por mi parte y, por la suya, aburrimiento, sentimientos confusos, enfado y un toque de decepción desdeñosa, me ponen contra la pared: «de acuerdo, de acuerdo ¿va usted a decir algo?». Lo suelto antes de pensármelo, como dirían ellos "toda la enchilada": «no estoy hablando de "llevaros al huerto"». Una segunda pausa y mi mente intenta volverse más inteligente, tal vez de una forma simplista: «estoy interesado, hijos, en que os *enmendéis*. Tengo que decirlo, aunque sé que os reiréis, que pensaréis que "este tipo ¿quién demonios se cree qué es? ¡Es un *presuntuoso*"!». Espero contra toda esperanza, jugando todas las cartas que tengo, o más bien, la última que me queda, con una mezcla de benevolencia y severidad, e incluso con desesperación: estoy con vosotros, hablo vuestra jerga, pero dejad este ambiente e id a por uno mucho mejor. Pero no me compran el consejo, o a mí o lo que sea. Bueno, ¿*qué* puedo hacer? Nos separamos con más reserva que al principio todavía, lo cual es una inversión paradójica de la piedad habitual que se supone que caracteriza el trabajo de campo: cuanto más tiempo pasas con la gente, mejor van las cosas, lo cual se basa obviamente en el aumento de la familiaridad.

Una semana después, tras prolongadas conversaciones con mi esposa y una pareja de buenos amigos y colegas, acudo al internado en el que estudian esos jóvenes en una visita de rutina, con el objeto de tener una charla con el director sobre mis impresiones generales. Me siento extremadamente incómodo, preocupado de que me pueda ver alguno de los miembros de "la Masa"; de ahí que imagino que debo sentirme un poco avergonzado de mí mismo, como si fuera a hacer algo malo o tuviera tentaciones de hacerlo. Me sorprendo a mí mismo: debería estar preocupado, es verdad, por esos jovencitos y jovencitas que a veces se comportan como niños malcriados de menos de diez años. ¿Qué *voy* a decir al director? Poco después estoy sentado en su despacho, pronunciando algunas palabras evasivas, dando las gracias de una forma educada y circunspecta por la ayuda prestada en mi proyecto de investigación.

De repente, siento un impulso dentro de mí; tengo que decir *algo*, y lo hago. Comienzo dando rodeos, pero ése *es* sólo un comienzo, y empiezo a darme cuenta de que no sólo estoy siendo entendido cuando lo intento, sino que también me percato del contenido de lo que me propongo confiar. Confieso que me preocupan esos jóvenes de "la Masa". Sí, por supuesto, me responde, y me mira directamente, y nuestros ojos se cierran deliberadamente durante largos segundos. A continuación añade: «creo que puedo entender por qué». Deseo que continúe y me diga por qué "puede entender". Pero claramente no lo hará. Menciono a los cabecillas Charlie y Marie, pregunto si están obteniendo buenos resultados en el colegio, si acabarán los estudios con buenas notas. De nuevo me mira directamente y me responde que ambos son brillantes, que ambos podrían abrirse camino fácilmente hasta ser los primeros de su clase, pero que tienen sus problemas y que, a causa de éstos, se quedan en la media y por debajo.

Sus "problemas"... entramos en mi territorio. Sí, sin duda, ciertamente los tienen, digo sin decir realmente nada. Él me sorprende: ¿cuáles pienso que *son* sus problemas? Estoy mirándole directamente a los ojos; decido hablar como para levantar la liebre. Sin embargo, cuando llega la hora de la verdad, mi voz es dubitativa y mis palabras equívocas: «me preocupan ellos y sus amigos. Pienso que podrían meterse en un montón de líos». Silencio por ambas partes; me surge otro impulso; me voy acercando: «tal vez se hallen ya metidos en un montón de problemas». Responde: «nosotros así lo creemos». ¿Quién es este nuevo "nosotros"? ¿Profesores que sin duda lo saben todo y ya han hablado con el director? Deseo plantear algunas preguntas, pero no lo hago: no es en absoluto asunto mío. ¿Pero es esto cierto? ¿No es todo este asunto alrededor del que estamos dando vueltas algo que me incumbe a mí y a todo el mundo? Esos jóvenes no solamente tienen muchos "problemas", sino que tienen problemas morales y legales. Están comprando sustancias ilegales e incluso llevando al colegio parte de lo que compran para algunos de sus amigos, que les pagan algo de dinero, no mucho, pero sé que hacer pasta [*sic*] no es su principal motivación en todo esto; no obstante, se trata de un pequeño tráfico de drogas y también de su consumo.

Cuando todo lo que acabo de expresar atraviesa mi córtex cerebral, me siento de nuevo tenso, pero más comunicativo, menos cauteloso: «creo que esos jóvenes podrían tener problemas con la ley cualquier día de éstos». Asiente claramente con la cabeza. Me pregunto que qué es lo que sabe. Si sabe lo que yo sé, entonces, ¡cielo santo! ¿por qué no emprende medidas y rápidamente? Intento expresarlo con un comentario respetuoso aunque directo: «temo que caigan en un terrible agujero antes de que podamos hacer algo por ellos». Asiente de nuevo y, en ese momento, entra en mi terreno: «estamos casi seguros de que están metidos en drogas, pero no tenemos ninguna prueba real. Les hemos vigilado de cerca, pero son muy astutos y más cuidadosos que la mayoría de nuestros alumnos».

Se detiene sólo momentáneamente y después cruza mi campo "psicológico" con confianza y clarividencia: «supongo que es un buen signo para ellos. Si estuvieran envueltos en un mal asunto, tropezarían y caerían. Serían sorprendidos por la policía fuera del colegio, o por nuestros profesores aquí. Habrían hecho algo malo y entonces se acabaría el baile; *se acabó*, les diríamos todos. El hecho es que sólo tenemos sospechas; ¡diantre!, más que sospechas. Hemos oído un montón de cosas de otros jóvenes dignos de confianza, sinceros y bien intencionados, que no tienen ningún interés personal en el asunto. Éste es un asunto grave, *muy* grave. Pero hemos aprendido que a los alumnos así, bueno, odio decirlo de esta forma, hay que darles cuerda. Las cosas pueden empeorar, quiero decir, algo tiene que *suceder* y entonces sus familias intervendrán; me refiero a que acabarán reconociendo que existen problemas, problemas reales y entonces también lo reconocerán los jóvenes. Antes de que esto ocurra, lo negarán todo. En realidad, ya lo han hecho; hemos intentado con tacto hacerles saber ¡que estamos al tanto de todo!, pero sus padres son perfectamente capaces de ofenderse: «¿Cómo se *atreven* a decir esto? ¿En qué se basan exactamente?».

¡Dios mío!, pienso para mí, a efectos prácticos hemos llegado al final de esta conversación. Pienso en Elaine, en el tema de la ley, no en el sentido de sus mandatos, tales como "prohibidas las drogas" o "no copiar en clase", sino en el sentido de "inocente hasta que se pruebe lo contrario". No estoy poniendo en duda la gran importancia que tiene en una democracia dicho principio. Sin embargo, aquí hay unos jóvenes abocados a meterse en problemas legales, que, de hecho *ya* están metidos en problemas, graves *problemas* morales. Se supone que yo pienso como médico y es verdad que pienso como tal; creo que el director de este colegio y algunos de sus profesores, así como nosotros (el mundo adulto) tenemos nuestro *propio* problema: ¿qué decir?, ¿qué hacer? y ¿en qué circunstancias? Cuando me levanto para irme, el director me acompaña hasta la puerta, se detiene de repente, me mira directamente a los ojos y me pre-

71

gunta: «¿qué haría usted si se encontrara en mi piel?». No tengo ninguna respuesta preparada. Vacilo interiormente, intento aferrarme a alguna palabra, intentando encontrar alguna frase durante un largo rato muy incómodo. Algunos pensamientos intentan abrirse paso dentro de mí: insista en llevar a cabo algún tipo de vigilancia médica, incluso un análisis de orina. Traiga a un grupo de médicos o psiquiatras para hablar con los alumnos en general, pero cuyo blanco sea, por supuesto, "la Masa", y otros alumnos influidos por ellos. Llámeles, encárelos, insista en que se les vigile con más rigor. Invíteles a que se vayan.

Quiero decir alguna de estas cosas. Quiero comunicarle al director que yo probablemente estaría tentado a llamarles a este mismo despacho, a gritarles que son unos malditos asesinos, a hacer lo mismo con sus padres, a insistir en que esos jóvenes corren un grave peligro moral, por no hablar del peligro psicológico, a decir que todos nosotros tenemos que declarar que existe un caso urgente, y no sólo psiquiátrico sino también moral. Pero por desgracia llego a la conclusión de que todo esto sólo sería una grandilocuencia facilona por mi parte. Así, no digo nada de todo esto; por el contrario, contesto en un tono acongojado: «es tan triste... no hay palabras para describir todo esto; intente solucionarlo *antes* de que se produzca algún incidente moral o algo grave». Sí, sí, me dice él. Quiero continuar, hablar sobre jóvenes que van a la deriva desde el punto de vista moral, sin ninguna creencia real que les oriente, ni convicciones, excepto estar "tranquilos", "colgarse", sentirse agradablemente "perdidos" (tal como ellos dicen).

Me voy. Eso es lo que hay y aquí estamos. Pienso no sólo en Charlie, en Marie y en el resto de su "Masa", sino tal vez en mí y en los que están en mi situación, *nuestra* multitud: una sociedad civil que se llama a sí misma ilustrada y que en muchos sentidos lo es, pero que, al parecer, carece de medios para hacerse cargo de sus hijos cuando éstos hacen trampas o dicen mentiras, cuando se drogan y venden drogas para que otros puedan drogarse. Esperamos hasta que el niño, el joven, es sorprendido con las manos en la masa y sólo entonces ¡se le ofrecen recomendaciones "terapéuticas"! Escuchemos de nuevo a Ana Freud: «hablando con algunos adolescentes descubro que saben todo lo malo que hace cada cual, pero que no están muy seguros respecto a sí mismos de lo que está mal, cuándo y por qué». Esta observación, apabullante por su amplitud y profundidad desde el punto de vista moral, sociológico y psicológico, resuena en mis oídos cuando me alejo del colegio al volante de mi coche. Mientras aprieto el acelerador tengo una ensoñación: Anna Freud está conduciendo una camioneta en la que se encuentran los miembros de "la Masa" y ella les hace saber con su delicioso y firme acento vienés que les está llevando por *ese* camino, un camino que ella ha escogido, y no el alternativo por donde ellos pensaban que iban, por donde aparentemente querían ir. «Ni hablar», dice ella cuando ellos quieren que les lleve por su camino. Me di cuenta de que es una frase de 1930 muy adecuada para ella.

Cuando se acaba la ensoñación pienso en sugerencias prácticas que yo podría haber ofrecido al director del colegio, una orientación para él y para todos los que criamos y enseñamos a niños. Él debería haber llamado a esos alumnos y decirles lo que sabía, lo que sospechaba y lo que no perdonaría ni toleraría. Debía haber convocado a sus profesores, haberles unido a su decisión, una decisión del colegio para desafiar las fechorías en cualquier lugar y momento en que se descubrieran. Debía haber convocado a los padres de esos jóvenes para comunicarles su posición y la del colegio. Esto es liderazgo moral en acción. Debía haber indicado claramente que él tenía la intención de mantenerse firme, dejando claro con ello que tendría que ser despedido o que pensaba dimitir si se llevaba a cabo una confrontación de pareceres. Debía haber pedido que las cuestiones morales se discutieran en las clases, por medio de relatos en las clases de literatura, a través de debates en las clases de historia y ética, conectando de este modo el curriculum escolar con aquellas cuestiones. Tenía que haber convocado a conferenciantes para exponer el asunto: naturalmente médicos, pero también atletas, personas con alguna credibilidad moral para los alumnos. Todo esto habría sido un inicio hacia la creación de –en palabras de W. H. Auden– "todo un clima de opinión", que daría a toda la comunidad escolar, tanto profesores como alumnos, un sentido claro de lo que es tolerado y lo que no lo es, y por qué.

Peligro y más peligro: la primera actividad sexual de los adolescentes

Estoy reunido con tres jovencitas, todas ellas de catorce años. Una de ellas está embarazada, las otras dos la admiran con cierta envidia por ello; me dicen que quieren llegar a ser pronto madres. He estado hablando con éste y otro tipo de adolescentes, jovencitas y sus novios, o "amigos" ocasionales, durante cinco años. Fue la Fundación Kaiser quien me pidió hacerlo con un claro propósito: cómo entender la actividad sexual relativamente temprana de los adolescentes. He acumulado docenas de relatos personales, hasta el punto de que cuando conocí a una adolescente de, digamos dieciséis años, que no había tenido ninguna experiencia sexual, me rasqué la cabeza con incredulidad y me vi a mí mismo oyendo el "aleluya" de Händel. De hecho, aquellas tres jovencitas habían tenido relaciones sexuales mucho antes de la adolescencia. Cada una de ellas recuerda episodios de abusos a manos de parientes –de sangre o políticos– o visitantes. El sexo es algo que parecen haber aceptado; llego a la conclusión momentánea de que se trata de una aceptación informal, pero estoy equivocado. En realidad, cuando varias jovencitas se sientan juntas (parecen obtener fuerza y confianza de esa forma, y también se vuelven mucho más habladoras) salen a borbotones historias de miedo y daño físico; historias horribles de niñas tratadas como ninguna persona decente y medianamente equilibrada pudiera pensar que se pueda tratar a nadie. Ahora bien, he aquí la horrible paradoja: están contentas de tener a hombres que les "visitan", contentas de estar camino de la maternidad, o de dirigirse hacia ésta, a pesar de que saben que estarán tan solas y vulnerables como lo estuvieron cuando eran más jóvenes. Me pregunto cómo acabará todo esto. Me atrevo a abordar el tema con esas tres adolescentes, porque las conozco desde hace tiempo, hablan con facilidad y son intuitivas, brillantes y sensibles.

Delia y sus amigas

Delia, madre de una niña de seis meses, tiene más distancia de sí misma y de su situación de lo que cabría suponer. Lo atribuye a tener una hija, pero yo vi ese lado pensativo de ella antes de que estuviera embarazada, y también me lo había dicho su profesora de bachillerato, que lamentaba lo que ella llamaba "ese desperdicio". En cierta ocasión me había confesado lacónicamente: «es muy lista, pero no lo sabe y nadie le ha dado los medios de saberlo».

En un monólogo, Delia cuenta una vida de sexo y violencia que se remonta a los primeros años que recuerda. «Puedo ver dos hombres. No estoy segura de quiénes son. Quiero decir, que no puedo ver sus rostros, sólo... bueno, la parte de abajo: sus brazos y piernas, ya sabe, acercándose a mí, viniendo hacia mí. Amigos de mamá, supongo. Uno de ellos podría haber sido mi papá, no lo sé. Mamá nunca me dijo quién era. Le busco en mi mente. Cuando encuentro un hombre amable en un comercio –como el profesor que más me gustaba, el que nos enseñaba en sexto curso– pienso: ¡Si fuera mi padre...! ¡Es una tontería, ya lo sé! Vi en el programa *Oprah* que todas eran como yo; nunca conocieron a sus padres, y sus madres tenían que trabajar o vivían de la seguridad social, pero entonces se ponían enfermas, ya sabe, por las drogas, o cogían alguna otra enfermedad y no podían ser buenas mamás. Mi abuela intentó salvarnos a todos nosotros [a ella, a sus dos hermanas y a un hermano], pero le pegaron un tiro. Estaba volviendo a casa con los comestibles y "le pillaron en medio", ya sabe, [ésta es una expresión común que resume muchas cosas: un enfrentamiento entre bandas, a menudo por la "hierba" u otras drogas, que acaba en un tiroteo que produce víctimas inocentes]. Aquello fue para mí el fin del mundo. No creo que haya ya nunca un comienzo; intentas simplemente encontrar un poco de paz y tranquilidad aquí e incluso esto puede ser muy duro. Miro a mi Sally y le digo: "intentaré comprarte un billete mejor de lotería", pero ya se sabe, es cuestión de suerte y hay muy pocas posibilidades de que gane para ella, para mí o para las dos.

»Me pregunta que cómo lo intento. Bueno, no sé, tal vez sea sólo esperando. Esto es todo lo que sé hacer, tener un poco de esperanza. Me dicen que haga algunos cursos escolares más, como insistía aquella profesora. Pero veo aquí jóvenes que han acabado su bachillerato y no han conseguido mucho. Tengo que ser totalmente auténtica: no me puedo concentrar como debiera. Si mi abuelita –solemos llamarla "dulce abuelita"– estuviera todavía por aquí, si no se la hubieran llevado, nos habría ayudado mucho; lo sé de verdad. Lo sé. Ahora mi hermano pertenece a esa banda; intentó salirse, pero le persiguieron, ya sabe de estas cosas, y mis hermanas tienen problemas con la "hierba". Todo ha ido tan mal durante tanto tiempo que simplemente me río, especialmente cuando hago cosquillas a mi niñita y ésta me responde riéndose. Esto es lo que me hace superarlo todo».

Entonces le pregunto si hay alguna otra cosa que pudiera ayudarla a "superarlo todo". Seguramente, pienso, su bebé es una bendición ambivalente a su edad y en su situación; además, me he percatado de lo deprimida que puede llegar a estar, incluso con el bebé o, de hecho, a causa del mismo: Sally tiene sus propias exigencias y demandas existenciales y Delia puede sentirse totalmente inadecuada frente a las mismas. Me lanza una rápida mirada de complicidad e inicia un soliloquio sobre las alegrías de la maternidad, que manifiestamente sus dos amigas disfrutan mucho y después se calla. Hemos dado la vuelta a este tema antes y además no necesita ayuda mía para hacerlo, sólo un marco mental adecuado, lo cual no es una fácil adquisición, como nos hace saber: «¡sé que la nena no me salvará! Me ayudará a ello, pero antes yo tengo que *salvarla a ella*. Si no lo hago, bueno, acabaremos las dos teniendo problemas; podrían sencillamente matarnos así de fácil». Chasca los dedos. «Hay locos alrededor; hay pistolas y drogas, y bandas; hay problemas en cada esquina. Tienes que mantener la mente *arriba* [alerta] o te vas para *abajo* [te hundes], ¡es así como lo decimos! Si pudiera tener algo en lo que creer, podría estar mejor; sin embargo no sé en qué. La asistenta social dice que debería tomar clases de cómo cuidar adecuadamente a mi niñita y que éstas me harían bien. Supongo que ésa es la forma. Supongo que si pudiera aprender algo de ella, aunque le parezca mentira, descubriría algo de mí misma».

Por supuesto, acudió a aquellas clases y las disfrutó. En ellas aprendió mucho: cómo alimentar a su bebé de forma más sana, cómo vestirle más cómodamente y limpiarle con más frecuencia y más eficacia. Había veces, cuando se sentaba en el aula, en las que aquella esperanza la invadía; era una clase de esperanza que nunca antes había conocido, una esperanza que provocaba ensueños en los que ella y su bebé estaban en un autobús, de destino incierto, pero que al menos les alejaba de la vida que estaban viviendo. Aquella fantasía arraigó en su mente, hasta el punto de que empezó a preocuparse, a pesar del lado agradable de ese fenómeno. «¡Es como si mi cabeza estuviese intentando escapar de mí!, me digo, le digo: "vete, vete". Pero es estúpido: ¡no se puede escapar de un lugar que sólo está en tu cabeza! Sé por qué me gusta coger ese autobús; aquí donde vivo, hay cada vez más peligro. Hay gente de mi edad, con la que me crié, y se están disparando unos a otros como locos por unos billetes [dinero de la droga] y se están suicidando, y eso es peor, si me pregunta, que si les alcanza una bala. Además, muchos tipos aquí son malos, realmente malos; lo eran incluso antes de meterse en las drogas. Intentan copiar a los hombres que veían cuando crecían, pretendiendo ser grandes ligones. ¡Dejan embarazadas a las chicas una tras otra! Se hacen los amables con ellas hasta que éstas ceden, y después se marchan y entonces oyes que han hecho otra muesca en su gran cinturón: "¡Hola chicos! Miradme, soy más grande que nadie". "El más rápido de todos" fanfarronean entre sí; "meterla y sacarla"; es de lo único de lo que hablan.

»Yo le dije a la asistenta social: "y ahora, ¿cómo va a parar esto? ¡Piensa que puede conseguir que esos tipos corrientes asistan a clases [de cuidado de bebés]! Me da risa; si llegara a sugerírselo, pensarían que está usted loca. Con el tiempo que hace que se están comportando como lo hacen, no hay posibilidad de impedir el problema. Aquí no hemos cumplido todavía veinte años y la única que nos cuida es Doña Suerte. Los chicos ya no saben cómo salir de aquí, no más que las chicas. Los chicos tienen sus problemas; nosotras, las chicas, los nuestros. Eso es todo lo que se puede hacer, mantenerse al margen de los problemas. Es un empleo a tiempo completo. Tienes que vigilar cada uno de tus pasos en la calle y, cuando estás con alguien, con un tipo, tienes que vigilar ahí también cada uno de tus pasos; así que es un trabajo de nunca acabar.»

Deja de hablar, mira hacia al suelo y estoy seguro de que ha dicho todo lo que quería decir durante un buen rato, así que me dispongo a responder, pero, de repente, tiene más cosas que decir: «sé que es bueno aprender a ayudar mejor a mi nena, ya sabe, cuando sea mayor; pero lo importante tendrá que aprenderlo ella sola; ni en ese curso ni en la escuela te enseñan cómo cuidar de ti misma *aquí* donde vivimos. ¡Es otra clase de "cuidados" los que te enseñan en ese curso!».

Cuando acabé aquel encuentro, reflexioné sobre lo que ella había estado intentando comunicarme: el mundo del sexo impulsivo y de la violencia en el que viven miles de niños y que constituye su herencia particular. ¿Por qué aquella asistenta social y personas como ella, como yo, no les brindábamos cursos de "cuidado de niños" y de "desarrollo humano" a Delia y a sus amigos y amigas? ¿Y por qué no intentar ayudar a dichos jóvenes a permanecer en la enseñanza secundaria hasta acabarla? Aunque era lo que aquella brillante y perspicaz joven continuaba indicando, yo pensaba en la necesidad de algo más, además de los cursos o de la instrucción psicológica extracurricular. Naturalmente, ella quería escapar a otro mundo, pero, y esto es muy importante, tenía dificultad en imaginar cómo podría ser aquel mundo. Sus fantasías la llevaban al interior de un autobús que, desgraciadamente, no se dirigía a ninguna parte. De ahí su inquieta desesperación cuando intentaba al menos extender el alcance de su fantasía, dibujar algunos detalles de una vida mejor y más segura. Cuando le pregunté que a dónde esperaba que le llevase aquel autobús, definía su destino en términos de sus orígenes, su lugar de partida: fuera de allí. Sin embargo, ¿dónde está el "allí"? «Oh, en algún lugar». ¿En qué *clase* de lugar? pregunto para salirnos de la literalidad de la geografía y acercarnos a lo subjetivo, todo un territorio por derecho propio. «Cualquier tipo de lugar que sea diferente de aquí, más seguro». Damos y damos vueltas hasta que, por último, entiendo por qué esa imagen del autobús sigue siendo tan obsesivamente restringida: por una imaginación moral que nunca ha sido nutrida, al menos desde que murió la abuela de Delia. La niña tenía sólo siete años, pero recuerda las historias que su abuelita compartía con ellos, con sus nietos, que se agrupaban a su alrededor. «Ella nos contaba relatos de la Biblia y todas las aventuras que hay en ella, y decía que nosotros podíamos tener nuestras propias aventuras. Afirmaba que Dios nos cuidaba, que nos ayudaba a tenerlas. Después ella murió, y nadie nos habló ya nunca de Dios, ¡nadie en absoluto!».

¿Cómo volverla a la energía moral de su abuela, que estaba conectada con la Biblia? ¿Cómo ayudarla a imaginar aquellas "aventuras" que su abuela quería brindar a sus hermanas y a su hermano, a aquellos relatos morales que Delia podía haber hecho suyos si los hubiera oído bastantes veces, si hubiera seguido viva la persona que pretendía enseñárselos? ¿Cómo echarle una mano para soñar una alternativa en su situación actual, imaginar un lugar a donde el autobús pudiera llevarla y donde ella pudiera sentirse capaz de bajarse con confianza en su capacidad para arreglárselas *allí*? A fin y al cabo, como me recuerda repetidamente, ella ha aprendido ciertamente a manejarse *aquí*. Empiezo a pensar que la cuestión esencial no es cognitiva (por supuesto, más educación de todo tipo sería útil), ni siquiera psicológica (Delia es ya bastante astuta en la psicología de la supervivencia, la única que realmente le importa en sus circunstancias actuales), sino más bien una cuestión de dirección: un *lugar* que ella fuera capaz de construir para sí dentro de su mente y que la protegiera cuando diera esos primeros pasos de salida, para partir hacia «cualquier otro lugar que pudiera imaginar como posible para sí misma». Ella sabía todo esto, lo sabía de modo directo, franco y rudo, con su melancólica y vulnerable manera de ser que manifestaba miedo por haber sido herida: «si tuviera un hogar en el que creyera que podría arreglármelas, podría tomar a mi hija, abandonar esto y no volver nunca. Supongo que aquí me puedo manejar. Si pudiera tener alguna inspiración, quizá podría encontrarme un lugar y salir adelante allí. Esto es lo que pienso los días en los que me siento fuerte».

Yo reflexionaba después sobre la lección de dos palabras: "manejar" e "inspiración". Ella no dijo un lugar al que pudiera *ir*, sino un lugar en donde pudiera *manejarse*, y lo que necesitaba para permanecer con éxito en aquel lugar era que el aliento de la fe, los valores y las convicciones de alguien se hicieran suyas, es decir, inspiración. Ella podía permanecer exactamente allí donde estaba físicamente y, sin embargo, estar moralmente en otro lugar; sería duro, muy duro, pero, no obstante, podría ser posible, así que a veces ella se daba a la imaginación. Pongámoslo de otro modo: está buscando por momentos un destino interno y externo, un destino construido no sólo en el intelecto o en una conciencia psicológica en desarrollo, por válidos que ambos sean, sino en la "inspiración", en una dirección moral que le sirva de tal forma que ella se las pueda manejar. *¿Manejar qué?*. No sólo el mundo externo, un cambio de dirección, una calle que sea más segura, por importante que pueda ser un salto adelante de esta naturaleza, una fuga así. Debe manejar sus recuerdos, sus impulsos descarriados y temerosos, la resaca de su vida que tira de ella tan continuamente y con un poder y eficacia que ella conoce en lo más profundo de sí misma: la consecuencia de su incapacidad para "nadar" durante un tiempo con un poco de confianza duradera. Para dominar los instintos, uno tiene que encontrar una razón para hacerlo, una fuente de energía moral que le permita hacerlo. Su abuela y el libro de su abuela (el único libro que ella había visto en casa durante su infancia, y que fue literalmente enterrado con su abuela, puesto en su ataúd, tal como recuerda Delia) eran, por desgracia, un simple inicio en esa dirección.

¿Qué debería hacerse?

Cuando pienso en Elaine, en Charlie, en Marie y en su "Masa", así como en Delia y en sus amigas y en los muchachos predadores que se relacionan con ellas y les dejan (y, por tanto, se dan tan poco que se convierten en sus propias víctimas), me pregunto qué clase de oportunidad necesitan estos jóvenes para poder ser buenas personas o, al menos, mejores en el sentido moral que de lo que en ese momento parece posible para ellos. Esos jóvenes son obviamente diferentes en lo que respecta a su entorno y antecedentes: ricos, pobres y de clase media, negros y blancos, urbanos y suburbanos, educados en colegios públicos y privados, o que abandonaron los estudios. Pero descubro que, aunque distingo entre ellos recurriendo a esas características, por importantes que puedan ser, me veo considerándoles juntos en un terreno común. En ese terreno todos están en peligro; están debatiéndose en medio de errores de juicio moral, de perspectiva moral: mintiendo y haciendo trampas; abusando de las drogas y despreciando cínicamente a los demás; con una sexualidad precoz que acaba en una soledad persistente, en estar, como lo describió Delia en cierta ocasión «sola, con nada a lo que agarrarse, nadie sobre quien desees apoyarte». Esa soledad no es sólo emocional; es también moral. Nos aislamos de la comunidad y de sus valores por lo que hacemos, y después pagamos el precio en nuestro interior.

Copiar y mentir es estar solo; hacerse polvo con las drogas es estar solo; dormir con hombres porque te quieren dejar embarazada, a ti y a millones como tú en una especie de cadena de montaje sexual que quiere hacerse pasar por una forma de vida, es estar sola; incluso comportarse así con las mujeres es estar solo, y, finalmente, disparar a matar para vivir y sobrevivir (casi apenas y a menudo sólo por muy poco tiempo) es estar criminalmente solo. Esos muchachos y muchachas, esos adolescentes, los mencionados en las páginas precedentes y todos aquéllos cuyas vidas se parecen a las suyas en algún aspecto importante, ansían una fuerza moral que está dentro de ellos y que les permitiría una clase de supervivencia que hasta el momento amenaza con eludirles: una supervivencia de bondad, de respeto por sí mismos y por los demás, como contraposición a las diversas variantes de ausencia de pensamiento y dirección moral que cada uno de ellos muestra a su manera.

¿Qué debería hacerse por ellos? Soy totalmente partidario de intentar prestarles ayuda emocional y cognitiva: intentemos enseñar a nuestros hijos en escuelas, colegios e institutos a través de la lectura; e intentemos ayudar a curarse a esos niños que de una forma u otra han sido heridos psicológicamente. Pero cuando se terminan los cursos y acaban las sesiones de terapia, están esas interminables horas que esperan a nuestros hijos, y sus preguntas deben ser las nuestras: ¿dónde están en nuestra vida los adultos en los que realmente podamos apoyarnos, en los que podamos confiar, cuyos valores sean creíbles, deseables, porque nos han estado brindando una experiencia compartida, momento a momento de una vida en común? ¿Dónde está una compañía moral que haya vivido el contexto diario de los "debes" y "no debes" expresados, las órdenes que se nos han estado dando? Tal vez la herencia común de todos los niños de estos capítulos –y me llevó algún tiempo el darme cuenta de ello– tiene que ver con esa pérdida en sus respectivas vidas: la lucha de los padres de Elaine contra los delitos de los demás, y allí estaba ella con sus fechorías. En realidad eran un grito de petición de pasar momentos morales y emocionales con ellos, un grito de petición de guía y liderazgo moral a los profesores dispuestos a dejar exactamente claro lo que tolerarán y lo que no, y en virtud de qué razones éticas; Charlie, Marie y sus colegas hablan de padres que están en Barcelona y Río de Janeiro, hablan de unas cortas vacaciones al norte de Niza, pero tienen dificultades en tratarse bien a sí mismos y a los demás; y Delia perdió a su abuela y vio cómo se ponía su Biblia en el ataúd. No hay duda de que padres ausentes, padres desapegados, rondan todos estos relatos y las vidas que describen: el resultado no es sólo un dolor psicológico, sino también una pérdida moral.

La conciencia no desciende a nosotros de las alturas. Aprendemos a tener un sentido convincente de lo bueno y de lo malo a partir de madres y padres que, a su vez, estén convencidos de lo que debe decirse y hacerse, y en qué circunstancias, así como de lo que es intolerable, de lo que no puede ser permitido en absoluto; madres y padres que están más que convencidos de que, de hecho, están preparados a imbuir persuasivamente en sus hijos con sus palabras y su ejemplo diario lo que esperan transmitirles; madres y padres que de buena gana aceptan ese deber. Sin ellos, no es probable que se desarrolle una conciencia fuerte y segura. Cuando unos padres muestran a sus hijos su propia vida moral débil, contradictoria y llena de compromisos, no debe extrañar que éstos encuentren su propio camino, a menudo truculento. Y digo "truculento" porque un niño puede estar muy enfadado porque se le niegue la protección de una fuerte conciencia orientadora, por ser dejado moralmente sin timón.

Si los padres de Elaine hubieran estado dispuestos a sentarse con ella, a sentarse también con sus acusadores y a tomar nota con seriedad y tristeza de lo que había sucedido como algo que estaba conectado con *sus* respectivas vidas, además de con la vida de su hija, podrían muy bien haber empezado los tres a emprender un camino diferente del que tomaron: el del avestruz, sin ir al fondo del asunto. Incluso pasaron a la ofensiva, criticando a los que la acusaban, calificando de falsas sus acusaciones, desechándolas como una molestia entrometida para unos padres y una hija que creían estar limpiamente más allá del alcance de dichas alegaciones. Pero el abandono moral tiene un alto coste, tanto para los ricos que asisten a un colegio privado como para los pobres que viven en las callejuelas de un gueto: la ansiedad que va acompañada de una sensación de falta de propósito, a la que se añade el sexo y el embarazo que intentan ocultar esa ansiedad. ¿Quién conectará con esos jóvenes, tan similares, a pesar de las enormes diferencias de clase y raza, y conectará con ellos de tal forma que les pueda ofrecer valores que mantener y en los que creer, valores que les ayuden a controlar el impulso, la amargura, el abatimiento y la sensación de inutilidad angustiosa que acosan a todos aquéllos que no pueden contar con una brújula ética que les guíe en el fondo de sí mismos? ¿Pueden los profesores de un buen colegio y los asistentes sociales, que sustituyen temporalmente a los padres, ofrecer esa brújula a los jóvenes con quienes trabajan? Quizás a veces, de algún modo, pero no fácilmente y, además, con muy pocas posibilidades. Mientras tanto, todos nosotros –los jóvenes en peligro moral, sus familiares y vecinos, su país y sus ciudadanos, sus jueces y policías– nos interrogamos con preocupación, teniendo buenas razones para temer lo peor. Mientras tanto, muchos también nos preguntamos cómo podríamos actuar mejor y ahorrar a nuestros hijos el punto muerto moral que expone este capítulo. Obviamente, estos tiempos de crisis y de peligros morales no vienen de la nada. De hecho, constituyen un aspecto de la historia de una vida concreta, un aspecto que comienza con el mismo inicio de esta vida. Por ello dirigimos nuestra atención a la arqueología moral de la infancia: cómo nacen y se van moldeando momento a momento los valores a lo largo de las dos primeras etapas esenciales de la vida.

II. LA ARQUEOLOGÍA MORAL DE LA INFANCIA

1. LOS PRIMEROS AÑOS

Los niños son modelados en el mismo inicio de su vida por los valores de determinados adultos. Incluso antes de que nazcan el niño o la niña, sus padres ya están expresando sus propios valores de una forma que influirá en su hijo o hija. Una futura madre intenta pensar no sólo en sí misma; por tanto, presta atención a lo que come y bebe, se abstiene de fumar, inicia un contacto regular con un tocólogo, y no sólo por interés en sí misma, sino porque piensa en su futuro hijo. Un futuro padre se interesa por la mujer que lleva dentro a su hijo, visita al médico con ella, le brinda consuelo, seguridad, afecto, como alguien que está involucrado a fondo en un acontecimiento importante: un embarazo en el que piensan dos personas que se preocupan por una tercera persona que pronto llegará. Esta actitud de cuidados cariñosos, vivida diariamente, tiene consecuencias directas para ese feto que se está desarrollando: el primer período de su vida en el que la regla de oro afectará decisivamente el resto de su vida. Sin duda alguna, muchas mujeres y hombres que van a convertirse pronto en madres y padres no piensan continua y explícitamente en el significado moral de su interés atento por su futuro hijo, ni en el que se tienen mutuamente como padres muy necesitados de dicho niño. Por el contrario, se comportan de un modo natural; intentan hacer lo que médicamente es adecuado, lo que todo el mundo hace o haría. Pero demasiadas mujeres y hombres no actúan de forma responsable ante un embarazo, no toman en cuenta lo que es mejor para los dos y para el hijo actuando de común acuerdo. El resultado es un niño que todavía no ha nacido y que corre riesgos: existe una clara posibilidad de daño físico por el hecho de que la madre fume, beba alcohol, consuma drogas o padezca una enfermedad; existe también una probabilidad de vulnerabilidad psicológica que puede surgir cuando los padres muestran desde el principio que no valoran suficientemente al hijo y no se comportan de una forma que marque una diferencia desde el principio hasta el final.

Repito que son importantes los términos "valor" y "valorar": una cosa es proclamar valores y aceptarlos, y otra muy diferente intentar vivir conforme a ellos, manifestarlos a lo largo del tiempo en relación con los demás. Una mujer que va a ser muy pronto madre, que está atenta a su embarazo, que está intentando hacer "lo justo" es, por supuesto, impulsada por las informaciones de tipo médico, pero también está actuando por convicción moral: «valoro a este hijo que estoy llevando dentro de mí, y me valoro a mí misma como la persona que será su madre muy pronto y, por tanto, vigilaré de cerca cómo vivo y lo que hago desde el punto de vista médico y físico, pero, por tanto, también moral».

Sabemos que los bebés que son gravemente descuidados e ignorados se vuelven apáticos y se retraen de un mundo del que ya han aprendido a encontrarlo indiferente, cuando no amenazador. Pero otros niños, no tan ominosamente rechazados, que son simplemente rehuidos, tienen sus propias formas de responder a un entorno que, de algún modo, por las razones que sea, falla en ofrecerles suficiente seguridad. Se vuelven irritables; están inquietos; pueden ser exigentes, se aferran, como si hubieran aprendido que están en continuo peligro y que, por ello, deben agarrarse a su preciosa vida, afirmarse una y otra vez frente al mundo adulto, cuya benevolencia (o ausencia de ella) determina obviamente su destino día a día.

Una vida moral que precede al lenguaje

Todo lo anteriormente mencionado constituye la materia de una psicología observable en guarderías, en los dormitorios y en las cocinas de cualquier hogar. En pediatría y psiquiatría infantil hablamos de "comportamiento del bebé", de "patrones emocionales que preceden al desarrollo del lenguaje". Por decirlo de algún modo, somos prudentes y nos recordamos a nosotros mismos que un bebé, pongamos por caso de seis meses, no va a ser capaz de expresar lo que le ocurre. En consecuencia, hacemos conjeturas como observadores, en lugar de escuchar de alguien directamente lo que piensa y siente. Sin embargo, cuando acudo a guarderías, a veces oigo calificar a algunos bebés de pocos meses como "temperamentales", "difíciles de complacer", "posesivos" o "autoritarios"; estas palabras no deben tomarse tanto literalmente como por lo que evocan. «Este niño pide y pide [atención], especialmente cuando ve que otros niños están siendo alimentados o que se está jugando con ellos, aunque acabemos de pasar mucho tiempo con él.» Una maestra de guardería se dirige a un doctor con la cuestión de la vida psicológica de un bebé de ocho meses, aunque yo siento que lo que está en consideración es un asunto moral. Ella es desafiada claramente por el bebé, y no sólo como cuidadora o como observadora relativamente desapegada (que está estudiando para obtener un *master* en desarrollo infantil). Yo había estado visitando la guardería durante un año y esta joven había sido alumna de mi Facultad, así que no tiene reparos en exponerme francamente sus pensamientos, su preocupación de ser testigo de una especie de egoísmo precoz.

Pongo objeciones, señalo que haríamos bien en no precipitarnos en emitir un juicio en este caso. Ella asiente, entiende mi hipótesis obvia: en todos nosotros, la formación del carácter requiere años, e incluso décadas. Pero ella me recuerda las largas horas pasadas con los niños de más corta edad e insiste en formular la siguiente opinión: «yo no sé cómo acabarán estos niños, pero sé que existen diferencias entre ellos en su conducta actual, y que nosotras [ella y otros miembros del personal] calificamos a algunos de "buenos", "amables" y "amistosos". Algunos decimos que nos ayudan mucho porque no se cuelgan de nosotras ni gritan, y son complacientes con otros niños, pero algunos –odio decirlo– son *terribles*». De repente se calla y, como es natural, deseo escuchar algo más, explorar las dimensiones del adjetivo en el sentido en que lo ha utilizado: «hay niños que no nos dejan apartarnos de ellos por nada del mundo; sé que no quieren que les dejemos, no quieren separarse de nosotras, y son los que llamamos "quejicas"». Se produce otra pausa y pido de nuevo otra aclaración: «si no nos tienen a su disposición y pegadas a ellos, nos hacen la vida imposible a nosotras y a todo el mundo. En esos casos ¡me entran ganas de comprarme tapones para los oídos!».

El niño malcriado

Con el tiempo, iba a aprender muchas cosas sobre esta clase de niños gracias a aquella joven y a otras personas de aquella importante guardería. Me enteré de que aquel niño concreto que ella consideraba muy molesto y censurable no era en absoluto un niño abandonado o descuidado (ya lo había supuesto). Por el contrario, era un bebé muy querido, cuya madre no tenía reparos en confesar que le "adoraba". ¡Otra palabra para investigar! Después oiría lo siguiente de mi colega, la maestra de la guardería: «ella no puede soportar que el bebé llore ni siquiera unos segundos. Le han puesto a dormir junto a ellos [en una cuna] ¡y ellos están a su merced! En cuanto emite un pequeño murmullo, ¡acuden corriendo!». Al oír esto, sacudo involuntariamente la cabeza y entonces me dispara: «¡así que tú también lo tienes claro!». Intenté continuar un poco más la conversación, reiterando mi preocupación y mi posición contraria a meter a aquel bebé, que todavía no tenía un año, en algún purgatorio psicológico, cuando no en un infierno. Sin embargo, llegué a entender lo que tenía que sufrir aquella profesional de una guardería, razonablemente experimentada, al intentar cuidar de un niño que ya podía ser decididamente escandaloso y muy competitivo con otros bebés de su edad, cuyas necesidades, al parecer, le hacían subirse por las paredes, y de ahí sus lloros reflejos, como respuesta al tiempo que los demás bebés conseguían del mundo adulto. En cierta ocasión, al dejar la guardería y encaminarme a mi coche, me vi recordando una observación hecha por Milton J. E. Senn, el pediatra que durante muchos años dirigió el Centro de Estudios del Niño de Yale. Estaba hablando a un aula llena de médicos y enfermeras que trabajaban con bebés y niños y niñas de edad preescolar. «Incluso a los seis meses hay niños que nos hacen la vida fácil y niños que nos hacen la vida imposible, ¡y unos cuantos que nos distraen de lo que tenemos que hacer!»

Me precipité a añadir, a advertirle a él y a su público, que podíamos convertirnos todos en censores apresurados de bebés que todavía no han dominado la tarea de adquisición del lenguaje. Sin embargo, y tras ser preguntado por pediatras experimentados, Milton afirmó que un bebé puede ser"malcriado" incluso durante sus primeros meses. Esta palabra también requería algunas explicaciones y, por ello, nos embarcamos en una especie de disquisición al respecto, de la que anoté el siguiente fragmento: «si le das a un bebé todo lo que pide y nunca te resistes a sus demandas, le estás enseñando a no esperar nunca una negativa, y me temo que eso no es una buena preparación para la vida». Él estaba siendo irónico, superficial, pero todos nosotros nos reímos; fue una ola de consenso que expresaba –tal como pensé en aquel momento– nuestra inquietante toma de conciencia de que, incluso durante las primeras semanas de vida, un bebé puede haber emprendido ya el camino que le conduzca a una futura encrucijada moral o a algo más grave; puede ser una persona razonablemente atenta y cooperativa, o un malhumorado y arrogante que se enfrenta constantemente a los adultos con sus exigencias y sus limitaciones.

Los padres pueden tener su propia forma de saber lo que algunos de los que trabajamos con niños aprendemos sólo lentamente y, a veces, con una temerosa reticencia. Como ya he indicado, durante mucho tiempo he dudado en calificar a los bebés recurriendo a palabras que tengan un claro significado moral. Dejemos a otras personas que se refieran a ellos como "bebés buenos", "difíciles", o "imposibles" (queriendo decir "malos"). Dejemos que otros afirmen que un bebé fue una "delicia", mientras que otro fue peor que "un dolor de muelas". Si tuviera que hacer diferencias, lo pondría en el lenguaje frío y desapasionado –sí, "libre de valores"– de la psiquiatría y del psicoanálisis: algunos niños ya son ansiosos o temerosos, o han sido tratados bien y, por ello, son "normales", no tienen frustraciones. Sólo cuando empecé a hablar semanalmente con un grupo de jóvenes madres y les oí contar cosas de sus bebés, expresar sus sentimientos sobre lo que esperaban de ellos, hablar sobre cómo les cuidaban, con qué propósitos y qué esperanzas abrigaban sobre ellos, empecé a darme cuenta –¡puro sentido común!– de que aquellos bebés estaban viviendo mundos distintos y, a menudo, muy diferentes.

En pediatría y en psiquiatría infantil, con frecuencia nos referimos a la "simbiosis madre-bebé" de sus primeros meses. La absoluta intimidad o sentido de conexión que se produce es de tal índole que tiene enormes consecuencias médicas y psicológicas. Sin decirlo tan directamente, las siete madres con las que me reunía me señalaron que había un aspecto moral en su intensa implicación diaria con sus bebés, niños y niñas, y uno empieza a darse cuenta de que no hay ninguna razón para que no lo haya. Aquí hay mujeres dando mucho de sí –y también de sus maridos– a bebés a los que cuidan, de los que se preocupan, a los que intentan hacer justicia y mantener continuamente en sus pensamientos y oraciones, así como en sus brazos.

«Estoy intentando dárselo todo a mi hijo ahora», decía una madre. Su argumento: «más adelante tendrá muchas frustraciones». Pero otra no estaba de acuerdo: «tengo que preparar a mi hija para el mundo, incluso desde ahora. Yo le hablo, aunque ella no entienda las palabras. Le digo: "mira, no puedes obtenerlo todo de golpe; tienes que tener paciencia". Le tengo que hacer saber que existen otras personas, que ella no es la única». Una tercera madre intenta reconciliar esos dos puntos de vista y, al hacerlo, expresa claramente su diferencia: «yo intento serlo todo para mi pequeña bebé, lo intento de verdad. Pero muchas veces no puedo estar con ella, porque también quiero a mi otra hija y además está mi marido e intento tener también un poco de vida personal, por difícil que sea. A veces me siento mal. Mi pequeñita me solicita una y otra vez, y tengo que hacerla esperar. Otras veces estoy con ella físicamente, pero tengo que admitir que mi mente está en otra parte. Quizá se dé cuenta de ello y se intranquilice; o tal vez estoy haciendo una montaña de un grano de arena y esté inquieta porque sí y no porque esté faltando a mi trabajo [como abogada] ¡y estoy pensando en él mientras la cuido! Sé que estoy intentando ayudarla mucho, pero también he aprendido a decir basta: Se puede malcriar a un bebé, ¡incluso a un bebé!».

Aprender de los errores

Estas madres ya han aprendido a pensar en sus pequeños bebés, ninguno de los cuales llega al año, en función del camino que tienen que recorrer hacia la vida adulta y, por tanto, en la necesidad de reforzarles o disciplinarles, protegerles o enseñarles para que se adecúen a las necesidades de los demás. La palabra "malcriado" se convirtió rápidamente en un tema de discusión, en un tema que las llevaba al borde de un discurso filosófico o moral más amplio. Rápidamente me encuentro escuchando una discusión enérgica y apasionada sobre lo que significa, si es que significa algo, malcriar a un bebé de seis u ocho meses. Dos madres niegan que exista esa posibilidad, argumentando que las necesidades del bebé han de ser satisfechas y eso es todo. Otras dos están convencidas de que los bebés pueden sin duda ser malcriados, y ambas, según resulta, hablan por experiencia propia. Cada una de ellas afirma haber malcriado a su primer hijo y haber aprendido de sus errores.

La más comunicativa de las dos lo expresa así: «yo le di a mi hijo todo. En cuanto expresaba un murmullo, yo acudía corriendo. Actualmente [a los cuatro años], lo que hice se ha convertido, creo, en una parte de su personalidad. Es de esos niños que chascan un dedo y todo el mundo tiene que prestarle atención. Sé que esto no parece tan bueno, pero para deciros la verdad, creo que esto le ayudará a colocarse en buena posición. Ésta es la clase de mundo que hay ahí fuera y es necesario estar preparado para él: o bien esperas que el mundo te preste atención y lo logras [que te la preste], o te quedas atrás. Mi marido afirma siempre lo mismo y supongo que él me ha convencido; pero también tengo que admitir algo: yo no pienso así y no quiero que mi pequeña sea de ese modo, así que soy diferente con ella».

En cuanto deja de hablar todos quieren que especifique las diferencias entre la forma de educar a sus dos hijos, para que podamos entender si las cualidades de carácter en las que piensa como algo que forma ya parte de la vida de su hijo –así lo espera– y una parte futura de la vida de su hija pueden realmente atribuirse, al menos parcialmente, a lo que sucedió a estos dos vástagos durante los primeros meses de vida a su lado. Ella nos dice que ya no se precipita al lado de su pequeña como lo hacía en el caso de su hijo, y que así "confía" en la capacidad en ciernes de su hija, incluso desde el primer año de vida, de aprender a ser paciente, a desarrollar un mínimo de autocontrol. Una escéptica dice que no: «es demasiado temprano», por las limitaciones extremas que tiene un niño preverbal a las influencias morales y culturales que una familia, explícita o implícitamente, pueda transmitir a un niño. Expone su objeción de la siguiente forma: «estoy segura de que nuestros hijos son tratados de forma diferente por cada una de nosotras, y también estoy segura de que esto produce su efecto, pero creo que todo esto sucede más tarde. Durante los primeros meses es demasiado pronto para que los bebés sepan lo que está pasando. Mientras puedan ser alimentados y se les mantenga limpios, cómodos y calentitos, se hallan en su propio mundo. Mi marido [biólogo] dice que durante el primer año de vida su cerebro todavía se está desarrollando».

Otras madres expresaron su desacuerdo, recurrieron a la antropología cultural, a las diversas formas de alimentar a los niños, de cogerles en brazos y de vestirles; aludieron al margen de libertad que se les deja para gatear, para permanecer en un espacio relativamente pequeño o cerrado, para ser alimentados cuando lo piden o seguir un horario, para tener un acceso pleno y cercano a la madre o ser mantenidos a una distancia corporal significativa y, por supuesto, al hecho de si son alimentados con biberón o si se les da el pecho.

Señales desde el primer día

«Creo que empezamos a enviar señales a nuestros hijos desde el primer día», fue la observación más bien acalorada y al final de aquella conversación, de una madre tranquila, que hasta aquel momento no nos había dicho gran cosa. Nos preguntamos que cuáles eran esas señales y ella respondió que estaba sólo pensando en voz alta, pero que eran "señales conscientes" y que con ello quería decir lo siguiente: «estoy intentando decir a mi hijo desde el principio que quiero que se sienta querido y libre de crecer, pero que no quiero que piense que es tan grande y poderoso que crea que puede manejarme a mí y manejar a su padre, ¡manejarnos a los dos! Si se le deja a un niño ir por ese camino, tendréis un hijo que se cree una ganga, una verdadera ganga, y a mí me gustaría que mi hijo pensara en los demás y no sólo en sí mismo. Yo me digo esto, me lo repito a mí misma cuando me voy a la cama, después de darle el pecho y hacer que eructe: "vale, vale, te has hartado, has tenido todo lo que has necesitado, ahora tienes que aprender que el mundo no gira *totalmente* alrededor de ti. Tienes que aprender que existen los demás y que ellos tienen que vivir, lo mismo que tú, así que puedes llorar un poco e irte a dormir. Si acudo corriendo cada vez, estoy dando principio a algo, de un gran ego. Cuando llegaba a casa con el bebé, oía decir a mi hermana que uno forma su carácter inmediatamente, desde el principio.

»¿Queréis oír una historia? Su hijo, Don, tenía un gran apetito desde el principio. Ella le daba el biberón, porque tenía problemas para darle el pecho, ya que no tenía suficiente leche. Bueno, todo fue bien durante seis o siete meses y, ¿sabéis lo que pasó? Había estado sentándose en el cochecito o en la silla para bebés y engullendo aquella leche, y, cuando se hizo más grande y tuvo un poco más de control, empezó a tirar el biberón, a tirarlo al suelo. Sabía lo que estaba haciendo; oía el "paff", el "plonk" y obviamente le gustaba hacerlo. Una vecina le dijo a mi hermana: "está simplemente flexibilizando sus músculos; déjale hacer. Debes estar contenta de que él sea así". Pero Maisie dijo no, no. Se dijo que no iba a permitir que su hijo se hiciese a la idea de que podía comportarse así: arrojar algo al suelo cuando se había hecho con ello y ver cómo otros acudían corriendo ¡a limpiar el desorden que había producido! ¿Sabéis lo que hizo? No gritó ni se puso realmente severa con él; simplemente puso conciencia en estar *ahí*, justamente ahí, con la mano preparada, y cuando el bebé tomaba su última gota de leche, le quitaba el biberón mientras le hablaba, o le limpiaba la cara. En poco tiempo el bebé perdió el interés [en tirar el biberón al suelo]. Ella le puso a prueba varias veces no retirándole inmediatamente el biberón. En mi opinión, mi hermana había empezado a enseñar a su hijo lo que estaba bien frente a lo que estaba mal, cómo debía comportarse y cómo no a esa temprana edad.»

Todos quedamos enmudecidos ante esta anécdota, ante su confesión y la interesante tensión dramática mesurada, pero que casi se podía palpar. La lección de gentileza y al mismo tiempo de firmeza que transmitía, junto con el exquisito cuidado con el que había actuado su hermana nos conmovieron a todos; y también el éxito del método: menos actos impulsivos y un punto de apoyo para el niño en la futura escalera moral que tendrá que subir. Maisie no era una propagandista moral, pero parecía saber en su propia carne (y no en abstracto, según ninguna ideología) que no le haría ningún bien a ella ni a su hijo el que continuara tirando al suelo el biberón. También sabía que aquel bebé tenía demasiado pocos meses para mantener cualquier clase de conversación. Tampoco deseaba utilizar el miedo ni la intimidación. De un modo informal, pero siempre deliberado, era capaz de estar *allí*, siendo una madre rápida para ayudar a su bebé a acabar su biberón, pero también una madre decidida a ayudarse a sí misma y a ayudar a su hijo para evitar lo que ella temía que podría convertirse en una "mala costumbre". Cuando una de las madres pidió una aclaración de esa frase, todos oímos la siguiente respuesta: «Maisie no podía probaros lo que le pasaba por su mente, por la mente de su hijo. Lo sabía. Pero sí sabía qué es lo que pasaba *por la de ella*: el niño iba a convertirla en una necia, en una servidora obediente, siempre dispuesta para ir recogiendo lo que él tiraba. Si se hubiera acostumbrado a esto, con el tiempo ella sería más propensa a dejarle que la tratara de ese modo una y otra vez. Así que pensó para sí: "Maisie, detén esto inmediatamente; nunca es demasiado pronto para empezar a enseñar a tu hijo a distinguir lo bueno de lo malo". Mi madre nos había dicho lo mismo a Maisie y a mí cuando estábamos acabando el bachillerato. Maisie me confesó que, de hecho, había olvidado aquellas palabras hasta que le volvieron de repente una mañana. Oyó el *plonk* de aquel biberón y jura que vio un brillo en los ojos de su hijo: estaba deleitándose en llamar su atención al comprobar cómo ella se inclinaba para recoger el biberón. "Muy bien –se dijo a sí misma– dejemos que esto suceda un par de veces más"; pero no pasaron muchos días para que el bebé decidiera disfrutar haciéndolo continuamente; fue entonces cuando mi hermana recordó lo que mamá solía aconsejarnos y se dijo a sí misma: "ésta es la ocasión; es el comienzo de la educación de mi hijo, de enseñarle a distinguir lo que está bien de lo que está mal"».

Con estas palabras, la hermana de Maisie se impuso a la mayoría de sus compañeras, salvo una, que estaba preocupada de porqué el bebé había tirado el biberón deliberadamente la primera vez. Debo admitir que yo también tenía curiosidad sobre aquel punto. Entonces me vinieron a la mente las teorías de la psicoanalista infantil inglesa Melanie Klein. Ella estaba convencida de que los bebés de cuatro, seis u ocho meses no eran en absoluto demasiado jóvenes para tener un amplio espectro de actitudes y sentimientos psicológicos: cólera, rabia, codicia, depresión, un profundo escepticismo que ella se atrevió a llamar paranoia, además de, por supuesto, una pasión posesiva dirigida a sus madres. La analista infantil americana que supervisó mi formación no aceptaba en lo más mínimo las teorías de Klein, y Anna Freud tuvo igualmente dudas de aceptarlas sin grandes reservas. Entonces recordé una conversación que mantuve con ella y que grabé en 1970, veinte años antes de que se produjera este encuentro con aquellas madres jóvenes y antes de que ni siquiera hubiera oído hablar de sus esfuerzos para aprender qué es lo que pasa por la mente de un bebé: «¿Cómo podemos estar realmente seguros de lo que está pensando o sintiendo un bebé? Hacemos conjeturas; observamos una y otra vez y, pasado un tiempo, nos arriesgamos. En realidad, ¡adivinamos! Decimos que el bebé parece alegre o que el bebé parece letárgico, o irritable, o muy infeliz, incómodo o muy incómodo. Todas estas descripciones son conclusiones personales basadas en nuestras propias observaciones. Cuando el bebé crece y comienza a hablar y a hacer dibujos, podemos aprender directamente del niño o de la niña qué es lo que está pensando, a qué se está enfrentando. Pero en esos primeros meses, nos corresponde a nosotros describir el comportamiento del bebé; no le corresponde a él afirmarlo ni confirmarlo. No obstante, una cosa es cierta: podemos aprender mucho de lo que los bebés hacen que sus madres piensen que está sucediendo escuchando a éstas, y lo mismo puede decirse de nosotros [los analistas infantiles]. ¡También nosotros somos inspirados por los bebés a reivindicar peticiones [psicológicas] por ellos!».

Pero la mujer cuyo hijo había empezado a tirar biberones al suelo fue claramente más modesta que los analistas infantiles cuyas "afirmaciones" Anna Freud había estado mencionando y examinando con algún desconcierto y tal vez con grandes dudas. Aquella madre había declarado que estaba menos interesada en sumergirse en las profundidades emocionales de su hijo que en responder a sus actos. Además, era suficientemente intuitiva y tenía suficiente confianza en sí misma como para decidir que el niño no tenía ninguna dificultad manifiesta: no le estaba tirando el biberón a ella, no se hallaba en un acceso de mal humor o de despecho, o al menos eso parecía, ya que cogía el objeto, lo levantaba y volvía a tirarlo. Para ella había surgido la cuestión de la educación moral. Ella era slo bastante inteligente para poder sustituir en su mente la imagen de un niño pequeño que incordiaba a su madre por la de un niño mayor que mantenía una actitud igualmente displicente con sus padres y otras personas con autoridad. Su utilización de la palabra "displicente", nos dijo la hermana, indicaba su voluntad deliberada de emitir un juicio, y el uso de la expresión "con autoridad" indicaba la disposición para mantenerse en el terreno y asumir hipótesis y responsabilidades. En una idea adicional interesante y reflexiva que nos impulsó a todos a establecer una especie de conexión entre la tecnología moderna y la educación de los niños, nos brindó la siguiente especulación, gracias a la vivencia de su hermana: «¡me pregunto cómo habría reaccionado si no hubiera tenido biberones irrompibles de plástico! ¿Qué hubiera ocurrido si el biberón hubiera sido de cristal, como solía ser antes, hubiera oído el ruido de cristales rotos en el suelo y hubiese tenido que limpiar un revoltijo de fragmentos? Tal vez habría gritado y chillado *no* en lugar de haber empleado tanto tacto. Eso es lo que pensé después de que él tirase al suelo varias veces el biberón. Tal vez todos estos progresos en nuestra calidad de vida nos ayudan mejorar un poco nuestra actuación como madres».

Lenguaje e introspección moral: sí y no

Por supuesto, esos bebés cuyas acciones estaban describiendo aquellas madres iban a empezar a hablar, entrando en una vida totalmente nueva. En un sentido, el lenguaje nos define: todos somos criaturas de palabras, un don proporcionando por nuestros genes, por nuestra capacidad neurofisiológica. Una vez que un niño empieza a utilizar las palabras, puede conectarse con todos nosotros de una forma totalmente nueva y nosotros con ellos. Pero si el pegamento del lenguaje nos vincula, también nos plantea exigencias: a partir de entonces podemos intentar entender realmente lo que está sucediendo en la cabeza de otra persona; en esa fase, el niño que arroja el biberón al suelo puede decir "no" y también se le puede preguntar por qué. Además, una madre puede explicar sus razones para decir que no. Después, con el lenguaje llegan las posibilidades, las oportunidades, las responsabilidades, las cargas; llega la vida que conocemos como hablar, interpretar, conceptualizar a seres, seres que también pueden darse a la introspección moral.

Como descubren los padres muy rápidamente, "sí" y "no" figuran preeminentemente y sin ninguna duda entre las primeras palabras que sus hijos empiezan a emplear hacia el final del primer año de vida y los primeros meses del segundo. Lo mismo que los bebés aprenden a dirigirse a su madre y a su padre, hermanos, hermanas y abuelos por su nombre, también aprenden sobre la mente de esas otras personas, sobre lo que les gusta y lo que no les gusta tanto, y sobre lo que éstos no están dispuestos a tolerar.

Yo empecé a encontrarme con las madres que acabo de mencionar, aproximadamente un mes después de que cuatro de ellas hubiesen dado a luz; otras tres ya habían dado a luz hacía dos o tres meses. Al año, todas estaban encantadas de oír cómo aumentaba el vocabulario de sus vástagos, aunque todas estaban preocupadas, cada una de un modo diferente, por estas dos palabras: "sí" y "no"; especialmente por ésta última. La madre que había frustrado hábilmente a su hijo, lanzador zurdo de biberones, acudió periódicamente a encontrarse con nosotros como invitada, de forma que pudimos hablar directamente con ella. Para entonces se había vuelto nostálgica de aquellos buenos tiempos, en los que un biberón de plástico era su mayor venganza: «estoy tan cansada de oírme salir de la boca esa palabra "no"...», nos dijo en una de nuestras reuniones los lunes alternos por la tarde, que celebrábamos en una sala de un hospital local. No necesitaba adentrarse en ninguna explicación y sabía que ése era el caso, pero obviamente quería exponer su esfuerzo, tal como insistía en decir, por ser una "madre consciente". Para entonces, las demás madres, mitad complacidas de escuchar sus ideas y especulaciones, y mitad fascinadas por su energía moral, pero también nerviosas por una escrupulosidad que les impulsaba a una propia toma de conciencia problemática, estaban muy acostumbradas e incluso ansiosas de incitarla a hablar, a pesar de su propio y frecuente desacuerdo previo.

Cuando ella hizo esa observación sobre el "no", la madre que estaba sentada a su izquierda se expresó directamente: «quizá estés exagerando un poco». Otra madre se unió a ella: «es difícil encontrar el punto exacto de equilibrio». La madre que había provocado aquellas dos reacciones bajó la cabeza y pareció perderse en sus propios pensamientos. Cuatro de las madres que hasta entonces no habían dicho nada continuaron en silencio, pero sacudieron negativamente la cabeza varias veces de una forma evidente. Otra madre que hasta entonces no había dicho nada aprovechó aquella señal para decir: «tener que ser tan negativa con un niño que sólo tiene un año y unos meses quita mucho de lo divertido de ser madre». Gestos de asentimiento de todas, excepto de la madre que había capeado la crisis del hábito de tirar el biberón al suelo y que en aquellos momentos parecía extraordinariamente tranquila y pensativa. Durante algunos minutos más, las demás madres compartieron sus frustraciones y su agotamiento. Entonces ella habló de nuevo: «he estado pensando preocupada si no debía haber dicho "no" una y otra vez a mi hijo todos estos días. Le he estado ignorando; he estado tan preocupada conmigo misma que no le he prestado suficiente atención. ¡A veces odio la palabra "no", pero, en ocasiones, es todo lo que tenemos! Cuando dices "no" a tu hijo, ¡le estás enseñando el significado de la palabra "sí"!».

Dejó de hablar de repente como si tuviera que asimilar aquel comentario, especialmente la última frase. Las demás madres habían empezado a sacudir la cabeza con signos obvios de exasperación: la filósofa de visita ¡yéndose de nuevo por las ramas! Un coro de "noes" a su interesante planteamiento del "no". Ella fue muy rápida en responder: «¿qué significa la palabra "sí" si no hay un "no"? Lo que estoy diciendo a mi hijo es: "esto no debes hacerlo; no debes". Él busca mi rostro, mis ojos; sabe que son las ventanas del alma. Esto es lo que nos decía mi madre. Él puede imaginar: "mi madre quiere decir eso; mejor que preste atención". Sin embargo yo siempre uno el "no" al "sí". Cuando le digo que no debe hacer algo, le presento una alternativa. Le invito a hacer otra cosa; así no se ve atrapado allí ¡cargando con el muerto! Diré "no" utilizando el "nosotros". Yo digo: "no vamos a hacer eso, no lo vamos a hacer, pero haremos *esto*, bueno, intentaremos *esto*, será divertido" ¡y entonces despegamos! Eso es lo que quiero decir cuando afirmo que el "no" conduce al "sí". Si a uno se le deja sólo con un "no", si a tu hijo le has enseñado no, no, no, entonces, en mi opinión, ¡lo único que existe es un no-no!».

Cooperación precoz

Ella sonríe. Obviamente está contenta de sí misma. Sin embargo, en el rostro de una se las madres puedo ver un destello de desaprobación, de impaciencia. Está sacudiendo la cabeza; es su "no" a ese "no-no". Resulta que no necesita ningún aliento de mi parte (pensé por un segundo que tenía que animarle, porque normalmente es taciturna para hablar). Dirige su mirada directamente a la madre que nos ha brindado, segura de sí, otro de sus discursos convincentes y, con una incomodidad apenas encubierta le dice: «¡algunas no tenemos tiempo de darles un seminario a nuestros hijos! Estoy de pie delante del horno, estoy retrasada con la cena, mi hija me ha vuelto loca con su actividad incesante, y todo lo que quiero es que se tome su cena mientras cocino la nuestra, la de mi marido y la mía. Pero no, ella está decidida a tocar todas las teclas. No, ¡ya sé que no lo piensa! Está siendo simplemente una niña normal de año y medio. Bueno, yo estoy siendo simplemente una madre normal agotada ¡y quiero algo de *cooperación*! Eso es lo que digo. Mi hija tal vez no pueda darte la definición del diccionario de esa palabra, pero sabe lo que significa: significa "¡deja de hacer lo que estás haciendo!". Significa "¡para!". Significa "¡ya no me puedes empujar ni un milímetro más!". Y significa "¡no, no!". Cuando ella me oye decir "coopera", deja de hablar y de moverse. Va a la mesa y se sienta. Si tengo tiempo, le doy algo para que mordisquee o hago lo que tú dices: detengo mi propia vida e intento ayudarle a hacer la suya. Pero muchas veces, ella se sienta y me espera y yo acudo cuando puedo ¡y no antes!».

Sobre el pegar

Esas madres estaban lidiando a veces con sus bebés, con ellas mismas y entre sí en aquella sala. A menudo estaban a punto de decir algo, pero se retraían y se quedaban en un silencio cerrado. Cuando yo en ocasiones forzaba el debate, a veces no íbamos a ningún lado, y otras veces oía un desahogo que normalmente parecía una confesión. Algunas madres hablaban francamente de los azotes que daban a sus hijos, como si se tratara del "no" definitivo, y expresaban francamente su enfado ante la idea de que aquellos azotes no estaban bien. ¿Qué pensaba yo? Dudo y carraspeo. ¿Qué es lo que yo hacía? ¿Pegaba yo alguna vez a mis hijos? No. ¿Les pegaba mi esposa? No. Me siento un poco engreído con estas respuestas lacónicas: el importante experto que nunca pierde su sangre fría, que sabe siempre cómo abordar, responder y solucionar correctamente cualquier problema. Me apresuro a adentrarme en un largo recordatorio, en expresar nuestras frustraciones y puntos muertos como padres; les hablo de las veces en las que intentábamos con todas nuestras fuerzas ser al mismo tiempo firmes y comprensivos con nuestros hijos pequeños, y también de cuando estábamos confusos, incómodos o enfadados. Con frecuencia hacíamos una benevolente desviación estratégica: "salir del piso, ¡no!", un "no" seguido de una explicación de por qué, seguido de un esfuerzo para cambiar de tema, "seguir adelante", como solía decir mi esposa. Después, al acostar a los niños, leerles cuentos y hablar con ellos; tal vez revisábamos brevemente [o no tan brevemente] el incidente particular que había ocurrido previamente, y encontrábamos el acuerdo que a veces proporciona la distancia sobre un tema. Algunas madres, sin embargo, fueron rápidas y francas en contestarme que a veces estaban sobrepasadas por las constantes ocupaciones que tenían en su vida. Un azote rápido "disolvía la tensión", hacía saber al bebé que el "no" de una madre significa exactamente eso. ¿Qué pensaba yo de esta forma de decir no a un niño? Intento dar un rodeo a la pregunta, pero finalmente suelto lo obvio: el asunto esencial es la forma y el contexto, el modo en que cada madre se desenvuelve con un niño concreto de la forma más sensata y eficaz.

Tiempo, mucho tiempo

En realidad, sigo pensando para mí que las normas y las leyes, las estrategias y las técnicas pueden ser más atractivas en una sala como en la que estoy sentado, o en las páginas de un libro, que en medio de la vida que viven los hijos y los padres. Mientras respondo a las peticiones de consejo y de información sobre hechos concretos de mi vida y de la vida de mi esposa, como padres (tal vez, para ofrecer la medida del valor de mis observaciones), empiezo a darme cuenta de que los mejores momentos que Jane y yo teníamos como personas que imponían disciplina eran aquéllos en los que disponíamos de mucho tiempo para afrontar la dificultad, el desafío; mucho tiempo para darnos a nuestros hijos, para dejar claras nuestras razones, para hacerles saber por qué nos negábamos a algo y por qué no teníamos dos actitudes diferentes respecto al asunto, y que, por tanto, no cambiaríamos de opinión. (Ahora es muy fácil describirlo, pero a veces es un acto duro de mantener, de llevar a su término de una forma satisfactoria.) Por supuesto, *por supuesto*, me digo a mí mismo, unos padres necesitan credibilidad con su hijo, aunque sea un bebé o especialmente cuando es bebé. Cuanto más tiempo podamos dedicar con satisfacción, afecto y bondad a un hijo o a una hija de, digamos uno o dos años, que dependen tan definitivamente de nosotros, del mundo adulto, respecto a la comida, el vestido, la protección y también a la guía y la orientación, mejor.

Pero varias de la madres de aquella sala tenían recuerdos de largas horas dedicadas al trabajo y, por tanto, del escaso tiempo disponible para sus bebés. Frases como "calidad de tiempo" les chocaban como algo vacío, a pesar de que se esforzaban de algún modo en ofrecer exactamente eso a sus hijos: estar disponibles para pasar juntos las mejores horas y minutos de la limitada cantidad de tiempo de que disponían. Una madre informa de lo que le funciona a ella: un "no" firme, pronunciado sólo después de haber puesto el brazo alrededor del niño o de haberle tomado de la mano. Otra madre, excusándose y con vergüenza, nos deja saber que, cuando ella llora, su hijo deja de hacer lo que está haciendo, toma nota y obedece. Ella se siente "como una actriz" al provocar cada vez esas lágrimas, aunque éstas expresan la verdad de su sensación de estar contra la pared. ¿Es una farsante? ¿Cuándo se dará cuenta su hijo? Una madre que está sentada a su lado expresa que a ella le gustaría poder llorar, llorar y llorar. En vez de esto, grita con suficiente pasión y ruido para que la niña de dieciséis meses «se dé cuenta sin lugar a dudas de lo que ocurre». Otra madre, con una mentalidad más explícitamente psicológica que las demás, habla de recompensar a sus hijos con elogios como forma de disciplinarles, seleccionando sus "puntos fuertes" para aprobarlos, e incluso aplaudirlos.

Pero, ¿y qué hay de los fallos, jugarretas, fechorías y desobediencias deliberadas y dañinas por parte de un hijo o de una hija? Incluso un niño de año y medio que aún camina con pasos vacilantes y que está sólo a punto de empezar a hablar y a escuchar entendiendo lo que se le dice, puede volverse travieso, puede tirar de un mantel y romper un plato; puede meterle el dedo en el ojo, el hocico o las orejas al perro o al gato; ensuciarlo todo en su silla para bebés, ¡sin dejar de reírse! ¿Hay alguna forma que sea la mejor para responder en estos casos?, ¿hay una forma adecuada y una forma errónea? ¿Soy un cobarde, un ignorante y adopto una indiferencia interesada cuando intento evitar el brindar soluciones inequívocas para estos comportamientos infantiles? Me limito a escuchar, a asentir, a fruncir el ceño y preocuparme, a recordar y exponer; cuento errores y meteduras de pata, deseo tener otra oportunidad en un caso, haber hecho algo diferente en otro. Sigo insistiendo en mi convicción de que, de algún modo, de formas *diversas* y personales, todos los padres nos hemos dado cuenta de que ese *sí* y ese *no* importan realmente a los niños; que una vez que han aprendido el significado de esas dos palabras, han empezado realmente su educación moral, su itinerario como seres humanos capaces de elegir, incluso con intentos y tropezones de principiantes. Son las innumerables ocasiones de esto o lo otro las que acumulativamente construyen nuestra vida moral. Pero en cuanto a decir concretamente un sí o un no, expresar aprobación y desaprobación y complementar lo dicho, les recuerdo la gama de sus propias respuestas, todas diferentes pero todas dignas de consideración.

Mientras escuchaba cómo todas aquellas madres cultas, que habitaban en zonas residenciales, se esforzaban por conseguir el mejor comportamiento de sus hijos –y saber por qué–, sentí a menudo cómo mis pensamientos –algunos mantenidos para mí mismo y otros expresados– invocaban los tópicos piadosos modernos, cuando no las banalidades, que muchos que tenemos la misma formación cultural habíamos aprendido a aceptar como verdad. Ninguna de aquellas madres afirmaban tener ningún *interés* en pegar a sus hijos, aunque, insisto, algunas almas sinceras admitían pegarles, aun cuando sabemos que la mayoría de los americanos, encuesta tras encuesta, proclaman la virtud de alguna forma de castigo corporal como medio útil de enseñar a sus vástagos (incluso a niños que todavía no han aprendido a hablar) a "comportarse", a actuar "bien" y abstenerse de actuar "mal". Por el contrario, aquellas madres y padres (pues a veces tres padres se unían a nosotros) seguían hablando de "amor" y "cariño" como instrumentos de la primera guía moral. Muchos afirmaban que con sólo mantener una vigilancia atenta de nuestros hijos, darles todo lo que necesitan, éstos aprenderán rápidamente y de buena gana a prestar atención a nuestras "sugerencias" o "recomendaciones". «Me gusta pensar en la disciplina como una forma de educación –explicó una madre y, ampliando sus pensamientos sobre el tema, añadió–: si doy a mi hija muestras de atención e interés, de estar realmente con ella deseándole siempre lo mejor, aprenderá a responder; estará dispuesta a seguir mi consejo y mi guía, porque estará conectada a mí realmente de una forma sólida».

Trazar una raya en la arena

Antes de que acabara de hablar, empezaron los gestos de aprobación. Al otro lado de la sala, sin embargo, una de las madres parecía incómoda. Desplazaba el peso de su cuerpo de un lado a otro de la silla y cruzaba y descruzaba continuamente las piernas. Finalmente, frunciendo el ceño, empezó a hablar con la voz temblorosa: «yo quiero a mi hija y todo el tiempo estoy dándoles muestras de ello; bueno, tan a menudo como puedo. Pero hay veces en las que realmente *se porta mal*. Imagino que algunas diréis que no se porta mal, sino que sólo hace inocentemente algo que no ha aprendido todavía a saber que está mal. Pero yo no estoy de acuerdo; he visto a mi hija comportarse mal y saberlo». Se detiene para tomar aliento, tal vez para darse ánimos y también, especulo, para ver por dónde van los tiros: ¿hasta dónde puedo aventurarme en esta línea de argumentación? No hay indicaciones; ningún movimiento, ni siquiera de los cuerpos; nadie se levanta para tomar café o pastas, y todos los ojos están concentrados en ella. «Mirad –resume y emite un largo suspiro, seguido por una frase más o menos así–: estoy intentando decir que a veces los niños son maliciosos. De acuerdo, por ignorancia, o porque no siempre les hemos dado las señales correctas, o porque son seres humanos, incluso cuando tienen trece o dieciséis meses: quieren verlo todo e insisten, intentan algo para ver qué pasa, y si algo se rompe o se hieren, ¡qué pena!, pero ¿cómo iban a saber lo que iba a suceder? Y, de todas formas, vosotros los adultos estáis muy *nerviosos* (¡ése es vuestro problema!). Además, hay momentos en que mi pequeña –eso también lo sé– no está siendo "difícil" ni tiene "problemas psicológicos"; simplemente me está haciendo saber que ella también es una persona, que no es pan comido para mí, y que está preparada, incluso para hacerme frente. Sé que diréis que hay algo aquí que no funciona, que estoy haciendo algo mal. Pero yo no siento eso, no lo creo. Creo que hay momentos en los que mi pequeña está siendo *testaruda*, necesita, supongo, que yo entienda algo, de acuerdo, pero a veces, por su bien y por el mío (¡en aras de mi cordura!), ¡tengo que *responderle* con testarudez! Está yendo por un camino que podría traerle problemas, traerle problemas conmigo, así que tengo que decir *no*, un gran y alto *no*, un *no* que le lleva a asustarse mucho, lo admito, para que obedezca inmediatamente. ¿No es eso lo que ocurre? ¿No tenéis que enfrentaros a veces a vuestros hijos y hacérselo saber? Hacerles saber que *de ninguna manera* van a hacer lo que quieren, porque "podrías matarte atravesando una calle llena de tráfico, o podrías herir a alguien pinchándole con eso en la cara o tirándoselo encima, así que aquí estoy yo, tu madre, y voy a mantenerme tan firme como pueda sobre este punto, y si no te gusta lo que he hecho (hacerte desistir o decir *no*, agarrándote o quitándote algo) lo siento, y puedes llorar y llorar, y yo también me sentiré mal, pero no cederé, porque creo que tengo razón y quiero que tú también lo creas, tienes que *creerlo* y lo mantendré. Si las cosas empeoran y la única forma de que lo *entiendas* es dándote un azote o dos, pues que así sea", porque hay veces en las que hay que trazar una raya en la arena y el bebé tiene que saber que es *eso* ¡exactamente lo que queremos decir!».

Perros y gatos como maestros

Hemos abordado un tema importante. ¿Cómo empezar a enseñar a un bebé "mudo", que no ha empezado realmente a adquirir la capacidad de hablar, cómo ayudarle a distinguir entre lo que está bien y lo que está mal, lo bueno y lo malo, y hacerlo de una forma que funcione y no sea perjudicial para él? En un sentido también estábamos discutiendo, no sólo los orígenes de una sensatez moral, sino también la base misma de la moral. Después de todo, la cuestión no es sólo de *comportamiento*: cómo conseguir que los niños se porten bien; seguramente una amenaza severa de castigo puede conseguirlo, al menos por un rato y a un coste importante. La cuestión es cómo persuadir a un niño para que se adhiera a ciertos principios morales y de conducta, y hacerlo de una forma que quede convencido, de un modo eficaz, pero no de un modo que la victoria se convierta en una derrota a largo plazo.

Por ejemplo, dar a un niño unos azotes tan fuertes que se asuste, para proteger a un animal de compañía al que está maltratando, puede lograr un indulto para el animal, pero a un alto coste, como sabía por cierto una de las madres presentes que me contó un recuerdo de infancia que todavía estaba muy claro en su mente. «Teníamos un vecino en la puerta de al lado que tenía un perro, y mi amigo Ricky tenía miedo de él, y eso que era el perro de su propio padre. Me decía que tuviese cuidado porque el perro mordía, que una vez que empezaba a morder nunca se paraba y que podía "comerte vivo". Le recuerdo decir eso [utilizando la expresión una y otra vez]. El perro era un cobrador (*golden retriever*), la "cosa más dulce del mundo", nos decía mi madre continuamente. "Ese perro no haría daño ni a una mosca", nos aseguraba. Le conté lo que Ricky decía y *ella* nos aseguraba que no era verdad. Pero en cierta ocasión decidió explicármelo todo, explicarme por qué Ricky hablaba así. Lo había sabido ¡de la propia madre de Ricky! El niño había estado jugando una vez con el perro y tal vez le tiró del pelo o algo así, tal como hacen los niños algunas veces. El padre lo vio y se puso furioso. Le pegó y le gritó y el perro se puso a ladrar ¡probablemente al padre! De todos modos, no conozco la historia completa ni lo que contó la madre de Ricky, pero podría decir que estaba callándose muchas cosas. Sin embargo, mi madre me dejó saber que su padre le había dado "una paliza" y que Ricky nunca volvió a molestar a aquel perro. Se mantenía apartado de él, porque le había cogido miedo. La madre de Ricky estaba triste por todo esto. Decía que su marido tenía a veces accesos terribles de cólera y que aquélla fue una de esas veces».

Ésta es una historia no muy infrecuente de una rabia expresada en el trascurso de una vida familiar: un padre que quiere proteger a su perro, enseñar a comportarse a su hijo, acabó pegándole y gritándole de tal modo que el pequeño, que ni siquiera tenía dos años, acabó aterrorizado de un perro totalmente atractivo y tranquilo, cuya buena naturaleza ya no pudo apreciar. Desde entonces, aquel perro se había convertido en algo diferente en la mente del muchacho, en un constante recordatorio del comportamiento violento e impulsivo de su padre. La disciplina supuestamente en nombre del bien –que un niño aprenda a respetar el perro de la familia y a ser amable con él– se había convertido en un episodio de consecuencias psicológicas permanentes. Muy a menudo cualquiera de nuestras fobias expresan indirectamente nuestra capacidad para comunicar lo que nos duele, nos hace daño o nos preocupa. El miedo de aquel niño al perro de la familia y, con el tiempo, a todos los perros del vecindario, hablaba de su dificultad para reconocer su terror constante a que su padre volviera a perder los estribos.

Sobra decir que muchos, al ver a un niño jugar con un perro y que se vuelve demasiado retozón, impulsivo o dominante con el animal, aprovechándose de él, aunque el perro intente ser paciente y soportarlo, tendremos el impulso de intervenir y debemos hacerlo, para interrumpir la situación –y la posible confrontación–, rescatando tanto al perro como al niño pequeño. Después de hacerlo, sigue quedando la cuestión de la educación moral: cómo enseñar a un niño o a una niña, digamos de un año o de un año y unos meses, que existen límites importantes que hay que respetar; que el perro es una criatura como nosotros, que está viva, que forma parte de la familia y que merece un respeto continuo; que hay veces en las que tenemos que oír la palabra "no" dentro de nosotros, y no sólo responder al sonido que nos es enviado por el padre o la madre. Una vez más, cada uno de nosotros tendremos una forma distinta de enfrentarnos a una situación de este tipo, aunque, seguramente, algunas funcionan mejor y son mejores que otras.

Cuando aquella madre nos contó la historia de Ricky, el perro y el padre, otra madre nos contó con algo de vergüenza un episodio de su propia familia. Su hermana tenía una hija que, durante una época, también se volvió "agresiva" con el animal de compañía de la familia, que era un gato. El gato sabía cómo cuidarse a sí mismo más o menos: se mantenía a una distancia segura de la niña, que a veces le perseguía por la casa sin lograr alcanzarlo. La madre se cansó de este juego y apartó a la hija diciéndole que debía dejar de comportarse de un modo tan amenazador para el gato. La pequeña escuchaba y se reía, pero obviamente no mostraba la clase de toma de conciencia moral y de pena por su actitud que la madre había esperado observar, con lo que ésta la agarró, la pellizcó y le tiró de los pelos, imitando la conducta que la pequeña había tenido con el gato. Ésta quedó obviamente muy alterada y lloró sin parar. La madre intentó encontrar al gato para que "todos hicieran las paces", pero la niña empezó a llorar aún más y se puso "histérica", mientras ambas buscaban por toda la casa al animal, que se había escondido. Cuando reapareció el gato (éstos tienen una forma de ser dueños y creadores de su propio destino), la madre se dio cuenta de que ya no debía forzar más aquella situación. Desde entonces, la niña no dejaba de repetir que era "el gato de su mamá" y se mantenía a una considerable distancia de él. No se quedó tan aterrorizada de aquel gato como Ricky del perro de su familia y, por extensión, de todos los perros; pero la madre sabía lo siguiente y se lo confesó a su hermana: que de alguna forma no había hecho lo mejor para resolver aquella dificultad con su hija.

En cuanto se terminó de relatar la historia se me preguntó qué hubiera hecho yo, cómo manejaría a un niño que le hace la vida desagradable a un animal de compañía, es decir, a un niño que necesita aprender autocontrol, compasión y empatía. Intenté ser tan abierto y sincero como pude, y les conté los métodos que mi esposa y yo utilizábamos en estas ocasiones con nuestros propios hijos: les contamos cómo habíamos observado la situación (como lo hicieron el padre de Ricky y la madre de la niña), cómo habíamos intervenido para proteger al animal, a nuestro perro Grady, y cómo habíamos apartado a los niños; cómo había hecho mi esposa Jany con nuestro hijo Boby y luego ambos con nuestros hijos Dany y Mike, para expresar un firme "no", pero también para hacer un pequeño discurso explicatorio: este perro es parte de nuestra familia, es muy amistoso con nosotros y merece una actitud similar de nuestra parte. En aquel momento sabíamos que el niño al que nos dirigíamos no podía entender cada una de nuestras palabras o el sentido que pretendíamos darles, pero sí vio claramente que estábamos molestos, que estábamos preocupados por el perro y, por supuesto, por él, nuestro hijo; también que hablábamos en serio, que íbamos en serio, como suele decirse, e íbamos a grabar aquel momento en su mente y en la nuestra. Se había pronunciado claramente un *no* después de una mala acción (molestar a un animal, por inocente que fuera la intención, ¡otorgando al niño el beneficio de la duda!) y después iniciamos una conversación.

Recuerdo haber dicho que «nosotros no hacemos eso, que *nosotros no lo hacemos*». Recuerdo haber pronunciado un himno informal de elogios hacia nuestro perro, su lealtad y actitud amistosa (¡de los muchos lametones de afecto que nos daban a nosotros y que daban a los niños!). Recuerdo haber acudido hacia el perro y haberle dado unas palmadas cariñosas y cálidas. Recuerdo a mi esposa llevando a nuestro hijo hacia el perro y animándole a seguir nuestro ejemplo, a dar unas palmaditas amistosas al perro después de haberla visto a ella hacer lo mismo. Recordé cierta ocasión en la que uno de los niños hizo caso omiso y empezó algún tiempo después a molestar de algún otro modo a nuestro perro, suscitando tal acceso de cólera por mi parte, que di un gran puñetazo en la mesa de la cocina con un *no* como un rugido, retiré al niño a la habitación de al lado y sólo después mantuvimos una conversación explicatoria para "hacer las paces". Cuando aquellos episodios se acabaron, también recordé el tomar conciencia de que nuestro perro era un maestro a su modo, alguien que nos había ayudado a aceptar el significado de la palabra *comprensión*: ponerse en la piel de otro, ver y sentir las cosas como esa persona las ve o las siente. Tenemos que seguir haciendo esto una y otra vez a lo largo de la vida.

De un modo natural es así siempre para nosotros, los padres y madres; tenemos que poner límites a nuestros hijos durante los primeros meses de su vida, y también ponernos nuestros propios límites. Si no, nos exigimos a nosotros mismos el decir que no y el decir que sí, interferir e intervenir cuando suceden las cosas o ignorarlas, entonces actuamos como maestros, de acuerdo, pero estamos ofreciendo lecciones de indiferencia, falta de atención o de preocupación, apatía y, en última instancia, lecciones que conducen a una confusión moral. Los bebés necesitan alimentarse, pero incluso las necesidades más elementales deben ofrecerse considerando la vida de la madre, tanto como la del bebé, para que éste no aprenda que puede conseguir inmediatamente cualquier cosa en cuanto la pide. Los padres y los cuidadores necesitan dormir, tal vez atender a otros niños, quizá tengan obligaciones que cumplir, o trabajo que hacer y, por tanto, desde el principio de su vida los bebés deben aprender, incluso cuando están en la clínica, inmediatamente después del nacimiento, antes de ir a su casa, que existe algún tipo de horario, que la satisfacción instantánea no forma en absoluto parte de lo que pueda esperarse en la vida ordinaria cotidiana. Los padres deben aprender a satisfacer las necesidades y demandas de sus bebés, pero también deben oponer a veces, de forma sensible pero cada vez con más confianza, sus propios límites, sus diversas responsabilidades y cargas, a medida que van conformando lo que tienen que brindar a sus hijos y cuándo. Todo esto no tiene por qué convertirse en un enfrentamiento, en un juego de tira y afloja, ni un trauma para el bebé, vivido con culpabilidad por parte de los padres, sino que, por el contrario, puede ser un ajuste informal de los padres al hijo y también del hijo a los padres. Si fuera sólo lo primero, podría muy bien haber consecuencias, tanto psicológicas como morales, como nos recordó a algunos de nosotros en un memorable comentario uno de mis supervisores, que había sido pediatra y después formador de pediatras infantiles: "en esos primeros meses de la vida, la madre aprende mucho, especialmente si es madre por primera vez, pero lo mismo ocurre para el bebé. Es un toma y daca por ambas partes. Si no, si es sólo un dar por parte de la madre y un recibir por parte del hijo, los médicos pueden ser testigos de las primeras raíces del ensimismamiento, del egoísmo, al ver cómo un bebé que no está aprendiendo a conocer un "no", ese "temprano no" que adopta la forma de *algún tipo* de rutina u horario, *algún tipo* de estructura de vida, *algún tipo* de regulación de cómo van a ir las cosas, de cómo van a hacerse el sueño, la alimentación, el vestirse, el lavarse y el cambio de pañales".

El niño como oyente moral

Al segundo y al tercer año de vida, con la aparición del lenguaje y el desarrollo del control muscular, aumentan exponencialmente las posibilidades para una educación moral explícita. El niño o la niña ya saben hablar y lo que escuchan puede tener un significado sustancial. Continuamente, a menudo sin tener conciencia de ello, los padres están proporcionando a sus hijos de dos años una vía moral: sugerencias, instrucciones, explicaciones. «Aquí es cómo hacemos *esto*; *allí* es adonde vamos o no vamos; ahora es el momento de intentar *eso*, y en cuanto a lo que acabas de hacer, que no vuelva a ocurrir; es lo que esperamos, e insistimos en ello». En estos momentos el niño puede comprender los mensajes que se le envían y ya se ha convertido en un oyente que cada vez entiende más. En estos momentos, los padres se dirigen a sus hijos y esperan que el mensaje hablado les cale, de forma que, poco a poco, los pequeños puedan cuidar de sí mismos y, lo que no es menos importante, puedan empezar a asearse solos. Todo esto que suele considerarse como parte de la educación del niño, se expresa hoy día como un aspecto del desarrollo infantil y, por supuesto, se edita una gran cantidad de libros para ayudarnos a hacernos más conscientes de estos temas. Sin embargo, nosotros prestamos menos atención a las indicaciones morales de los acontecimientos psicológicos de la primera infancia (preescolar) que a las cosas prácticas; menos atención al niño como oyente moral. Cuando hablo de "nosotros" no sólo me refiero a los padres, que intentamos entender a nuestros bebés y a nuestros hijos, sino también a los llamados expertos, a los psiquiatras, pediatras, psicólogos y asistentes sociales que trabajan con niños y sus familias.

En psicoanálisis, por ejemplo, se ha estado hablando desde hace más de un siglo de las etapas que atraviesan los niños pequeños, hasta el punto de que muchas personas asocian palabras como "oral", "anal" y "genital" a la vida de nuestros hijos e hijas, fuera del marco de hospitales y clínicas. Estamos atentos a la intensidad de la experiencia que acompaña la vida alimentaria del niño, sus esfuerzos por liberarse de los pañales, los afectos que manifiesta, su apasionado interés en nosotros, padres y madres, y otras figuras que aparecen en su vida. Pero, tal como empecé a indicar anteriormente, estas etapas no se caracterizan únicamente por luchas emocionales. Puede que a un niño o a una niña se les alimente de forma que lógicamente esperen recibir todo lo que desean y necesitan, pero después tiene que haber un respiro necesario para los padres y para el bebé. Puede ocurrir que un niño sea privado de aquello que le es debido o, por último, que se le dé comida siempre que surja un impulso: un murmullo, un llanto, y allí está el pecho, el biberón o la cuchara.

En este punto, como en todos los demás de la vida, la experiencia conforma el carácter. El carácter de alguien que ha sido esencialmente bien nutrido, pero que también ha aprendido que el mundo no va a estar siempre *ahí*, en una espera continua a lo largo de todo el día, que hay momentos inevitables de frustración, que el apetito tiene que ser satisfecho, pero también frenado, difiere del carácter de alguien al que se le ha negado tanto aquello que necesita y que espera cada vez menos; entonces se vuelve irritable, literalmente insatisfecho y tiene cierta predisposición a la cólera, a la desesperación, a los malos humores y a la desconfianza; estados de ánimo obviamente provocados por la decepción crónica que ha sufrido en manos de otros. Después existe el carácter de alguien a quien se le han proporcionado cuidados, que nunca ha tenido que enfrentarse a la realidad de la más mínima negativa y al que, por tanto, se le ha empujado a dar un gran paso hacia el sentido de la propia importancia, el egoísmo y la arrogancia. Es el arrogante, al que no sólo se le ha dado mucho, sino también incesantemente, de forma que no ha tenido posibilidad de desarrollar la tolerancia a la frustración y las normas que controlan el impulso. Estas descripciones generales se aplican en abstracto. Por supuesto, todos nosotros, como padres, conocemos momentos en los que somos responsablemente generosos con nuestros hijos; o también en los que, por una razón u otra, no estamos dispuestos o somos incapaces de satisfacer sus peticiones o sus deseos; o, por último, somos excesivamente generosos, y de ahí surja la palabra "malcriado" en labios de los demás o críticas hacia nosotros. De lo que se trata aquí es de la frecuencia o la tendencia general: cómo *solemos* actuar con nuestros hijos.

Lo mismo ocurre con los niños a los que se enseña a liberarse del pañal, el compañero constante de un bebé durante dos años. Lo que actualmente se llama "aprendizaje de retención" es un desafío tanto para los padres como para el niño, como sabemos todos los que hemos intentado ayudar a un niño que empieza a andar a reconocer el impulso de orinar o defecar, y después hemos tenido que hacer algo, asumir una cierta autoridad sobre su cuerpo. Con este punto también podemos arreglárnoslas para actuar razonablemente con nuestros hijos, de forma que puedan despedirse con una confianza cada vez mayor de los aspectos más importantes de la infancia, de esa especie de desvalimiento que acompaña a la necesidad del pañal. O podemos tomar una de estas dos direcciones: cernirnos sobre el niño demasiado pronto, persiguiendo e incitando, insistiendo en voz alta, gritando, o incluso dando unos azotes a alguien que apenas puede pronunciar frases completas; o tomar demasiada distancia durante mucho tiempo, de modo que el bebé en cuestión aprende que el mundo, por las razones que sea, no tiene un interés concreto en facilitarle el valerse por sí mismo y llegar a obtener su autocontrol. En la actualidad estamos correctamente interesados en la psicología de este obstáculo de la infancia, en la respuesta emocional del niño a las razones emocionales de los padres para comportarse de una u otra forma. No hay duda alguna: unos padres relajados, complacientes pero firmes, constituyen una gran ayuda para sus hijos en esta temprana negociación sobre los aspectos sanitarios de la civilización, lo mismo que padres tensos pueden predeciblemente educar a hijos tensos, y padres que son descuidados, indiferentes, remisos o que no están dispuestos a exigir nada de sus hijos, les castigarán con las consecuencias al formar niños que no saben realmente cómo responder adecuadamente sin confusión, miedo ni dudas a funciones corporales fundamentales, urgentes y recurrentes.

El sí y el no de Anna Freud

Permítaseme recurrir a una conversación grabada que mantuve con Anna Freud en 1974 sobre este asunto. «Seamos claros –dijo–. El niño, el bebé, adquiere día a día sus claves de los padres. Algunas madres parecen simplemente saber cómo hacer las cosas, cómo alimentar al bebé a satisfacción de éste, hacerle eructar a continuación y después acostarle para que duerma y, si tiene miedo, mantenerle en brazos y darle seguridad, pero sin precipitarse ni abrumarle con una atención nerviosa (y una de las formas en que se expresa *esto*, ya lo sabemos, es proporcionar alimento continuamente, cada vez que se oye un mínimo quejido). Otras madres no pueden, no saben, no dan a sus bebés lo que desean y necesitan; son demasiado pobres, están demasiado distraídas o tienen demasiados problemas; y aún hay otras, seamos claros, que abruman al niño con un exceso de atenciones. ¿Cómo se dice? ¡Un verdadero empalago!

»Lo mismo ocurre con el enseñar a un niño a que pida ir al retrete. Algunas madres saben por naturaleza, y no por haberlo leído en ningún libro –«rápida y fácilmente», como dice una de nuestras enfermeras–, hacer que un niño atraviese el misterio del aprendizaje de retención, mientras que otros se ponen muy ansiosos, e incluso temerosos, ante esta responsabilidad, de esta exigencia. Sus propios "problemas", como podríamos decir, se ven aumentados. Estas madres irán tras sus hijos sin descanso o estarán tan aterrorizadas que irán posponiendo día tras día el "momento de la verdad"».

Puse sobre la mesa el asunto de prestar demasiado poca atención a este tema. «Sí, hay quienes tienen "fantasías utópicas", esperan y esperan sin "presionar" a sus hijos, a que adquieran esta capacidad de retención "por sí mismos", "de forma natural", "sin ansiedad". Me temo que, con el psicoanálisis, hemos hecho de abogado del diablo en este tema. Hemos brindado a algunas personas el concepto –¡quizá *algunos* ya teníamos ese concepto desde hacía tiempo!– de que existe una forma "adecuada" de manejar este asunto, una forma que no produce ansiedad, ni un segundo de miedo o alarma en los niños. Yo he intentado tratar de estas "fantasías" escribiendo. Es un punto difícil de hacer comprender a algunos padres cultos, familiarizados con el psicoanálisis (¿o deberíamos decir "interesados"?): ellos quieren de nosotros más de lo que podemos ofrecer. Quieren para sus hijos (tal vez debiera decir que también para ellos) ¡más de lo que la vida puede ofrecer!

»¿Cómo podemos crecer sin luchas, dudas y uno o dos errores? Si les ahorramos a nuestros hijos *eso –intentarlo–,* no lo lograremos de ninguna forma; acabaremos impulsándoles hacia otros tipos de problemas, esa clase de problemas que no podemos prever. Piensa en el narcisismo que tendrá un niño al que se le ha dado continuamente todo, y al que ni siquiera se le ha pedido que se retenga, que retenga el apetito o ¡las funciones corporales [excretoras]!».

Suscité el tema de la estructura del carácter influido por esos momentos y sucesos imperiosos de la infancia. «Estoy de acuerdo en que aquí se trata de un tema moral y eso es lo único que hemos podido aprender a lo largo del tiempo: bajo la influencia de la psicología moderna, vimos en los niños que observamos mientras crecían la forma en que la primera infancia influía en su "personalidad" posterior. Creo que es correcto decir que *todos* hemos aprendido de esto», de esfuerzos seculares para entender a los niños, de hacer justicia a su educación. «Creo que hemos aprendido que el *sí* que acompaña a la comprensión de los impulsos del niño tiene que ser equilibrado por el *no* que acompaña a la comprensión de algo más: las exigencias de una conciencia responsable.»

Anna Freud y yo tuvimos ocasión en aquel momento de intercambiar nuestros puntos de vista sobre uno de los pilares básicos de la teoría psicoanalítica: la sexualidad infantil. Ella expuso su propia forma de pensar elegantemente escueta y directa sobre un tema que hay que reconocer que es muy complejo. De nuevo abordamos la cuestión del carácter, de cómo los acontecimientos de nuestra vida y de la temprana infancia persisten en el impacto configurador y, a veces, muy definitorio sobre aquellos niños y niñas que se han hecho adultos: «mi padre lo pasó mal durante mucho tiempo por atreverse a sugerir lo que sospecho que muchos padres han sabido "en lo más profundo de sí", y no tan "en lo profundo", a partir de su experiencia de los momentos que pasan diariamente con sus hijos: que éstos son apasionados en su apego y que ese amor no es menos poderoso que la clase de amor que nosotros conocemos como adultos en nuestra vida. El amor de un niño es, por supuesto, una respuesta al amor adulto, a los padres y, sin embargo, ¡algunos estaban muy sorprendidos de que eso [ese resultado] pudiera suceder! Cómo manejamos este amor y cómo, a nuestra vez, respondemos al amor [que nosotros ponemos en marcha] es un argumento digno de nuestros novelistas y dramaturgos: ¡las mismas variantes, intrigas, rompecabezas, sorpresas, dolor, indignación y tristeza que éstos han estado recreando para nosotros desde hace siglos! Un padre o una madre pueden mostrar afecto, estimular un afecto a cambio, pero establecer límites, hacer saber al niño que el amor tiene que ver con el control y el compartir, así como con la posesividad; sin embargo, los padres pueden ser muy retraídos, ser la bien conocida "madre fría" o el padre que no participa en la vida familiar; y también existen los igualmente bien conocidos padres que no dejan partir al hijo, removiendo todos los sentimientos que tú y yo hemos aprendido en este tiempo que hemos estado trabajando con jóvenes».

El amor de la descendencia

Quisiera ir más lejos para examinar la atracción entre el afecto de los padres y el desarrollo del carácter de los hijos, sólo para darnos cuenta de que Anna Freud había dado más que en el clavo cuando ponía a prueba el amor, exploraba sus diversos aspectos, sus efectos, por así decir, el amor como algo que tiene que ver «con el control y el compartir, así como con la posesividad». Sin embargo, insistimos, los padres tienen una oportunidad de enseñar, incluso a un niño de menos de un año, y obviamente a un niño de dos o tres, cómo llegar a un acuerdo con esos instintos, esos deseos y anhelos, esos momentos de decepción y frustración que forman parte del amor, de la vida. Algunos bebés afortunados tienen padres que les manifiestan amor y cómo amar a cambio, pero que no se convierten en esclavos, por así decir, de las demandas de sus hijos, ni de sus propios deseos ansiosos, que son naturales en todos nosotros, de dar tanto como tenemos y con toda la frecuencia que podemos a nuestros hijos e hijas. Otros padres están menos seguros de sí mismos o carecen de autocontrol y, por tanto, dejan que la preocupación y el afecto se deterioren, convirtiéndose en un excesivo consentimiento que puede malograr la mente de un niño. Como ya se ha dicho, demasiado de algo bueno puede estimular enormemente el narcisismo del niño.

Como mencionaba Anna Freud, actualmente no pocas reuniones se centran en este desenlace de los acontecimientos: padres que en nombre de brindar amor a sus hijos les dan la idea de que lo que desean y aquellas personas que quieren están constantemente disponibles, lo cual lleva a una especie de omnipotencia, resultado de no haber conocido ninguna resistencia, ninguna oposición. En lo que concierne a los padres distantes o que tienen una actitud de rechazo, una generación de psiquiatras infantiles han hablado y han escrito sobre este fenómeno, y las lecciones aprendidas no son muy difíciles de comprender: una repuesta al mundo refrenada, vacilante y a la que se le ha cortado el vuelo; una incapacidad para confiar en los demás, para entregarse; una excesiva reserva para hablar, para sentir, que está en clara conexión con la forma en que el niño se va a pensar de los demás y a relacionarse. Un niño que ha sido poco querido sabe muy poco de cómo aceptar el mundo, cómo abrirse a él con confianza y sin temor. Por otra parte, un niño al que se quiere de una manera posesiva y demasiado insistente, sin las reservas que debe caracterizar todo compromiso humano («tengo a otras personas que atender y tareas que exigen mi atención»), aprende a amarse a sí mismo desmedidamente, se convierte en víctima de un amor paterno y materno henchido de vanidad, que puede conllevar, como sugirió Anna Freud, algunos aspectos más siniestros y clínicamente preocupantes: la posesividad que enmascara la aprensión, la melancolía e incluso, paradójicamente, el desdén y el desprecio.

¿Quiénes son los padres que pueden evitar todos estos riesgos, conducir a sus hijos a través de las diversas clases de relación humana que se dan en esos años preescolares, en los que los niños son alimentados, vestidos, ayudados a tener el dominio de su cuerpo, a caminar, a ir al retrete "a tiempo"; años en los que se les anima a hablar y se les habla dándoles pruebas de atención y ternura, en que se encuentran también con las decepciones inevitables, con los momentos y períodos de desilusión que probablemente la vida y el amor conlleven a cualquier edad? El pediatra y psicoanalista infantil inglés D.W. Winnicott nos dejó la expresión "madre bastante buena", con la cual no pretendía definir a la optimista declarada ni a la que lo era a regañadientes, sino más bien a la completamente realista. Por supuesto, la expresión "buena" nos desplaza de la psicología a la ética, pero ¿de dónde viene esta "bondad"? Un médico no pide la perfección a padres y madres, sino sólo un grado suficiente de bondad, que, hay que subrayarlo, no se mide con entrevistas o tests y sus consiguientes puntuaciones, sino a través de la vida diaria afirmada por un niño concreto. Un niño, cuya madre, nos apresuramos a decir, ha sido suficientemente buena, intuitiva y sensible, y que ha estado suficientemente *presente* para el bebé, a las duras y a las maduras para nutrirle, protegerle y ayudarle; es así como van creciendo hijos razonablemente confiados, alegres y asertivos, que afirman día a día un yo amoroso, cada vez más competente y capaz; todo ello es el resultado del amor que se da y también de la instrucción que se ofrece: el entrenamiento día y noche que permite a esa joven persona causarnos una favorable impresión al resto de nosotros.

Este entrenamiento es un asunto complejo. Los padres "bastante buenos" de Winnicott deben ser "bastante buenos", no sólo para ser instructores tiernos, atentos y dedicados, que tienen el gesto o pronuncian la palabra adecuada en el momento oportuno, sino también instructores dispuestos a contrarrestar el lado egoísta e impulsivo del niño, con el objeto de introducirlo al mundo, por decirlo de alguna forma: ayudarle a realizar el dominio sobre su naturaleza originalmente solipsista, ayudarle a aprender a aceptar el *no*, a entender el *sí*, a comprender y a responder a la diferencia entre estas dos palabras y lo que cada una de ellas quiere decir. Ésta no es una tarea menor para cualquier adulto, ni siquiera para el más cariñoso de nosotros; para empezar, incluso durante los primeros meses de vida, hay que enseñar a un bebé que los demás cuentan, que hasta la acción con la intención más benéfica, a veces puede vivirse como amenazadora y desconcertante, como una derrota. Utilizo aquí muchas palabras para describir todo esto tal como queda representado en la "díada", expresión que utilizan algunos teóricos para referirse a un bebé y a su madre o a su padre (el resto de nosotros utilizamos el término ordinario "familia"). El doctor Winnicott no estaba intentando ser muy teórico ni ampuloso cuando salió con aquella frase de "bastante buenos" aplicada a un padre o a una madre. Por el contrario, estaba invocando una psicología cotidiana que en su esencia se convierte en una especie de ética de vida: de algún modo, uno se vuelve "bastante bueno" para iniciar a un bebé en el camino de la bondad. De nuevo la reciprocidad del amor, la actitud atenta que permite a alguien que ofrece el bien, el suficiente bien, recibir a cambio la bondad del niño.

¿Podríamos concretar la naturaleza de esta "bondad" en, pongamos por caso, un niño de cuatro o cinco años a punto de ir a la escuela, una bondad en ciernes que padres "bastante buenos" han facilitado, nutrido, permitido y alentado? Esta bondad no es obviamente algo reconocido, no palabras y más palabras pronunciadas en aras de la "moral" o de los "principios éticos". Esta bondad no se discute, no se afirma filosóficamente, no se refuta. Dicha bondad empieza a aparecer en los primeros meses de la vida y no se la llama bondad ni se piensa en ella como tal, sino más bien como "naturaleza" o "temperamento" de un niño: un niño adorable, suave, sensible. «Todo sonrisas y dulzura», he oído decir a algunas madres, insistiendo en que son afortunadas por haber ganado el premio que han conseguido y que tal vez la genética haya favorecido. Yo no discuto con ellas, porque ¿quién sabe en qué medida las primeras cualidades de un bebé son heredadas y en qué medida son consecuencia del trato que ha recibido día tras día? Cada uno de estos asuntos es fácil suponer que se deba a la herencia y a la vida familiar, incluidos, dicho sea de paso, sus valores ideales y el grado en el que dichos valores ideales influyen en el comportamiento de aquellos que propugnan, incluso en esta fase del principio de la vida, que los padres practiquen lo que predican, lo cual no es un logro menor para cualquiera de nosotros en cualquier aspecto de nuestra vida.

En cualquier circunstancia, un bebé "bondadoso por naturaleza" sonríe mucho, mira una y otra vez a quienes le miran y obviamente se deleita con arrullos, susurros y risitas al ser tocado y acariciado; parece disfrutar de sus semejantes humanos, y toma con inequívoca alegría el alimento que le ofrecen otros seres humanos, la calidez y la animación que éstos también propagan. Este mismo bebé gana cada vez más confianza en sí mismo, gatea y se pone de pie, dando los primeros pasos a su debido tiempo, e incluso pronuncia al mismo tiempo sus primeras palabras; al hacerlo recibe aliento y aprobación, y responde con placer y una dedicación renovada: «continuaré por este camino; soy admirado y querido y acepto ese sentimiento, respondo a él persistiendo en determinadas direcciones, generando con ello más de ese mismo sentimiento». El lenguaje se desarrolla de este modo: una palabra, el placer que suscita y, después, un esfuerzo reiterado para hablar, para ofrecer a los oyentes más palabras. Todo esto constituye comprensiblemente el territorio de la psicología; pero una vida moral también se halla aquí en camino, aunque hoy día no estemos especialmente interesados en ver que éste es el caso.

Una reciprocidad moral

Un bebé ha aprendido a amar en el mismo momento en que ha sido amado, a recompensar con esfuerzo a los que han hecho un esfuerzo por él, a aceptar y a complacer a aquéllos que le han aceptado y que le han complacido. Esta reciprocidad de sentimientos y de conducta, esta conexión clara, al mismo tiempo que ensancha y amplía a todos los concernidos, es una expresión temprana de un respeto compartido, de una reciprocidad de mirada, una reciprocidad moral. Es ésta una capacidad del bebé no menor que la de sus padres –y otros adultos que, al parecer, aparecen aparentemente de ningún lado–, para ver el mundo a través de los ojos de los demás, para ser agradecido, para unirse a lo que se convierte realmente en un esfuerzo compartido de los padres y del bebé para hacer, unos y el otro, lo mejor que pueden. Todo esto tiene lugar de forma tan gradual, agradable y natural, sin ninguna articulación abstracta de sentimientos, ninguna cháchara conceptual (la "naturalidad" de aquellos primeros meses y años), que se tiende a olvidar a cuánto ensimismamiento renuncia la mayoría de los bebés en aras de una aceptación de los demás, de sus esperanzas, expectativas y, en definitiva, de sus *valores*. El bebé se convierte en un alumno deseoso de aprender, que mantiene literalmente sus ojos en el maestro, siente lo que se quiere de él y lo da. Se une así a una pequeña comunidad y gana en ella su condición de miembro: un buen ciudadano que sobrelleva la parte del peso familiar que le corresponde.

A veces damos todo esto por sabido, hasta que quizá nos enteramos de un bebé –en realidad, de una familia– para el que no sucede esa cadena de acontecimientos, de salto adelante en salto adelante. Se trata de un bebé que no responde a sus padres con una actitud de intimidad confiada; no puede tolerar los gestos ordinarios de afecto y parentesco que el resto de nosotros, padres e hijos, nos ofrecemos mutuamente. Es un bebé que parece susceptible en lugar de enternecedor; parece no tener interés en lo que otros quieren para él; llora cuando los demás reirían; se retira cuando otros se aproximarían y se niega aparentemente a querer ningún intercambio emocional o cognitivo con sus padres. Sin duda alguna, en dichas circunstancias los adultos empezamos a movilizar terminología psiquiátrica o neurológica en nuestro desesperado esfuerzo por comprender lo que parece ser tan sorprendentemente irregular, tan amenazador a nuestro sentimiento de lo que es "normal" desde el punto de vista psicológico, pero también de lo que es "justo y apropiado". Esta es una frase hecha, utilizada frecuentemente por abogados y conferenciantes, pero yo la he oído utilizar repetidamente por la madre de un bebé de trece meses que parecía ya abocado al autismo. El bebé era reservado, demasiado indiferente cuando se le acercaban, carecía totalmente de interés hacia los acercamientos solícitos de sus padres, y no estaba haciendo ningún progreso en gatear o decir las primeras palabras. De hecho, su madre era una filósofa política y, en gran medida, una moralista. En cierta ocasión, cuando intenté dar todo el sentido que pude a su situación clínica desconcertante y consternante, ella me interrumpió exasperada y me dijo que estaba totalmente abrumada por lo que a ella no le parecían "síntomas", un problema psiquiátrico, ni siquiera un misterio neurológico, sino algo «definitivamente más allá de toda comprensión, incluida la de un médico», y después añadió: «no es justo ni apropiado, está más allá de lo que cualquier persona debería contemplar: tu propio hijo, con sólo un año, que se retira de la comunidad humana, que se exilia como si fuese un forastero en la familia. Es como si hubiera sido sentenciado por algún destino inescrutable, por algún *juicio*, al infierno, al mismo infierno, y en él estamos juntos. Somos extraños recíprocamente y ¡eso *es el infierno en el que hemos sido sentenciados*!».

Un juicio moral, casi religioso, transmitido como si la palabra "enfermedad" simplemente no fuese adecuada a la situación en cuestión. El resto de nosotros, agraciados con bebés que, por cortesía de la genética, de la neurología y de la vida familiar, parecen prosperar casi sin esfuerzo, crecer e incorporarse al mundo con competencia creciente, olvidamos sus considerables logros. Son niños que aprenden a acomodarse a los demás, a anticiparse a sus deseos; que aprenden a hablar a los demás y a entenderles; que aprenden a cuidar su cuerpo en aspectos muy importantes, que se responsabilizan de su cuerpo; que aprenden a afrontar un despliegue de intensas emociones

(deseos, envidias, rivalidades, complejos enredos de sentimientos) dirigido a los demás con un tacto, sensibilidad y dis-
creción crecientes, de forma que cuando entran en el primer
curso escolar, suelen conocer bien –y utilizarlo con soltura– el
significado de "por favor" y "gracias", aceptan la autoridad de
los maestros, juegan con los demás (hay que admitir que hay fallos inevitables), comen con cierto decoro y se cuidan bastante
bien de su propio aseo.

La civilización ha arraigado. Es un comienzo moral de considerables proporciones, y que no se considera como tal por
parte de muchos que se inclinan por el lenguaje de la psicología
para describir lo que ha sucedido. Sin embargo, algunos están
abiertos a hacer un reconocimiento a los padres en este sentido.
Yo escuché este mensaje transmitido por una maestra de primero a los padres que ya he mencionado (éstos la habían invitado a asistir a uno de sus encuentros quincenales): «supongo
que soy optimista y que por eso veo el lado positivo de las cosas. He oído que algunos de ustedes se disculpan por sus hijos,
se preocupan por ellos e intentan explicar lo que llaman "sus
problemas"; pero he aquí cómo veo a esos niños cuando llego a
la clase cada mañana a las ocho y media: ellos me saludan, me
sonríen y están inmediatamente listos para trabajar conmigo,
para prestar atención e intentar cooperar, haciendo lo mejor
que pueden y obedeciendo las normas, los procedimientos y
las propuestas. Comen bien, se asean ellos mismos y me ayudan
a mantener limpia el aula. Si uno de ellos se pone enfermo o tiene problemas, los demás (algunos más que otros, pero en general la mayoría de ellos) se preocupan de ese compañero o compañera y dan muestras de su preocupación: se alarman y quieren
servir de ayuda; así me lo dicen directamente. Si *yo no estoy
bien*, también están dispuestos a ayudar*me*, se preocupan por mí
y me dicen lo mucho que desean que me sienta mejor ¡y lo
más *pronto* posible! Es verdad que algunos niños se comportan
mejor que otros y que incluso los mejores tienen sus días malos
–¡eso también nos pasa a nosotros los adultos!–, pero, en gene-

ral, es muy impresionante y conmovedor y, si normalmente lo doy como cosa hecha, tengo que decirles que a veces, cuando veo una manifestación espontánea de simpatía de su parte dirigida a alguno de los suyos o a mí, o cuando de *motu proprio* empiezan a limpiar el aula, a prepararse para la próxima lección o el día siguiente, cuando se respetan entre sí o me cuentan que están preocupados por esto y lo otro, por alguien que está enfermo o que tuvo un accidente y que no son de nuestra clase... bueno, supongo que estoy intentando decir que ellos son *ciudadanos cabales* que ustedes han enviado a la escuela y yo, que soy la primera persona "extraña" que trabaja con ellos en la escuela durante todo un año, estoy muy impresionada y también muy agradecida».

Sus observaciones, expresadas con clara convicción y muy pocas palabras, nos dejaron helados, recordándonos que los niños empiezan a aprender los valores muy pronto; que un largo camino moral ya ha sido atravesado durante esos primeros años que preceden al jardín de infancia o al primer curso escolar; que esas madres "bastante buenas" (y sus maridos "bastante buenos") habían logrado no sólo la hazaña psicológica de Winnicott, sino también una hazaña moral: con estos hijos habían ofrecido al mundo un poco de bondad humana concreta y observable, que estaba presente de una forma confiable en una institución pública: niños pequeños bien encaminados a convertirse en jóvenes ciudadanos.

2. LOS AÑOS DE ESCUELA PRIMARIA: LA EDAD DE LA CONCIENCIA

En la escuela primaria, tal vez como nunca antes ni después, si se dan las circunstancias favorables familiares y de vecindad, el niño se convierte en una criatura intensamente moral, totalmente interesada en comprender las razones de este mundo: cómo y por qué funcionan las cosas, pero también cómo debe comportarse en las diversas situaciones y por qué. «Ésta es la edad de la conciencia –señaló en cierta ocasión Anna Freud y añadió– es la edad en la que se forma la conciencia infantil, o no se forma; es el momento en el que se construye y consolida o no el carácter del niño». Son los años en los que un nuevo mundo de conocimiento y posibilidades llega en forma de libros, música, arte, gimnasia y, por supuesto, los profesores e instructores que proporcionan todo esto, y los compañeros que comparten las lecciones y las experiencias. Son los años de magia, estímulos y alimentos variados de la imaginación, de todo lo que puede alentar la mente para explorar el mundo, para intentar darle un sentido. Son los años de búsqueda impaciente y viva por parte de los niños, a cuyos padres y profesores les es difícil a menudo soportarlos cuando intentan entender las cosas y descubrirlas, pero también sopesar las cosas buenas y las cosas malas de esta vida. Es el período de crecimiento de la imaginación moral, constantemente alimentada por la disponibilidad y la buena voluntad de los niños para ponerse en la piel de los demás, para vivir de esta forma su vida.

A los cinco años más o menos, como indicó agudamente la maestra citada al final del capítulo anterior, un niño empieza a comprometerse más seriamente con la sociedad, con el país al que pertenece. Hasta ese momento un niño o una niña aparecen simplemente en el registro civil, pero eso es todo. A partir de entonces, el mundo exterior al hogar hace señas oficialmente y, de algún modo, el hogar empieza por ley y por costumbre a compartir con la comunidad las responsabilidades de educar a los niños. Éstos se encuentran en clase a los maestros que empiezan a conformar sus pensamientos, su forma de ver las cosas; además, hay docenas de niños a los que se invita a leer en alto, a levantar la mano para expresar sus puntos de vista en un nuevo mundo de hechos y de reflexión. Por añadidura, en esos momentos la mente está preparada para lo que se le pone por primera vez a su disposición: el lenguaje ha sido consolidado y el cuerpo es mayor, más fuerte y posee más control de los brazos y de las piernas.

El autobús como comienzo: los porqués de un niño

En realidad, tendemos a olvidar lo que sucede cuando un niño entra en el autobús escolar por primera vez o se introduce en el coche de los padres para ir a ese mismo destino que es la clase, o inicia caminando el itinerario que conduce al edificio escolar. Se ha aprendido y absorbido una importante lección psicológica y moral, una lección que se describe demasiado fácilmente en abstracto como un aspecto de la socialización.

Prefiero citar a una madre que acababa de experimentar un momento especial, «una ocasión», tal como lo oí en sus propias palabras, con su hija: la había llevado al autobús escolar por primera vez. Cuando empezó a relatar aquel momento, estaba emocionada y me temo que la consideré demasiado rápidamente presa de la tristeza que acompaña a la pérdida, incluso de ese tipo de pérdida que es de forma natural un aspecto de un profundo beneficio: el primer paso del niño en una escalera concreta.

Pero la madre no estaba realmente interesada en convertir aquella ocasión en una excusa para la catarsis emocional. Por el contrario, estaba interesada en una especie de introspección cívica; de ello sólo llegué a percatarme poco a poco a medida que hablaba: «durante varios días le hablé a Jeanie de la escuela. Supongo que sabía algo sobre ella, ya había ido a la "guardería", pero se trataba de un pequeño jardín de infancia privado en una casa particular. Ahora estaba yendo a un edificio público y cientos de niños iban a acudir allí, y todos ellos irían en autobuses propiedad del Ayuntamiento. Le tuve que recordar un par de veces que eso es lo que sucede cuando se va a la escuela. "¿Sabes por qué?". Ella me preguntó *por qué*. Siempre me está preguntando *por qué* estos días y a veces ya no lo puedo soportar y respondo, por favor, Jeanie, *después*. Pero aquel "porqué" me tomó por sorpresa, porque ella obviamente había estado pensando un poco sobre el asunto del transporte, un poco más de lo que yo me había percatado. Su pregunta exacta fue: "¿por qué no puedes simplemente llevarme en coche allí?". Yo le respondí: "porque... porque habría demasiados coches allí si todas las madres llevaran allí a sus niños". Pero ella señaló que "todas las madres" van al supermercado y a las guarderías, a los desfiles de moda, a los parques y al cine, y que las calles son suficientemente grandes para contener el tráfico. Yo pensé para mí: "estará ansiosa de ir a la escuela por primera vez, abandonando la casa cada día de la semana por la mañana, y sabe que es un gran desafío y preferiría que yo la llevase en coche". Así me sentía yo también: estaba ansiosa ¡y también había reflexionado bastante en la posibilidad de llevarla en coche!

»De todas formas intenté sencillamente cambiar de asunto, así que simplemente le respondí: "es así como se hace, todo el mundo va a la escuela en autobús". Pero ella simplemente continuó con sus porqués. Se preguntaba por qué no podía ser algo optativo: yo podría decidir llevarla en coche a la escuela si quería. No, respondí que no. Bueno, ¿*por qué*? Y yo respondí: "¡*porque sí*!" ¡Yo había *terminado* con este asunto! Ella sabía que era mejor dejar el tema de lado. Pero una hora después aproximadamente volvió a la carga: "mamá, ¿hay alguna ley que diga que debes meter a tu hija en el autobús escolar y que si no lo haces tendrás problemas?" ¡Aquello realmente me desarmó! Y entonces pensé para mí: ignoro la respuesta. ¿*Hay* una ley o llevar a tu hijo a la parada del autobús es algo que simplemente hacen padres y madres? Yo *podía* llevarla en coche a la escuela de vez en cuando, pero es mejor no hacer de esto un hábito. Esto puede producir que el niño se sienta especial, diferente, y de lo que se trata es de que esté con otros inmediatamente, pero pensé que probablemente *existía* alguna norma que prescribía que los padres debían llevar a sus hijos al autobús y no que cada niño fuese llevado por sus padres en coche.

»Entonces, ella me lanzó la siguiente especie de pregunta de doble filo: "mami, ¿crees que la escuela empieza en el autobús o cuando entras en el edificio?" ¡Dios mío!, ¿y qué respondo *ahora*? Inmediatamente solté: "cuando entras en el aula, dentro de la escuela". Pero vi algo en su cara: estaba reflexionando, aunque todavía no había pronunciado una palabra. Entonces me dije a mí misma: "¡*tienes que* pensar también un poco! ¡Esta niña no se va a conformar con una salida fácil!". Así es como tuvimos nuestra charla. Me senté con ella y le dije: "¡déjame pensar!". Hice marcha atrás en aquel tema y cambié de táctica: le dije a Jeanie que, de alguna forma, la escuela *sí* que empezaba cuando uno se monta en el autobús. "Estás en camino para unirte al mundo de una forma importante, es una nueva parte de tu vida, muy importante", así es como se lo dije. "Estás añadiendo algo, una nueva y gran habitación a la casa que estás

construyendo, ¡a tu vida!'". Tomé entonces un lápiz y le dibujé
una casa, y después le añadí un ala. (¡En aquellos momentos
pensé que me hubiera gustado ser arquitecto!) A ella le gustó
aquello: las dos sentadas a la mesa de la cocina, con algunas ba-
rras de chocolate y aquel dibujo que yo había hecho, junto con
nuestra charla sobre el autobús y la escuela, y sobre la escuela a
la que yo iba cuando tenía su edad. Ella quería saberlo todo sobre mis maestras y yo le conté un montón de cosas: las que me
gustaban y las que no me gustaban, y por qué. Le tuve que explicar las razones ya que "por qué" es su expresión favorita. Espero que su maestra esté preparada para escucharla, ¡para escuchar todos sus "porqués"!».

La escuela es el lugar en el que un niño se une por primera
vez a una comunidad concreta fuera de la familia y como ciudadano participante; adquiere conocimiento, sí, pero también
asume responsabilidades. No es de extrañar que los niños de
cinco años, que se hallan en el umbral de la escuela, estén llenos
de "porqués", es nuestro derecho de nacimiento como seres
humanos y, una vez que empieza el lenguaje, éste parece ser durante un período bienaventurado un servidor de dicha curiosidad, especialmente cuando llegan nuevas circunstancias. Muchos padres, por supuesto, se sienten más que puestos a prueba
por las preguntas constantes de sus hijos, y algunos de los profesionales de la psiquiatría hemos ofrecido explicaciones e interpretaciones para esta constante búsqueda de respuestas por
parte de nuestros hijos e hijas: son el resultado de intereses y
afectos sexuales y emocionales que intrigan, provocan y excitan
la mente, y de aquí el esfuerzo para preguntar una y otra vez sobre lo que sucede en el mundo. Éste es un intento indirecto de
poner a prueba sentimientos e impulsos que ya se sabe que no
son adecuados para una conversación explícita. Sin duda alguna, los niños de cuatro o cinco años quieren hablar de su
vida familiar y a veces luchan poderosamente con su posesividad, sus momentos de envidia, cólera, deseo, frustración y decepción, todo ello consecuencia de cómo se las arreglan para

convivir ellos ellos y los que comparten con ellos el mismo techo. Pero nosotros somos criaturas de cognición tanto como
de pasión, y también somos criaturas con propósito, que intentamos adecuar nuestros conocimientos y nuestros deseos de
modo que esta vida que vivimos tenga un cierto sentido.

Visión telescópica, visión moral

Durante años, cuando me reunía con niños y niñas que aca-
baban de embarcarse en su vida escolar, tendía a verles a través
de las lentes de mi formación en psiquiatría infantil. Yo estaba
interesado en saber cómo se llevaban con sus padres, con sus
hermanos y hermanas y, al observarlos de este modo, conectaba
cualquier cosa que decían o me contaban que hacían con su
creciente vida emocional. Todo esto para bien, aunque hay muchas cosas que uno pasa por alto o que considera demasiado
apresuradamente, como aprendí un día de un niño de seis años
que ya había desarrollado un fuerte interés por los telescopios y
al que, por desgracia, yo me inclinaba a considerar como una
especie de "voyeur" en ciernes. En consecuencia, no pude saber, porque no se lo pregunté, lo mucho que había llegado a conocer sobre el cielo y las abundantes estrellas que lo pueblan.
Le pedí varias veces que me hiciera un dibujo de sí mismo;
siempre lo hizo con gusto y, en cada ocasión, pintaba un telescopio en su mano derecha y dirigía su cabeza hacia el cielo, que
él llenaba de cuerpos celestes: un sol, uno o dos cometas fuga-
ces, racimos de estrellas, una luna... como si la noche y el día
fueran una sola cosa allá arriba en el más allá que él creaba. Finalmente le pregunté si quería bajar su mirada un poco y qué es
lo que podía, esperaría o intentaría ver. «Bueno, yo vería lo
que veo continuamente», respondió.

Insistí un poco más sobre el asunto, buscando el contenido
de su campo visual y él me dijo lo obvio: que vería gente, lugares y cosas. Después, con paciencia y un poco de simpatía ha-

cia mí, me recordó el propósito del telescopio: llevar la propia visión a cualquier parte, fuera de lo ordinario. «Cuando miro por él es como un largo viaje y estoy muy lejos, pero también sigo estando aquí». De acuerdo, pensé, pero ¿*por qué* el impulso de ese viaje? Él debió haberse percatado finalmente de lo que me estaba pasando por la mente, porque me miró directamente muy serio: «¿por qué me estás haciendo tantas preguntas sobre el telescopio?». Silencio durante unos momentos, mientras yo intentaba imaginar una respuesta adecuadamente evasiva, aunque sugerente, una respuesta que me permitiera volver a asumir que yo era el único que hacía las preguntas. Pero era un niño considerado y compasivo y me ayudó a salir del apuro con otra pregunta y una oferta: «¿te gustaría mirar por el telescopio? Yo te podría enseñar cómo».

Hasta más tarde no me percaté de la importancia de aquel intercambio. Me había dejado saber que aunque yo era el que le hacía preguntas, él fácilmente podía invertir los papeles y poner algunas dudas en mi camino. Si él tenía sus razones inconscientes para ser un astrónomo en ciernes a los seis o siete años, yo tenía las mías (quizás algunas de ellas más allá de mi conciencia) para sentarme con él y escrutar su vida de cerca. Implicándose, había intentado que ambos superásemos aquella forma de ver las cosas, sugiriéndome que tomase en serio *lo que* él estaba haciendo, y no sólo las razones posibles de su interés particular, de su afición, de su búsqueda exploratoria. Cuando empecé a hacerlo encontré más de lo que esperaba, aprendí algo más que los simples hechos que había acumulado un joven e inteligente investigador. «Aquellas estrellas –me dijo– se están moviendo rápidamente, aunque parezca que no se muevan ni un centímetro». Yo asentí. Entonces él decidió que yo tenía que saber más: «un amigo mío decía que Dios les impide que choquen entre sí, pero le dije que no, que Dios no es así; que deja que las cosas ocurran ¡y no se ocupa en meterse por medio! Él lo ha hecho todo y todo es suyo, y la gente también. En la escuela dominical dicen que todo depende de ti, el ser bueno o malo, y lo mismo ocurre con las estrellas; ellas siguen moviéndose, y si se saliesen de su camino sería porque algo va mal; sería un accidente, no que Dios se ha dormido o que se ha vuelto loco o algo así».

Se detuvo para ver si yo le estaba siguiendo. Sí, yo le seguía y asentía con la cabeza para indicárselo. Él decidió completar su presentación: «aquí es diferente, aquí hay gente. ¡Somos estrellas con gente! Por eso podríamos armar un lío. Las estrellas podrían chocar entre sí, una estrella podría atravesarse cn el camino de otra. ¡Sería una mala suerte para las dos! Pero podríamos hacer algo malo a este lugar en que vivimos, a esta estrella, y eso sería tan malo como si otra estrella la golpease, ¡peor aún!».

En aquellos momentos yo le miraba con más intensidad y él se percató de ello. Me preguntaba por qué se estaba acercando a este momento apocalíptico, ¿qué es lo que le había impulsado a tomar la dirección de esta fantasía o especulación a su exposición narrativa? Él sabía que yo quería oír más cosas de él. Miró al cielo por un momento, volvió su vista después a la tierra y la posó en el televisor que estaba en la cocina. Inmediatamente me pregunté qué es lo que había visto recientemente en aquella pantalla, qué programa había podido estimular tal dirección de nuestra conversación. Él me respondió sin que yo le hiciera ninguna pregunta: «Oí al locutor del telediario decir quc había muchas materias malas que se creaban en el aire». El accidcnte nuclear de Chernobyl había tenido lugar una semana antes. «Si la gente no aprende a hacer lo que hay que hacer, nos meterán a todos en problemas y eso arruinará a la Tierra. Tal vez Dios esté molesto, pero no creo que Él se meta por medio. Nos corresponde a nosotros aprender cómo hacer las cosas bien; podemos rezarLe, pero nos corresponde a nosotros encontrar la mejor forma, la forma correcta de comportarnos».

Habíamos gravitado, por así decir, hacia abajo desde aquellos otros planetas, que eran más accesibles a la vista gracias al telescopio, hasta esta Tierra, tan perturbada por fuerzas e impulsos a veces más difíciles de ver aquí incluso que los que actúan, digamos, en los distantes Marte o Júpiter. Sin embargo, aquel muchacho no estaba en absoluto ciego a todo esto, a la relación realmente existente entre Dios, el hombre y los cuerpos planetarios; un mundo nada pequeño para abarcarlo intelectual y moralmente. De un modo sencillo y sin pretensiones, me había dejado saber que, con independencia de las razones "más profundas" que existen para mirar atentamente lo que está tan lejos –y con independencia de mis razones para estudiar de cerca sus razones–, había otra línea de investigación que teníamos que seguir, una línea que él, como ingenioso maestro que era, puso ante los dos: el asunto de lo justo y de lo injusto, de lo bueno y lo malo, tal como surge en cualquier lugar, por todas partes en nuestra vida. Un niño, aparentemente desviado por una inclinación intelectual –y yo imaginaba que también por una desviación emocional– de los problemas de este planeta en aras de un interés que residía en otros planetas, estaba muy interesado en abordar las principales cuestiones que afrontamos todos los seres humanos que vivimos en esta Tierra: cómo puede influir nuestro comportamiento en la misma naturaleza de la existencia, de la vida tal como existe aquí.

Para mí, aquellos momentos de reflexión con un niño que asistía a la escuela primaria se volvieron más instructivos de lo que hubiera podido imaginar. Me había llevado, gracias a su telescopio, por una especie de largo viaje, pero también me había permitido viajar por su mente y su vida y, con ello, adentrarme en el pensamiento de otros niños, llegando más lejos de lo que hubiera podido creer que fuera posible o deseable. Un niño que estaba en segundo curso me había dejado saber que las palabras abstractas de astronomía, teología, ética social y psicología no eran misterios inabordables para él; que era muy capaz de considerar la cuestión de la voluntad de Dios, el asunto de las posibilidades destructivas del hombre, y lo había hecho tan concretamente, de una forma tan investigadora y sugestiva, aunque algunos adultos pudieran calificar su esfuerzo –quitándole importancia– como un interés pasajero o un antojo temporal, o considerar sus preocupaciones como una prueba más de "subli-mación". Pero de hecho, este encuentro me enseñó a ser más generoso con un niño concreto y, con su ayuda, con otros niños con los que estaba manteniendo conversaciones; me permitió ver la capacidad que tienen para, incluso a los seis o siete años, ser ciudadanos éticamente introspectivos de este país y del mundo entero.

La conciencia es la voz dentro de nosotros que ha oído real-mente las voces de los demás (por supuesto, empezando por nuestros padres) y, por tanto, nos habla en murmullos, aunque a veces nos grita, diciéndonos lo que debemos hacer y lo que no, guiándonos en nuestra forma de pensar y actuar. La con-ciencia pone constantemente su peso moral en la vida de nues-tros sentimientos, en nuestra vida imaginativa. Es incuestiona-ble que los mismos niños de preescolar son capaces no sólo de discernir entre lo bueno y lo malo, sino que también están muy interesados en cómo distinguirlo; para ellos esto constituye una verdadera pasión. A fin y al cabo, a los tres o cuatro años un niño ha aprendido a complacer al mundo de diversas formas muy significativas; ha aprendido a cuidar de sí mismo, a con-trolarse, a comer solo y con una razonable atención y conside-ración por lo que otros llaman "maneras"; ha aprendido a hablar de forma inteligible y con el debido respeto a los demás, requi-sito indispensable para una conversación en ambas direccio-nes. Todo eso que tarda años en hacerse, tiene que ver con una especie de desarrollo natural del carácter, que desemboca en un niño que ha aprendido a aceptar las normas de la casa, a saber "comportarse" como un "buen" niño en casa y en el barrio.

El lenguaje como vehículo para expresar la opinión

Un niño que asiste a la escuela primaria es mucho más capaz que uno en edad preescolar de reflexionar y de mirar con con-ciencia de sí al mundo, preguntarse en voz alta y detenerse a pensar en silencio sobre lo que se ha preguntado, intentar ser bueno, aunque ponderando cuán "bueno" es y considerando cómo debe expresarse a lo largo de la vida. En esta etapa, una mayor capacidad para la utilización del lenguaje y una mayor habilidad con las palabras sirven no sólo para la comunicación, sino también para la introspección. En estos momentos, el niño acude a la escuela dominical o a la escuela hebrea. También se vuelve hacia la ciencia, como hizo mi joven amigo astrónomo, y lo hace como consecuencia de plantearse los mismos porqués que los teólogos se plantean de una forma diferente a sí mismos o nos plantean a nosotros. En estos momentos empiezan a leer, a oír a otros leer y, por ello, su mundo se amplía enormemente. Toda clase de personajes, hace tiempo desaparecidos de esta vida —figuras históricas, por ejemplo—, se convierten en una especie de compañeros recordados: de diferentes formas, hace suyas sus palabras y sus historias, y las toma a pecho. En esta etapa, los niños tienen que atender además de a los padres, a los profesores, a los instructores de los *boy scouts*, a los entrenadores de gimnasia y, por supuesto, a los amigos; y también ven la televisión y se les lleva al cine. No es de extrañar, pues, que los padres sientan algunas veces que están perdiendo un poco de control sobre sus hijos e hijas, aunque se supone que estén contentos de ver cómo crecen: se hacen más razonables, más hábiles en el terreno físico y más capaces de seguir instrucciones y llevarlas a cabo, más aptos para enfrentarse a las emociones que se afirman de una forma especial en la mesa del comedor, por ejemplo, o en la sala de estar familiar, en donde se reúnen todos para estar juntos y, a veces, discuten entre sí o disfrutan de su compañía mutua.

En esta edad el "sí" y el "no" no son tan fáciles de imponer al niño, ni tampoco muchos, incluyendo ciertamente los profesores, queremos que sea de otro modo. Después de todo, la esencia de la clase, incluso en la escuela primaria, tiene que ver —eso es lo que se espera— con la expresión, con el estudio, la discusión, la explicación y no sólo con la memorización de "verdadero o falso", sino con la reflexión sobre la complejidad, la ambigüedad, la incoherencia y las variaciones de esos acontecimientos del mundo, de ese aspecto de la vida del mundo que espera ser comprendida. Además, en la escuela un niño aprende de sus compañeros tanto como de los profesores o de los libros: cómo alguien de su edad dice algo contrario a lo que hasta entonces han dicho los padres o el profesor y que, por eso, es algo totalmente inolvidable. Ésa es la etapa en que aparece en los niños la *opinión*, en que el lenguaje no sólo sirve para comunicar con los mayores esencialmente en sus propios términos, sino también para afirmar el yo: palabras de peso a entera disposición de los sentimientos, de las inquietudes y de los interrogantes a medida que éstos se presentan en la mente del niño.

Betsy: ortografía introspectiva

Estoy sentado en un aula de tercer curso. Son niños y niñas de ocho años y la maestra les enseña a sumar y restar, a leer, ortografía, dibujo y pintura, a observar mapas reconociendo tal o cual país, ciudad, región, océanos y cadenas montañosas. Esta mañana están haciendo ejercicios de ortografía con un método categórico: correcto o incorrecto y eso es todo. Una niña lo está haciendo excepcionalmente bien, hasta el punto que la maestra no sólo la elogia, sino que menciona además un concurso de ortografía que va a celebrarse próximamente en el que quiere que participe.

Sin embargo, la niña no parece entusiasmada ante dicha perspectiva. Baja la cabeza y frunce el ceño. La maestra se percata de esa respuesta tácita y pregunta a la alumna «si está bien». La niña no responde y la maestra obviamente duda entre continuar el asunto o dejarlo de lado y seguir preguntando a otros niños cómo se escriben ciertas palabras. Algo en la conducta de la niña impulsa a la maestra a seguir indagando. Le pregunta de nuevo si estaría interesada en representar a la clase en un "concurso de ortografía para niños" que se va a celebrar en otra escuela.

La niña se manifiesta con franqueza: una firme sacudida de cabeza en sentido negativo. La maestra se queda desconcertada. Igual les ocurre a sus compañeros y compañeras de clase, que manifiestan su sorpresa, pero también, me parece notar, un poco de oculto placer: aparecen sonrisas en su cara. Mi mente rápidamente piensa en abstracciones como autoridad y desobediencia: la voluntad de la niña de enfrentarse a su maestra, la animación que esa postura genera en los demás. No se me pasa por alto que un niño muy capaz y con mucho talento puede suscitar la envidia y el resentimiento en los demás, para los que, en general, la realización de deberes, recitados y otras tareas escolares son mucho menos deseados y gratificantes. Así pues, llego rápidamente a una conclusión psicológica sobre la alumna en cuestión y sobre sus compañeros de clase.

La maestra también ha cambiado obviamente su asombro por preocupación, y duda unos segundos. Tiene dos posibilidades: seguir la clase y hablar tal vez con la niña después a solas, o continuar con el tema que ha surgido en el aula, un tema directamente conectado con algo que merece la pena proseguir. Decide mantenerse en sus trece. Se dirige a la niña cortésmente, pero con una notable firmeza en su expresión: ¿por qué no quiere "participar" en el concurso de ortografía? La niña mira hacia afuera por la ventana. Hay un momento silencioso de expectación en el aula y todos los ojos están fijos en ella cuando de repente afirma: «mi primo está en los últimos cursos de enseñanza secundaria y me dijo que mucha ortografía no tiene ningún sentido y que deberían cambiar las palabras para hacerlas más fáciles de escribir».

La maestra obviamente no se esperaba esta respuesta y es ella quien ahora mira hacia la ventana durante unos instantes; después toma la defensa de la prudencia, de la norma, de lo que *es*; dice a la clase que «algunas cosas simplemente las aceptamos, creemos en ellas, las secundamos». Los niños no discuten con ella; su silencio es palpable y, por supuesto, provocativamente enigmático; ¿qué es lo que cada uno está pensando? Se percatan de que la maestra no quiere saber lo que piensan tal y como acaba de mostrar con su comentario, y así será: un asentimiento amoldado a los deseos de la maestra, o eso es lo que parecía.

No obstante, de repente la maestra cambia de opinión, tal vez de sentimientos. Mira a esa niña brillante, tan buena en ortografía, que acaba de bajar la cabeza otra vez, y a los demás alumnos de la clase, que parecen tensamente domesticados, que están dispuestos a todo, pero no especialmente animados o ni siquiera interesados. Cuando recorro los ojos en búsqueda de claves en sus expresiones faciales, gestos y movimientos corporales, pienso que siguen escépticos y desconfiados. Cuando cuento tres gestos de rascarse la cabeza, recalco para mí la idea de perplejidad: ¿*por qué*?, se preguntan, ¿por qué *son* algunas palabras tan difíciles de deletrear cuando podían ser más fáciles? Esos alumnos, murmuro para mí, se han hecho esa pregunta junto con George Bernard Shaw, William James, Flannery O'Connor y dios sabe cuántos otros. Todo este pensamiento sólo ha ocupado uno o dos segundos, interrumpido por las siguientes palabras de la maestra: «hablemos del primo de Betsy; ¡veamos si estáis de acuerdo con él!». Tanto su forma de hablar como las palabras escogidas han producido una apertura en la clase, y lentamente los niños empiezan a intentar expresarse (conjeturo que un poco temerosos, tal vez sin razón), generando otra vívida discusión entre escolares que yo puedo registrar y, posteriormente intentar entender. Estoy impresionado justamente allí y en ese momento y, mucho más, después, cuando leo lo que se ha dicho, por la buena disposición de estos niños a reflexionar sobre ese tema, a abrir sus corazones y, lo que no es menos importante, a movilizar por sí mismos un vocabulario moral que les ayudó a decidir qué es lo que pensaban que era lo mejor para Betsy y para ellos como estudiantes de ortografía y, por extensión, para todos nosotros, los lectores y escritores.

«Hay que pronunciar las palabras tal como han sido escritas –decía una niña– o habrá personas diferentes pronunciando de formas diferentes». «O tal vez todo el mundo podría ponerse de acuerdo en cambiar la ortografía [de algunas palabras]. Así serían más fáciles [de escribir]», añadió otra niña. Inmediatamente después un niño que se sentaba a su lado objetó: «sólo porque algo sea *fácil* no quiere decir que sea correcto, que hay que encontrar el camino más fácil y escogerlo. ¡Hay que plantearse desafíos!». Otro niño ve el asunto del siguiente modo: «¿quién decidiría cuál es la mejor forma de pronunciar?; ¿y qué pasa si la gente no está de acuerdo?; ¿cómo se justifica una razón o la otra?; ¡entonces podría haber muchos problemas!». En cuanto a Betsy, se mantuvo callada un rato, tal vez un poco sorprendida por todo lo que estaba ocurriendo. Finalmente levantó la mano, se le dio permiso y habló: «si cambiasen la ortografía de muchas palabras, ¡aun así tendríamos que aprender a pronunciarlas! Creo que soy buena en ortografía hasta ahora. Pero no es lo que me gustaría ser: ¡una especialista en ortografía! Yo no quiero estar jactándome continuamente ¡mira cómo escribo! Por eso acabo de pasar de ese "concurso", o como se llame».

La clase se ha quedado en silencio: ha desaparecido el leve sonido de las manos levantándose en el aire para expresar el deseo de hablar, de los cuerpos moviéndose sin cesar y de los murmullos aislados que se van acallando; la maestra se percata del cambio inmediatamente. Tose una vez ligeramente, tal vez para interrumpir este silencio asombrado. Ella, al igual que los niños, tiene que imaginar lo que está intentando decir esta buena alumna, este genio de la ortografía y qué es lo que vamos a pensar y a hacer los demás. Los niños, obviamente, están esperando su señal. Hasta que Betsy habló, sus compañeros y compañeras competían entre sí para decir lo que pensaban; había sido un debate vívido y atractivo, pero también una oportunidad permitida para competir un poco. Ahora parecía que no quedaba nada por considerar. Con demasiada rapidez, Betsy le había quitado el interés al tema: mirad, siempre habrá palabras que escribir de esta forma o de esta otra. Además, ella había intervenido con delicadeza y sutilmente, sin alardear de *modestia*; era un asunto moral. No quería los focos sobre sí, no quería ser identificada como una persona muy buena en la ortografía. Cuando hablaba podía sentirse cómo intentaba desaparecer, decir lo que tenía que decir rápidamente y después retirarse de lo que se había convertido en una especie de contienda. Yo pensé para mí: *aquí* hay una bondad tranquilamente demostrada, un rechazo a exhibirse y a complacerse en el inevitable egoísmo –"orgullo" en el sentido bíblico de la palabra–, para que otros no se sientan disminuidos por comparación.

Finalmente la maestra interrumpió nuestras ensoñaciones, nuestra perplejidad colectiva, nuestros momentos cargados de reserva: «tienes razón, Betsy, siempre existirá la ortografía, aunque cambie. Respeto tu deseo de no participar en el concurso; nunca hemos querido que nadie participe en él si no quiere». Ella parecía tener en mente algo más que decir, pero se detuvo un instante y entonces se levantó una mano; aunque pudo haber continuado fácilmente, decidió hacer caso del niño que con algo de tensión preguntó que si «es forzoso que haya un concurso». La maestra pareció ponerse nerviosa, miró por encima del niño que había planteado la pregunta, dirigió a continuación su mirada hacia la puerta del aula y hacia sus pequeñas ventanas, tal vez hacia el hall de entrada. Finalmente se decidió por responder afirmativamente: «el concurso de ortografía se ha venido celebrando durante años y a muchos niños realmente les gusta». Otra pausa y a continuación mencionó a Betsy: «parece simplemente que a Betsy no le gusta». Ante estas palabras, ésta se ruborizó, la maestra se dio cuenta y probablemente se quedó preocupada por haberla podido poner innecesariamente en una situación incómoda. La miró detenidamente hasta que Betsy habló por fin, pensando quizá que era de nuevo el centro de atención: «¡todos nosotros olvidaremos esto muy pronto! La maestra de la escuela dominical nos dijo que la vida pasa de-

masiado pronto y que nunca debemos olvidarlo. Dijo que Dios
lo ha resuelto así –sobre nosotros–, pero que no podemos saber
cómo, cómo lo ha resuelto "Él"». Se produce entonces un silencio final, hasta que la maestra empieza a clasificar papeles en
su mesa, claramente ansiosa de que la clase continúe en otra dirección, y lo consigue: una lección de aritmética.

Más tarde, tuve la oportunidad de hablar con Betsy, cuya
madre había sido un miembro del grupo de debate con el que
me había estado encontrando durante un año. Hablamos de
aquella clase concreta de ortografía y ella se apresura a decirme
lo contenta que está de que sea algo del pasado. Le pido que me
cuente algo más sobre sus razones por las que rechazó el concurso. Se encoge de hombros. Repite la observación que hizo en
clase de que la ortografía no es lo que más le interesa. Entonces
vuelve a una versión menos breve y menos didáctica de su lección de la escuela dominical: «¡todo el mundo olvidará esto
muy pronto!». Quizá quería olvidarlo todo en aquel momento y
deseaba que yo lo olvidase también. Se lo digo con la intención
de poner fin a este aspecto de nuestra charla. Sonríe y me dice:
«cuando digo mis oraciones, le pregunto a Dios si quiere que yo
sea buena en ortografía. Ya sé que no se obtienen respuestas,
cuando preguntas así [a Dios]. ¡Pero debe de haber alguna razón
por la que yo acierto todas las palabras correctamente! La maestra de la escuela dominical dice que uno encuentra las respuestas después de un tiempo. Mamá dice que simplemente yo
sé [ortografía]. Pero mis dos mejores amigas no saben ortografía, no demasiada, y entonces me pregunto que cuál es la diferencia, que por qué esto es así».

Después, mientras conduzco a casa, pienso en esa niña de
ocho años, perteneciente a una familia de clase media americа-
na, con su padre ingeniero y su madre administradora de hospital y, en otro tiempo, enfermera. Allí había una niña que ya
sabía cómo ser auténticamente modesta, lo cual no es un pequeño logro en la vida de cualquiera a cualquier edad. A su
modo, estaba intentando buscar una dirección por sí misma,

aun siendo una alumna de tercer curso, y estaba dispuesta, incluso públicamente en una clase, a conectar una ocasión momentánea de introspección con una visión más amplia de las cosas que había oído en la escuela dominical episcopaliana de su barrio residencial.

Reflexiones sobre Pascal

Por alguna razón mi propia mente volvió una y otra vez a Pascal. ¿Por qué Pascal? No tenía ninguna idea inmediata. Mientras conducía, recordé a mi profesor favorito de la universidad, que había sido mi tutor, Perry Miller. Nos había enseñado a Pascal en un curso llamado "Clásicos de la Tradición cristiana". Pero, ¿y qué? Más tarde Pascal me abandonó hasta que, una vez, en casa, *dio la casualidad* de que advertí un libro que había leído hacía años o décadas: Los *Pensamientos* y *Las Provinciales*, que formaban parte de la colección *Modern Library*. A continuación, "dio la casualidad" de que lo sacase del estante, e inmediatamente estaba leyendo el Pensamiento 205, que había subrayado varias veces: «cuando considero la breve duración de mi vida, devorada por la eternidad del antes y del después, el pequeño espacio que ocupo y que incluso puedo ver, sumido en la infinita inmensidad de espacios que ignoro y que me ignoran, me espanto y me asombro de estar aquí en lugar de allí; porque no hay razón alguna de por qué aquí en lugar de allí, de por qué ahora en vez de entonces. ¿Quién me ha puesto aquí?, ¿por orden y voluntad de quién se me ha asignado este tiempo, este lugar y esta época?»*.

Un francés del siglo XVII, científico y filósofo moral, que se esfuerza por orientarse, preguntándose los grandes "porqués" de la existencia de la forma más humilde; del mismo modo que yo

---

* En edición de Aguilar Argentina –Buenos Aires, 1973, p. 65– es el Pensamiento 88 [la traducción no era buena y he preferido rehacerla]. (*N. del T.*)

acababa de escuchar a una niña brillante y avispada americana de los últimos años del siglo XX intentar sondear el misterio de su vida personal, de sus cualidades y sus dones, de su significado esencial, si es que existe. Pascal se inclinaba ante aquellos dos infinitos, espacio y tiempo, dejaba que ensombrecieran la lucha de su mente por encontrar un hogar, un sentido de propósito, una liberación del sentimiento agudo de absurdo que cualquiera de nosotros puede sentir a veces. Betsy no era ajena a una intuición existencial similar: que la buena ortografía, festivamente elogiada, no le proporcionaría la satisfacción moral que ella ya sabía que buscaba.

Entonces empecé a darme cuenta de que ella ya era doblemente humilde; no era jactanciosa en una clase de la que intelectualmente empezaba a ser la primera –destacaba también en otras asignaturas– y no era farisaicamente adusta, ni mostraba sutilmente una falsa modestia, lista para caer en la inmaculada virtud de las lecciones de la escuela dominical: «aquí estoy yo recordándolas y pidiéndoos a todos vosotros que, al mismo tiempo, me recordéis». Por el contrario, pugnaba por lograr el anonimato –dejar que otros participasen en aquel concurso de ortografía– e incluso se atrevía a preguntarse si su mente dotada tenía el menor significado moral en el esquema misterioso de las cosas llamado vida.

Había desconcertado a su maestra de un modo que yo sólo empecé a darme cuenta gradualmente, indicando que no tenía ningún interés real en aceptar los laureles que se le brindaban, en ufanarse ante los demás como lo hace un "pez gordo", un triunfador, una persona que escala posiciones. Por el contrario, ella se preocupaba de lo que podía significar aquel triunfo para ella, para los demás e incluso, también, en el curso general de las cosas, como diría Pascal, *sub specie aeternitatis*.

Una semana después de este suceso escolar, su madre me confirmó la "timidez" de su hija, su falta de interés por "destacar". También era, para una madre, una forma modesta de calificar el asunto, en lugar de vanagloriarse de la verdadera humildad de su hija e incluso de su capacidad para la interiorización moral. Cuando le pregunté cuál era la actividad o afición favorita de su hija, me contestó que a Betsy le encantaba ayudar en las tareas de la casa y cuidar al perro de la familia: pasearlo, cepillarlo y darle de comer dos veces al día. Cuando le pregunté a Betsy sobre su contribución a la vida cotidiana de su familia, me respondió: «Hago lo que queda [por hacer]». Ninguna lista, ninguna instrucción calculada para obtener una sonrisa o una felicitación; sólo una niña intentando ser competente y cuidadosa, una niña que no hablaba de "valores", "bondad" ni "virtud", sino que simplemente encontraba formas de vivir conforme a lo que esas palabras expresarían seguramente si se especificaran.

Me he referido al caso de Betsy con alguna extensión, porque ella era íntegramente cabal y bondadosa. Personalmente tuve que trabajar un poco para reconocer y apreciar un cierto refinamiento ético en ella, para pasar por alto el psiquiatra que hay en mí, demasiado rápido para clasificarla en la categoría de las personas que presentan anomalías: aquella niña taciturna y vergonzosa que se resistía a los halagos ¡en aras de una pequeña búsqueda del alma! En definitiva, aquél era su único "problema". Tal y como su maestra me lo expresó, ocultando sus bases psicológicas: «me preocupa el hecho de que Betsy pueda ser demasiado reservada: no le gusta ser el centro de atención en lo más mínimo, ¡ni un solo instante!». No respondí nada, porque mi mente estaba trabajando en la misma dirección. Quizás empecé lentamente a pensar que el "problema" de Betsy somos *nosotros*, las personas como la maestra o como yo, que no somos tan rápidos como deberíamos en descubrir la capacidad de un niño, primero para la reflexión ética y, después, para intentar vivir conforme a las ideas aceptadas de corazón.

A los siete, ocho, nueve o diez años, no sólo Betsy sino también otros niños son totalmente capaces de plantearse cuestiones éticas –¿cuánto de orgullo y de autosatisfacción se puede mostrar en público y a qué coste?– y de intentar ser coherentes en palabras y obras. Freud y sus seguidores se refieren a esos primeros años escolares como el período de latencia, y con ello se refiere a una fase de relativa estabilidad y quietud de la vida instintiva, unidas a una conciencia relativamente ascendente y fuerte. Todos sabemos que los bebés pueden desmadrarse salvajemente, siendo problemáticos, demasiado impulsivos y difíciles de manejar. Un niño que va a la escuela ha aprendido a comportarse de una cierta forma que no era posible unos años antes y posee ya todo un bagaje de palabras, se le puede hablar y también él puede hablarse a sí mismo. «Me dije *a mí mismo que*» le dijo un niño de siete años a su madre que, a su vez, nos lo contó al grupo; su hijo tenía ya una mente capaz de conversar consigo mismo y algo más: era capaz de preguntarse, especular, preocuparse, aspirar, esperar, desesperarse, proclamar, denunciar; toda la gama de actividad intelectual, moral y emocional que los seres humanos tienen en su cabeza. Posteriormente, durante la adolescencia, los "instintos" se afirmarán de nuevo en los juegos sexuales de este período.

El desafío: posibilidades y peligros

¿Cómo podemos, profesores y padres, aceptar el desafío, responder a niños de la edad de Betsy para que se hagan moralmente más fuertes, como una parte más de sus actividades diarias? Sin duda alguna, ya pertenezca a un hogar rico o pobre, urbano o rural y con independencia del entorno étnico o racial de la familia, en la misma naturaleza del niño de esta edad se halla el preguntar y preguntar, proporcionándonos a nosotros, a quienes se dirigen estas preguntas, una oportunidad de brindar respuestas directas e indirectas a través de lo que decimos, de lo que sugerimos o recomendamos, de las historias que contamos, de los recuerdos que compartimos, de las experiencias que ofrecemos como ejemplos, a través de nosotros como habladores, los que tamizamos y escogemos los recuerdos y somos capaces de articularlos.

Estas conversaciones, estos intercambios surgidos sin pensar o en un encuentro cuidadosamente planificado, estos cuentos contados a la hora de dormir, los recuerdos compartidos, esos momentos expresados en susurros salidos a borbotones, en órdenes tensas o largas e intencionadas declaraciones, esos comentarios informales hechos durante una comida, en el interior de un coche o trabajando dentro o fuera de la casa, esas afirmaciones en respuesta a algo oído en la radio o visto en la televisión, esas observaciones escuchadas al teléfono, esas palabras expresadas a animales y, por supuesto, la forma en la que uno las emite, todo ello y más se convierte en parte de la experiencia moral del niño minuto a minuto: una adquisición construida lentamente sobre lo que es importante y por qué, lo que no es importante, cómo debe uno hablar y estar con los demás, cómo debe uno pensar de ellos y de uno mismo y, de nuevo, por qué razones subyacentes.

La vida familiar no es un seminario sobre la propia conciencia en el que todo el mundo esté preocupándose constantemente sobre qué decir o hacer, qué exploraciones, sugerencias o interpretaciones ofrecer, ni cuándo ni con qué tono de voz ni con qué palabras. Puedo imaginar (¡desgraciadamente he sido testigo de ello!) la gran chapuza que se hace con la educación moral en manos de padres tan ansiosos de hacerlo correctamente y de enseñar a sus hijos lo que es el bien, que desarrollan una insufrible autosuficiencia y arrogancia moral, un fariseísmo retorcido. Por desgracia, no son raros los niños mojigatos y acusadores (ni tampoco los adultos), y también abundan los moralistas que lo llevan todo al pie de la letra, siempre dispuestos a saltar sobre cualquiera que haya cometido un error. En este punto, el humor puede realmente marcar una diferencia, el humor y todo lo que éste conlleva: un sentido de proporción y discriminación, un sentido relajado del tiempo como algo suficientemente abundante como para no tener que estar sin descanso sacándole el jugo a todos los acontecimientos del día.

Atención al niño moralista

Tal vez debiera seguir extendiéndome sobre este escollo potencial (y tragicómico): una familia tan moralmente despierta, que los hijos están agotados, cansados de las obligaciones morales que se les imponen y que probablemente estén dispuestos a quitarse de encima hasta vaciarse totalmente, desde la primera a la última de ellas por toda su exagerada escrupulosidad. Una maestra me cuenta de un niño que seguía con las cosas donde ella las dejaba, reprochando en los pasillos o en el patio a los niños que habían cometido un tropiezo o un error de conducta, como cuchichear en clase, copiar el examen de otro hablar cuando no debían.

Se trata de un niño que está sólo en cuarto, y la maestra me señala que ella desea dar un poco de margen a los niños de esa edad; además, añade que no le gustan las reprimendas, ya que los niños y niñas que se muestran díscolos de vez en cuando no la molestan tanto como para eso, y a veces la hacen sonreír internamente.

Al final me pregunta qué hacer con este niño que está poniendo en peligro su propio destino –es francamente impopular– por preocuparse demasiado del comportamiento de los demás. Me inclino a llegar a la conclusión de que este niño lucha más intensamente de lo que uno podría sospechar contra la tentación de cometer las faltas que observa en los demás. Sin embargo, él los amonesta para controlarse mejor a sí mismo.

Pero no, aquí está pasando algo más; después averiguo que su familia está muy preocupada con el mismo tema que exploro en este libro. Este niño estaba siendo constantemente advertido de que no hiciera nada malo por un padre que no sólo era abogado, sino también muy legalista. Los conductores que pasan el límite de velocidad o que no ponen el intermitente para advertir su intención de torcer a la izquierda o a la derecha; las personas que no dicen "por favor" o "gracias" en tiendas o en restaurantes; aquéllos que, con independencia de su edad, juran y dicen palabrotas en cualquier lugar; todo ello era motivo de crítica para este hombre. Resultaba que había funcionado su manifiesto y exagerado esfuerzo para reforzar la conciencia de su hijo, para ayudarle a estar atento a no comportarse mal, para ser sensible a la insensibilidad de los demás. Desdichadamente, el resultado había sido un niño árido y arrogante que se preocupaba por los errores que los demás podían cometer, hasta el punto de que su propia agudeza moral se había convertido en una fuente de algo más que de orgullo para él; le había llevado al carácter vanidoso que puede acompañar a todo logro. Le menciono a él y a su padre como un recordatorio y una puesta en guardia: tomar las cosas al pie de la letra con excesivo celo puede conducir a la irrisión de cualquier esfuerzo, incluyendo el de conducir a una familia a las buenas obras.

Una lección de la Historia: sobre el valor

Estoy sentado tras la mesa de una clase de cuarto en la que soy profesor voluntario y siento una constante curiosidad por los niños, por su ardiente deseo de ampliar los límites del conocimiento y del sentimiento. Les pido que tomen el libro de Historia para poder aprender juntos algo sobre el descubrimiento y la exploración de América y, posteriormente, la guerra de independencia que estableció la soberanía de nuestro país. Tengo un gran deseo de que conozcan los hechos, las fechas, los nombres de los barcos, los lugares donde se embarcaron por primera vez los navegantes. También de que miremos los mapas e intentemos saber qué tierra fue ocupada por cada nación. Quiero que hablemos de batallas y guerras, de los reyes y las reinas que patrocinaron las expediciones. Espero que aprendamos igualmente las *razones* por las que diferentes tipos de personas quisieron venir aquí: sus convicciones religiosas, sus vidas de marginales e incluso de prisioneros de uno u otro país europeo y, por supuesto, su deseo de empezar una nueva vida, de hacerse ricos. Algunos de los niños prestan una gran atención; otros fingen prestarla; algunos son simplemente indiferentes o se aburren. Quiero unirles en un interés apasionado y para ello recurro a historias, muestro dibujos o utilizo los mapas. De repente, una niña hace mi trabajo por mí con la siguiente pregunta: «¿piensa usted que en aquellos barcos [que trajeron aquí a los primeros colonos] la gente estaba contenta de estar allí?».

Realmente yo no había pensado nunca de esta forma sobre aquel asunto. Había reflexionado sobre *por qué* los peregrinos, los puritanos, los cuáqueros y los católicos habían llegado a estas costas y, por supuesto, sabía que el viaje había sido duro y largo, que algunos habían muerto por el camino, pero no había intentado ponerme en la *mente* de aquellos hombres, mujeres y niños, como nos pedía hacer aquella niña. Diciéndome a mí mismo que estaba siendo tímido, o reaccionando de una forma demasiado predecible según mi estilo psiquiátrico, devolví la pregunta a mis alumnas y alumnos: «¿qué creéis vosotros?».

Se hizo un gran silencio y entonces se me ocurrió preguntar de nuevo con una frase diferente o especular en voz alta y darme a mí mismo una respuesta; decir probablemente que no creía que aquellas gentes pensasen entonces sobre la felicidad tanto como en otros aspectos de la existencia como lo bueno y lo malo. En el momento en que esta línea de pensamiento atravesó mi mente, la niña que había planteado la pregunta decidió clarificar lo que quería decir y, al hacerlo, me enfrentó sin quererlo con mi condescendencia hasta entonces inconsciente: «me preguntaba si los peregrinos, una vez a bordo del barco y ya en plena mar, pensaban para sí: "hemos hecho lo mejor, hemos tomado la buena decisión"».

En aquel momento la clase empezó a apasionarse: ¡todos se habían estancado en la palabra "feliz", lo mismo que yo! Una niña respondió enfáticamente *sí* y a continuación explicó: «cuando haces algo que sabes que está bien, te sientes contenta de haber tomado la buena decisión, y eres feliz aunque el resultado sea mucho dolor y muchos problemas. Mi madre dice que lo peor es cuando haces algo y sabes que está mal, pero de todos modos continúas adelante». Un niño que se sienta al otro lado del pasillo asiente con la cabeza mientras la niña habla, y a continuación sigue cuando ella acaba como si fuera su *alter ego*: «¡te sientes peor aunque hayas tomado probablemente ya la decisión con la idea de que te sentirías mejor! ¿Sabéis lo que dice mi papá? Dice que "el camino más fácil puede resultar siendo el más difícil y viceversa"; puedes tomar una decisión difícil y después estar contento, realmente contento de haberla tomado».

En el otro extremo del aula, otra voz ofreció un punto de vista diferente: «a mí me parece que aquella gente estaba probablemente asustada, realmente asustada. No les veo sentándose allí y siendo felices por haber hecho lo correcto. Les veo asustados de haberse podido equivocar y ver lo que ocurría: podría decirse que estaban huyendo "a ningún sitio". Dejaron la vida que tenían y no sabían lo que les esperaba; estaban allí en medio del océano, y el viaje podía durar para siempre –hemos olvidado cuánto tiempo duró– pero, incluso así, habían tomado una decisión y no iban a volverse atrás, de ninguna forma. Así que estaban preocupados, pero sabían lo que hacían y por qué lo hacían, y por eso eran "felices": eran ellos los que habían *decidido*».

Más silencio; pienso que hemos agotado el tema. Me preparo para ser un maestro en toda regla, para entrar en los detalles de la historia americana del siglo XVII, pero la mano de otro niño se ha levantado, hago un signo afirmativo con la cabeza y habla: «yo no creo que pensasen de una forma u otra sobre el duro viaje o los problemas que podrían tener cuando el barco llegase a algún puerto. Creo que habían hecho lo que sabían que tenían que hacer; eran valientes. En Europa nadie les elogiaba, la gente les criticaba por lo que creían. Pero ellos sabían lo que debían hacer; tenían esta idea de cómo honrar a Dios y no iban a rendir a otra gente la idea de cómo se debe [adorar a Dios]». Se detiene y decido hablar, aunque cuando lo hago me doy cuenta de que él puede tener algo más que decir y de que estoy interrumpiendo el curso de su pensamiento: «¿es ésta tu definición de valor, hacer lo que tienes que hacer?». Él es rápido en responder: «el valor se da cuando crees en algo, cuando realmente crees, de forma que sigues adelante e intentas hacer lo que tus creencias te dictan [hacer], y si estás en peligro, bueno, no estás pensando "estoy en peligro"; estás pensando "esto está bien, esto es importante, voy a seguir adelante", y eso es todo».

En estos momentos hay una oleada de manos levantadas, no para pedir permiso para especular sobre las emociones o las creencias de los peregrinos y los puritanos, sino para hablar del valor, de cómo se comporta uno en respuesta a las propias creencias y valores. Estos niños y niñas de nueve años están excitados, listos para pronunciar sus discursos sobre lo que es realmente importante y cómo una persona debe demostrar lealtad por lo que cree. «Si crees en algo –dice otro niño– pero no arriesgas nada, ¡nada!, entonces ¿crees realmente en lo que estás diciendo [que haces]? ¡Yo no lo creo! Pienso que en ese caso hay mucha palabrería; pero eso no es creer, la persona no está creyendo». Una niña que está frente a él sacude la cabeza mientras aquél habla y levanta su mano urgentemente: «no es justo decir que tienes que cruzar el océano en donde puedes morir en el barco o al llegar al otro lado, para probar que realmente estás creyendo en algo. Quiero decir que se puede creer en algo, pero eso no quiere decir que tengas que saltar a un abismo para probártelo. La prueba para mostrar que tu creencia es verdadera la decides tú. Tal vez no tengas que hacer nada, ni mostrarle nada a nadie. ¿Por qué tendrías que probarte a ti mismo *haciendo* algo? ¿Por qué no tener simplemente tu creencia, ya que ése es un asunto tuyo y de nadie más?».

Sigue un largo debate mientras los niños intentan clarificar lo que es una creencia y cómo se manifiesta, si es que realmente se manifiesta en una vida concreta. Otra niña defiende al muchacho que habló del valor como algo relacionado con la acción y nos lleva de nuevo a los peregrinos diciendo: «mirad, no se trata de que se haga algo. Es que aquellos peregrinos manifestaron que para ellos significaba más que el mundo entero practicar su religión de la forma en que lo hacían, pero si no hubieran resistido, ¿eso hubiera significado que abandonaban su fe?, ¿hubiera significado eso? Aquí puedes tener tus ideas, tus creencias, y son *tuyas*, de forma que no tienes que ponerte a prueba ante nadie. Simplemente tienes tus ideas. Pero aquellos peregrinos tenían que probarse a sí mismos ante Dios. Yo no quiero decir que si tienes creencias tengas que *hacer* algo. Supongo que depende de cuáles son esas creencias. Si las creencias suponen que tienes que hacer algo por ellas y que si no lo haces porque estás asustado no practicas tu religión de la forma en que crees que tienes que practicarla, entonces creo que realmente no estás viviendo de acuerdo con tus creencias. Si vives de acuerdo con ellas y tienes que enfrentarte a un montón de problemas, entonces eres valiente. Yo no creo que en ese momento se crea en el valor; pienso que uno se vuelve valiente, se actúa valientemente, porque realmente se cree en algo que no es pura palabrería; no se está fingiendo, engañándose uno a sí mismo ni a los demás».

Quedo enormemente impresionado. Doy una ojeada a mi magnetófono para ver si la luz está encendida, un signo de que realmente quiero grabar lo que he oído; un signo también de que estoy tan sobrecogido por lo que acabo de escuchar que, si no estuviera esa voz en la grabadora, me pregunto si me rascaría la cabeza incrédulamente. Los niños de la escuela primaria muestran una gran capacidad para probar el análisis moral que abarca la misma naturaleza de una creencia, de un valor puesto en práctica en una vida. En este caso, el valor es el coraje, la capacidad para comprometerse deliberadamente por lo que uno cree, lo que uno quiere proteger o asegurar como algo que es posible para sí mismo y para los demás; todo ello, sin darle demasiada importancia y por encima de lo que uno pueda sentir en lo más profundo de sí mismo. El punto esencial, como ya se ha dicho, no es el establecimiento de una especie de examen para comprobar el valor; no se trata de hallar un sistema de valoración: el punto esencial consiste en comprender qué es lo más preciado para cada persona, qué serie de creencias o valores están en juego y, a partir de éstos, cómo puede manifestarse el coraje de una persona. Los peregrinos –todos estamos de acuerdo– habían hecho de sus prácticas religiosas diarias y semanales el corazón y el alma de sus vidas, y para atravesar el océano con el objeto de seguirlas necesitaron valor; es decir, tuvieron que hacer un compromiso total con una serie de ideales y con las prácticas con las que deseaban expresar dichos ideales. Estábamos aprendiendo que el valor puede definirse como una determinación, más allá de los obstáculos o de los peligros, de vivir según los propios valores, más que como una capacidad *per se* para afrontar el peligro con una aparente confianza en sí mismo. En otras palabras, aquella niña, y con ella toda su clase, pretendía ir más allá de la demostración de un tipo de comportamiento, para abordar las fuentes que lo inspiran, al menos *algunas* fuentes; querían profundizar en todo esto.

Todavía no nos habíamos introducido realmente en el ámbito de la psicología, lo que habría conllevado una discusión sobre el comportamiento, relacionado, digamos, con la venganza o la insensatez impulsada por el ultraje o la pérdida, estados de mente susceptibles de provocar lo que puede dar la impresión de ser un comportamiento valiente. A modo de despedida de aquel debate, ya que nos quedaba poco tiempo, le pregunté a la clase qué otras creencias o valores podrían dar lugar al valor, entendido según las ideas que habíamos estado discutiendo. Entonces se desencadenó un coro de interesantes sugerencias de niños que hablaban espontáneamente, en lugar de levantar la mano y esperar educadamente su turno para hablar. Surgió el tema del amor de los padres por los hijos y de los hijos por los padres expresado de diferentes formas, así como el amor por el país y la lealtad a los amigos. En realidad, aquellos niños expresaban, su convicción de que los vínculos con la familia, los amigos y el país eran importantes; muchos lazos pueden, y deben, suscitar suficiente lealtad, y de hecho la suscitan, para facilitar la aparición del valor en diversas circunstancias. Dicho de otro modo: el valor se convirtió para aquella clase en una virtud que es inducida por otras virtudes. ¡Fue todo un ejercicio de contemplación que todos nosotros deberíamos haber vivido!

Recuerdo todo esto para señalar que los niños pequeños en edad escolar son capaces de reflexionar sobre ética, individual y colectivamente; eso no quiere decir que nos enorgullezcamos dando a esta expresión el sentido de una batalla campal inesperadamente intensa y gratificante. A este respecto hicimos bien en ir a tropezones, dejando que el ritmo de la discusión de una clase impredecible e informal dirigiese la jornada. Tengo la corazonada de que si hubiera exigido un análisis más riguroso del valor, de sus antecedentes, sus fuentes en nuestra vida y la vida de otros grupos de personas, los niños podrían haber gratificado mi actitud didáctica, pero probablemente habrían sido menos francos al abordar aquel momento histórico, un momento en el que consiguieron encontrar aquella conexión personal. Muchos niños pequeños en edad escolar están ansiosos de fundirse con lo imaginario; incuestionablemente, lo imaginario suele impregnar sus mentes. Si se les da la oportunidad, saltarán de un escenario a otro, ya sea histórico o contemporáneo, real o ficticio, y lo incluirán en sus propias hipótesis éticas o intelectuales. Los profesores tienen que controlar y regular esa tendencia, ayudar a los niños a distinguir entre sí mismos –(como lectores y como analistas– y el tema de que se trate. Pero si se enfatiza demasiado este tipo de distinciones, puede ahogar la buena disposición de los alumnos de una clase para sumergirse, por ejemplo, en la vida del Londres del siglo XVII de donde se embarcaron los peregrinos; también puede arruinar su disponibilidad para pensar de una forma personal e íntima, para comparar sus experiencias con las de los demás, a medida que van comprendiendo el sentido de lo que otros hicieron en otra época y las razones que les llevaron a hacerlo.

En esos primeros años escolares, uno espera continuamente

que los niños estén aprendiendo lo que se les exige, cómo deben comportarse, qué es lo que deben hacer y, en consecuencia, se supone que llegan a la escuela habiendo ya aprendido en casa lo que es deseable y lo que no es permisible, así como lo que es absolutamente intolerable, y que sepan por qué. En estas circunstancias tienen más interés por el tema de lo bueno y lo malo, de la virtud y el vicio, de lo que a veces podemos reconocer, incluso como padres o profesores. A veces ansían tener la oportunidad de poner en regla todo esto, las órdenes y las advertencias, los elogios y los castigos que han recibido en momentos diferentes. Además, lo que han escuchado que se les leía, lo que han aprendido a leer, tanto en casa como en la escuela, sólo les ha alentado a preguntarse aún más sobre cuestiones éticas. La Cenicienta, Robin Hood, David y Goliat, el Jack de "Las habichuelas mágicas", Ricitos de Oro, el Flautista de Hamelin, Caperucita Roja y esos perros y conejitos, gatos, pollos y ranas que diversos autores de cuentos han puesto en manos de los jóvenes lectores y escuchadores de una forma antropomórfica, todos ellos luchan por el bien y se enfrentan al mal en medio de sus aventuras y de los momentos de peligro y riesgo que encuentran en el camino. Por añadidura, padres y madres, sobre todo, construyen sus propias historias para contar a sus hijos, normalmente cuando les acuestan y, al hacerlo, se basan en anécdotas y tradiciones familiares, recurriendo con bastante frecuencia a una lección de advertencia por aquí o un relato de triunfo moral por allá.

Todas esas veces, ya sea en el dormitorio, el comedor, la sala de estar, la cocina, el aula o el patio de recreo, suelen ser ocasiones para la moral, aunque no sean reconocidas: son oportunidades para los adultos de explicar cómo funcionan las cosas en el mundo, cómo podrían o deberían funcionar. Lo mismo ocurre con los hechos históricos, como quedó demostrado anteriormente. Por brindar otro ejemplo de mi enseñanza en el aula (como padre también tuve una experiencia comparable), recuerdo todavía cómo el simple hecho de que los presidentes

Abraham Lincoln y John F. Kennedy fueran asesinados afectaron a mi clase y a mis propios hijos. Ambos líderes americanos significan mucho; el primero por haber abolido la esclavitud, y el segundo por ser un presidente joven, idealista y optimista que inició el Cuerpo para la paz y devolvió su voz al dolor de los ciudadanos más vulnerables de esta nación. *¿Por qué* –preguntan muchos niños– fueron asesinados esos dos hombres en la cumbre de su poder e influencia? ¿Qué puede hacer uno con dichas tragedias? A este respecto ¿qué se debe pensar de los asesinos, John Wilkes Booth y Lee Harvey Oswald que, separados exactamente por un siglo de distancia, cometieron los mismos actos, apuntando con un arma y disparando a un presidente? En estos casos, el destino histórico puede convertirse en un drama intenso que introduce profundamente a un niño a desarrollar su sensibilidad moral. Sirviéndose de estos hechos e invocando sus propios valores morales y también el sentido del drama, padres y profesores pueden ayudar a un niño o a un grupo de niños a pensar en su propia situación moral, mientras intentan entender la del presidente y la del asesino.

Otra lección de la Historia y un conflicto moral familiar

En 1971, ocho años después de que el presidente Kennedy fuera asesinado, estoy reunido con Tim, un niño de nueve años, y sus padres en una clínica psiquiátrica de Boston para pacientes externos. El niño es indisciplinado, tanto en casa como en la escuela parroquial, en la que se le ha amenazado de expulsión; ésta es la razón de su visita al médico. Sus padres dejan claro que «no creen mucho en la psiquiatría». Les felicito, haciendo un esfuerzo, supongo que para desarmar su desconfianza con humor. Pero recalco que su hijo es algo más que un "rebelde" ocasional. Ellos están sobradamente de acuerdo y se quejan de la constante "desobediencia" de Tim. Cuando les pido que me pongan ejemplos concretos, se van por las ramas: «infringe las normas». Insisto y pregunto qué normas infringe, pero no acceden a responder a este punto. Por el contrario, siguen con afirmaciones generales diciéndome: «es como si el muchacho quisiera ser diferente», y aparentemente no ahorra esfuerzos para conseguirlo. Por último les ruego literalmente que me den detalles y, al dármelos, me doy cuenta con retraso de que les estoy reprochando: «por favor, sería muy útil si pudieran darme algunos ejemplos; no puedo servir de mucho si no me dicen concretamente qué es lo que sucede». Ellos, a su vez, se irritan y permanecen en un mutismo absoluto. Decido que ya lo averiguaré cuando me entreviste con el niño y tome nota de la incomodidad y la tensión que se desarrollen en la habitación, que tal vez pueda dar una buena clave de lo que sucede entre los padres y el hijo, en el sentido de que quizá le hagan afirmaciones generales, pero den rodeos para expresar determinados temas difíciles.

Cuando los padres se marchan, vuelvo con Tim a esa especie de punto muerto (eso me pareció) en el que caemos cuando él también permanece en silencio. Es rápido en reconocer lo que ha ocurrido y en adivinar la dirección que mi mente podría haber tomado: «mi madre y mi padre, especialmente mi padre, están siempre listos a darte el marco de referencia total, eso es lo que dicen: "he aquí el marco de referencia total". Pero no puedes hacerles concretar. ¡Y eso que lo intento! Usted también lo intentó y... bueno, ¿ve lo que quiero decir?». Obviamente quedo sorprendido por el comentario, pero guardo cautela: es una observación demasiado crítica sobre sus padres hecha a un perfecto extraño. ¿Podría ser una invitación a una especie de complicidad?, me pregunto preocupado. Decido pedirle uno o dos ejemplos de lo que haya preguntado a sus padres alguna vez. (Al fin y al cabo, acaba de imitarles, si bien es cierto, con una impaciencia y desaprobación sin disimulo.) Pero también se resistía a la situación, por lo que desistí, dirigiendo mi atención a otros asuntos de su vida como, por ejemplo, su asignatura favorita. Me entero que es la Historia y los sucesos. De nuevo busco algún ejemplo específico, pregunto qué temas le interesan más. Me contesta que disfrutó leyendo y escuchando hechos sobre el presidente John F. Kennedy, «el primer católico que entró en la Casa Blanca».

Advierto la elección y me agarro a ella: «¿y cómo lo hizo?». Durante un segundo queda desconcertado, me echa una mirada y se retira al terreno convencional. «Fue elegido». Después hace una pequeña ampliación: «la hermana decía que fue una política dura: ellos casi le robaron la elección». Quiero saber quiénes son "ellos". «Las personas que tenían miedo de Kennedy», me responde. Pregunto el porqué de ese miedo. «Oh, era católico» le oigo decir. Lo pongo a cuenta de "la hermana" o, tal vez, de los padres del muchacho, y deseo seguir adelante, insistir en *mi* comprensión de la elección de 1960, del hecho de que tal vez hubiera habido irregularidades por ambos lados, aunque no un enorme esfuerzo para cortar el paso a un *católico*, tal como aquel niño veía un acontecimiento que había ocurrido hacía más o menos una década. Pero me abstuve de golpe de plantear una cuestión cuyo resultado habría sido sacar a relucir mi punto de vista. Yo me hubiera preguntado simplemente si no se trataba de una lucha entre dos partidos políticos, más que de un enfrentamiento religioso. El niño, sin embargo, ve el escepticismo en mi cara (a veces nos es más fácil controlar la lengua que los gestos). Me hace una pregunta antes de que yo le haga otra: «¿piensa usted que intentaban dejar a Kennedy fuera de la Casa Blanca porque era católico?». Decido no responder con evasivas, como suelo hacer en una especie de tic, devolviendo la pregunta al que la hace. Respondo con un lacónico "no". Estoy dispuesto a ampliar mi respuesta, pero el niño está un paso por delante de mí: «estoy de acuerdo, podría usted tener razón». En esos momentos me quedo desconcertado por este repentino cambio de posición. Él advierte mi titubeo y percibe que estoy perplejo. Entonces se explica: «nuestra maestra es muy estricta. Si no le dices [al responder a sus preguntas en los exámenes] exactamente lo que ella ha dicho, te suspende. Mi padre es también igual. Mi madre dice que "él transmite la ley". Supongo que está bien [que lo haga], para eso es un abogado. Cuando la maestra afirmó que la gente intentó impedir que el presidente Kennedy fuera elegido, mi madre dijo que era verdad. Comentó que se trataba de "la política de siempre". Pero mi padre dijo que era algo diferente y ella estuvo de acuerdo».

Con todo esto empiezo a enterarme de cómo funciona la autoridad y el poder en una familia en relación a un niño. Y estoy empezando a ver la forma que tiene una familia de considerar las cosas (las luchas que preceden al establecimiento de un punto de vista), aunque necesitaré cierto tiempo antes de estar listo para reemprender el tema con este niño. En vez de ello, dejo que hablemos de historia, de sus lecciones sobre el presidente Kennedy y su asesino, un tema que ha dicho que significa mucho para él. Hablamos extensamente sobre aquellos "mil días" del período de Kennedy y de su terrible fin en Dallas. Tim me pregunta directamente por qué «ese hombre (¿cuál es su nombre?) mató al presidente». Intento de nuevo no reflexionar ni cohibirme; intento decir lo que pienso en lugar de devolverle rápidamente la pregunta con la vieja cantinela autojustificativa de "¿qué piensas *tú*...?". Respondo que dudo de que alguien sea capaz de contestar alguna vez esa pregunta. A fin de cuentas, al asesino le mataron antes de poder ser interrogado. Pero el muchacho insiste: «Bueno, él había estado en Rusia, era comunista y odiaba a Kennedy porque era el enemigo, un americano, que además era católico».

No respondo inmediatamente y estoy dispuesto a abandonar el tema, aunque no estoy de acuerdo en que Oswald estuviera pensando en la religión de Kennedy antes de apretar el gatillo. Tim es de nuevo consciente de las claves que yo ignoraba estar enviando: otra mirada de escepticismo o, tal vez, otro silencio transmitían consternación, cuando no mis dudas. De una forma que me desarma por completo, acaba afirmando sencillamente: «usted no cree eso». Entonces respondo: «bueno, es verdad».

Pero él continúa adelante y me sorprende con lo siguiente: «¡no sería usted un buen profesor!». Observo una sonrisa en su rostro al tiempo que acuden a mi mente palabras como "hostilidad" (¡más reflejos en acción!). En esos momentos le pido una explicación y él me la da: «se supone que un profesor debe decir sí o no, ¡nunca "tal vez"!». «Oh, ¿es así?», pregunto. «Sí», responde. «¿Todos los profesores?», insisto. «Sí», dice. «Bueno, he encontrado a algunos profesores» –respondo– que dicen "tal vez" de vez en cuando» Entonces viene una respuesta más desconcertante: «a mí no siempre me gusta ese *sí* y *no* que la gente te da». «¿La gente?», pregunto. «Cuando estoy en casa me dicen que "o está bien o está mal, no hay términos medios". Lo mismo [ocurre] en la escuela. Tengo problemas con ellos si no estoy de acuerdo».

Pasaron muchas cosas, muchas más cosas durante aquel encuentro y otros posteriores. Aquí sólo puedo dar una muestra de una determinada dirección moral en desarrollo de la vida de un niño, por decirlo de alguna forma, una forma de mirar el mundo, sus aciertos y errores, sus razones, sus tragedias o, al menos, algunas de ellas. Lo esencial de aquellas charlas fue que a este niño se le había enseñado en casa y en el colegio a pensar en una sola dirección, de una forma netamente definida: o esto/o lo otro, sí/no, sin ninguna posibilidad de matizaciones, enmiendas, suposiciones o especulaciones. La "actitud rebelde" de Tim tenía que ver significativamente con una incapacidad por su parte para aprender a través del ejemplo, con su actitud de aceptar sin reservas lo que había visto y oído, haciéndolo suyo. La mayoría de los niños hacen exactamente eso, contemplar cómo se conducen sus mayores, oír lo que dicen y hacer lo mismo. Aquel niño tenía problemas al seguir esta regla general, porque, como advertí rápidamente, su madre no estaba de acuerdo con muchas de las cosas que oía del padre y de lo que las profesoras decían en la escuela. Ella era una antigua protestante que se había convertido al catolicismo sin gran convicción, "para hacer las paces", le oí decir más tarde; "para mantener un frente unido" dijo en cierta ocasión. Pero esto es más fácil de decir que de hacer: su hijo entendía sus desacuerdos, sus reservas, sus disensiones, inexpresadas o disfrazadas (a veces muy tenuemente) en sus observaciones improvisadas. Las dudas secretas de su madre se convirtieron realmente en las suyas. Él asumía las reservas morales de ella, su capacidad para la ambigüedad, su interés en tener otros puntos de vista, pero también intentaba esforzadamente obedecer a su padre y a sus profesores, lo intentaba con todas sus fuerzas, pero sin éxito. Por consiguiente, su interés en Oswald, en la mente de un asesino, era en gran medida el de alguien que se esforzaba por pensar en una sola dirección, pero que se veía dividido por las diferentes fuerzas que actuaban en la familia y que, después, se convertían en fuerzas que actuaban dentro de él para hacerle pensar de otro modo. (Meses de trabajo clínico en este punto hacen correr el riesgo de simplificar y ofrecer una caricatura reduccionista explicativa y condensada.)

En cierta ocasión, en una reflexión sobre sí mismo impresionante, que vale más que muchas de las observaciones que yo pudiera hacer con la intención de clarificar e interpretar, Tim señaló: «no vale la pena observar a todo el mundo con demasiada atención uno podría meterse en líos». Yo quise saber naturalmente quién era "todo el mundo" y en qué clase de "líos" estaba pensando. Pero aún no estaba preparado para llevarnos al terreno de lo específico. Sin embargo, un par de meses después volvimos a este mismo comentario, ya que lo volvió a repetir y, en aquella ocasión, pudimos ciertamente comentar las diferentes formas en que sus padres hablaban y actuaban: el padre daba las órdenes a la gente, la madre les pedía si "podían ayudar"; esa gente eran hombres y mujeres que visitaban la casa para trabajar en ella regularmente o de vez en cuando, cuando había reparaciones que hacer.

Así pues, una crisis psicológica era en algún aspecto profundo una crisis moral: un choque de valores y de opiniones. El muchacho había hecho todo lo posible para resolver el conflicto, para estar de acuerdo con los que emitían conclusiones en términos firmes, pero él también sacaba sus propias conclusiones, algunas de ellas en total disonancia con las afirmaciones que las habían originado. Cuanto más hablaba con él, más llegaba a comprender con qué sensatez reflejaba, no tanto las palabras de sus padres, como sus obras. En un momento podía ser brusco, exigente y totalmente seguro de sí mismo de una forma provocativa; a continuación podía ser solícito con los demás, se esforzaba por comprenderles y mostraba una humildad que parecía totalmente sincera. Sus estallidos de enfrentamiento a sus profesores, como reacción a los momentos en que éstos insistían en algo, eran en realidad protestas profundas en nombre de los valores de su madre, que tan a menudo ponía de relieve el significado de la complejidad y de la incertidumbre. «Mi madre suele decir: "demos la vuelta a la moneda y veamos qué hay detrás"», me dijo este niño cuando estábamos llegando al final de nuestro trabajo en común, informándome acto seguido de la invariable contestación de su padre: «no hay más que lo que ves, así que ¿para qué buscar problemas?».

Su hijo no sólo oía dichas observaciones contradictorias sino que también intentaba reconciliar los dictados sentenciosos de sus padres y además tenía muy buenas razones para hacerlo, porque ellos vivían de acuerdo con lo que decían: el padre era brusco y autoritario en casa, en los comercios, con los amigos, los vecinos y los empleados; la madre poseía un carácter dulce y estaba siempre dispuesta a escuchar a los demás, oír su opinión de las cosas, y disculparse por sus propios fallos y errores de juicio. Claro está que yo tenía que percatarme del aspecto emocional de todo este asunto, del deseo de este niño de ser un hombre como su padre, aunque quería intensamente a su madre. Pero él ya veía claramente las cuestiones éticas que estaban en cuestión, las implicaciones que tenían en su comportamiento (y no digamos en su vida interior y emocional) los valores de su padre contra los de su madre.

En un momento intenso y difícil de olvidar en que Tim confió en mí, se sorprendió a sí mismo diciéndole a una asistenta que había descuidado quitar el polvo de una habitación y que no había vaciado una papelera llena de pañuelos de papel que él había utilizado cuando estaba muy resfriado. Su padre había sonreído al oírle hablar así: Tim como un general ordenando a un soldado cuadrarse más deprisa. Pero su madre bajó la cabeza y no dijo nada y después se lo llevó aparte para señalarle que la asistenta tenía su propio "ritmo de limpiar la casa", que ella después había hecho todo lo que él le había reprochado por descuidarse, ante lo cual él bajó *su* cabeza sólo para tener un comportamiento problemático al día siguiente en la escuela con una maestra que, según la propia descripción que el niño hacía de ella, insistía en decir a la gente lo que ella quería, "ley y orden a toda costa", y que cualquiera que le negara este estado de felicidad sería severamente castigado. «Todo lo que hice fue levantar mi mano –recordó Tim– ¡y ella se puso como una moto!». Después de conversar un poco entre nosotros, él también recordó que la maestra había estado exponiendo reglas gramaticales, las palabras correctas y las erróneas, y que había dicho a la clase que ella no quería "síes condicionales ni peros" sino simplemente cumplimiento de las normas que iba a promulgar. Sin embargo él tenía un "pero" en su mente, un gran "pero": tenía la intención de preguntar «quién hizo esas normas», así que empezó a agitar resueltamente la mano en el aire en cuanto la maestra empezó su disquisición. Los dos ya habían tenido varios enfrentamientos como consecuencia de la reticencia del alumno para aceptar ciertos asuntos por simple fe, pero en aquella ocasión la maestra perdió toda su paciencia. «Cuando golpeó la mesa con el libro que tenía en la mano –recordó el muchacho– pensé que iba a explotar, y explotó: vino a mí, me agarró, me sacó de la silla y del aula y me dijo que tenía que permanecer allí fuera diez minutos. Cuando le respondí que yo no tenía reloj y que cómo podía saber cuándo habían pasado los diez minutos, se puso completamente colorada, se limitó a entrar en la clase y dio un portazo tan fuerte que ¡cualquiera hubiera pensado que alguien había disparado un arma!».

Yo pensé que ahí teníamos literalmente a un marginal, a un solitario lleno de rabia simbolizada por una bala disparada en su mente, un eco de uno de nuestros últimos encuentros de algo que habíamos hablado en el primero sobre Lee Harvey Oswald y sus motivos para el asesinato. Un muchacho que había tomado a pecho los imperativos morales contradictorios de la familia, tal como se vivían día a día, y que los había desarrollado hasta lograr un corazón escindido y lleno de dolor. Una de las profesoras le había dicho a su madre: «cuando se pone rebelde puede verse cómo se le hinchan los ojos». Los padres tenían dificultad en comprender este "síntoma" particular; así es como lo llamaban. Aprecié su gesto de concesión a la psicopatología, pero pensé para mí en aquel momento (y con ayuda de Tim llegué a confirmarlo) que no se trataba exclusivamente de una cuestión clínica, sino, una vez más y en el fondo, de una cuestión moral: cómo reconciliar valores diferentes, incluso contradictorios u opuestos, expresados y puestos en práctica por los propios padres. La solución: mostrarse desafiante, perentorio, aunque con lágrimas de lamento y tristeza, palabras ahogadas, una mano que se agita desafiante apoyada por unos ojos melancólicos y expresivamente conocedores, y el ansia de contradecir lo que se ha dicho o hecho.

Mensajes morales cruzados

Muchos llevamos dentro ese tipo de mensajes y mandatos morales cruzados, quizá no hasta el punto en que los llevaba aquel muchacho, y luchamos denodadamente para encontrar un medio de reconciliarlos. Prestamos atención a las diversas voces internas, las palabras que recordamos de nuestros padres, nuestros profesores y nuestros compañeros, tal como se nos decían cuando éramos niños; y especialmente recordamos los actos concretos, las negativas y los "noes", la conducta de aquellas figuras morales gigantes de nuestras vidas: cómo se comportaban, qué vida llevaban, cómo se las arreglaban para seguir con ella cuando intervenían otros, si salían airosos o no, siendo auténticos con sus propias palabras y mandatos.

Incuestionablemente, los primeros años escolares que preceden al inicio de la adolescencia tienen una gran importancia moral, y no sólo como consecuencia de la vida familiar. En este período, las voces y acciones de profesores, instructores y padres de amigos se convierten en ejemplos alternativos, complementarios y, a veces, contradictorios por naturaleza con la esencia de los valores aprendidos en la familia.

«Mis hijos llegan a casa y dicen que fulano de tal dijo *eso* y oyeron a mengano decir *aquello*», me cuenta una madre cuando hablamos de las constantes preguntas que su hija les hace a ella y a su marido. Pido detalles, por supuesto, y vuelvo a oír hablar de una niña que está intentando reconciliar con mucho esfuerzo las diversas nociones de lo bueno y de lo malo, hasta tal punto de que a los ocho años ya ha anunciado que no quiere estudiar *una* carrera, sino *tres*, que piensa realizar en una sucesión cuidadosamente programada: primero, será enfermera para trabajar en un país distante en guerra (en aquel tiempo le preocupaba Bosnia); después, mujer de negocios en los Estados Unidos y, por último, artista viviendo en algún país occidental. Quedo interesado y un poco sorprendido por lo concreto y ambicioso de lo que se propone, quizá un poco molesto por una cierta presuntuosidad en dicho proyecto de vida y la sensación de que existe un cierto derecho implícito en su descripción. Le pregunto los motivos, y me doy cuenta de que lo hago con una exquisita educación que sin duda implica un escepticismo aturdido (¿o es más bien una inquina populista de que esos planes, incluso en la fantasía, sólo son posibles para unos pocos, mientras que otros de su edad sólo se atreven a soñar con tener suficiente comida y un techo permanente sobre la cabeza?).

Muy pronto me percato de que mis propias ideas preconcebidas, puntos ciegos y prejuicios, mis *valores* en suma, se interponen en mi camino, poniendo en peligro mi utilidad como profesional clínico. Allí teníamos a una niña ya inestable como consecuencia de las enormes exigencias que le hacían en su casa padres que, según parecía, lo hacían todo y eran brillantes en sus aspiraciones y logros; sus problemas de piel (urticaria intermitente) y sus trastornos alimentarios (era "quisquillosa" con la comida y tenía una gran cantidad de preferencias y de cosas que no le gustaban) decían mucho de su titubeante acomodo a esa vida tan orgullosamente llena de éxitos que pensaba llevar a cabo. ¿Por qué deberíamos negar su empatía preocupada, considerando que en otros momentos yo movilizo una gran preocupación por niños que están muy lejos del despacho en el que trabajo? Mientras yo me esfuerzo, ella también se esfuerza para responder a mis preguntas, en realidad para responder a sus propios interrogantes como el siguiente: «tal vez esté mal desear hacer tantas carreras; quizá debería decidirme por una, ¡pero no sé por cuál! Mi papá es un hombre de negocios, pero también es director de un hospital y dice que *eso es* lo que realmente importa [estar en relación con un hospital]; y mi mamá es profesora de economía, pero ella es un personaje importante en el museo, así que como puede ver, "cubren todo el mapa"». El padre era el presidente del consejo de administración del hospital y su madre era miembro del consejo de administración del Museo de Bellas Artes de Boston.

Esta frase, "cubren todo el mapa", procede del padre y de la madre: es su forma de decir que cada uno de ellos realiza una gran cantidad de trabajo, tanto en sus respectivas profesiones como en su tarea de voluntarios totalmente comprometidos. En consecuencia, su hija y su hermano menor les ven poco, pero pasan con ellos mucho tiempo en la imaginación, a modo de sustitución, y de ahí el afán de la niña por inspirarse en los compromisos actuales de sus padres para crearse algo propio.

Cuanto más llegaba a conocer todo este asunto, más me percataba de que en aquel hogar estaba en cuestión continuamente "la educación de valores" o "la educación del carácter", si bien es cierto que de una manera informal y más como consecuencia que como parte estructurada del programa escolar. Afrontémoslo: por conveniencia todos podemos olvidar rápidamente las abstracciones morales, incluso su defensa en un aula o en un libro o dos; pero la aceptación de valores e ideales día a día se practica en la vida; es *ahí* donde los niños obtienen una lección audible y palpable de "carácter en acción": lo que sus padres dicen, por qué lo dicen, lo que hacen y cómo hablan de lo que hacen, si es que hablan de ello.

Para nosotros, como padres o profesores, es importante "hablar en la buena dirección", elegir diversas virtudes para intentar construir el carácter de nuestros hijos, con la esperanza de que sean pacientes, amables, sensibles, receptivos a los demás, honrados, respetuosos con la ley, aplicados, bondadosos y generosos de alma. Especialmente debemos hablar de lo que valoramos y mantenemos, y por qué, cuando nos sentamos con nuestros hijos para leerles cuentos. Sin embargo, debo seguir insistiendo principalmente en que enseñamos por medio del ejemplo, enseñanza que ocurre continuamente sin darnos cuenta y que a veces tiene que hacerse más elaborada por parte de todos nosotros, los que somos padres o profesores: ¿en qué queremos realmente que crean nuestros hijos y alumnos, que están atentos y conscientes?; ¿qué queremos que aprendan de lo que decimos y, lo que es mucho más poderoso e influyente, de lo que hacemos todo el tiempo?

A decir verdad, de forma indirecta estamos respondiendo constantemente a esta pregunta decisiva, y no es raro que lo hagamos sin saberlo nosotros mismos a través de la conducta que brindamos a la observación de nuestros niños. La niña antes mencionada se había fabricado para sí misma una vida imaginaria, había soñado con estudiar tres carreras, basándose en lo que veía hacer a sus padres: su compromiso simultáneo en el hospital, el trabajo, los negocios y el arte. Cuando le pregunté cuál de sus metas expuestas le gustaría más, cuál *escogería* si tuviese que elegir, se mostró reacia: no podía limitarse a escoger

"sólo una". «De acuerdo», respondí y continuamos adelante.
Media hora después nos acercábamos al final del tiempo que teníamos para estar juntos y ella suscitó de forma irónica el tema
del tiempo, lo rápido que pasa, especialmente para sus padres
que, afirmó, «están siempre corriendo, corriendo, corriendo».
Yo parecí interesado, curioso; ella estuvo suficientemente "re-
ceptiva" a mi forma de mostrar mis sentimientos, mis actitudes
(un ligero movimiento de cabeza, un arquear de cejas, un abrir
los ojos) para darme un ejemplo, para ofrecerme, en realidad,
una fábula moral que era toda una historia de familia, incluso
una leyenda: «mi papá tenía que acudir a un encuentro en el
hospital y estaba muy retrasado [en su horario]. Llegó a casa
tarde, picó algo de comer, hizo algunas llamadas telefónicas y
se despidió rápidamente de todo el mundo. Mi mamá no estaba
en casa así que cuando él se fue, Clara [la niñera de la familia]
dijo: "tu padre ha venido conduciendo tan rápido que temo que
tenga un accidente". Entonces es cuando yo dije que si lo tenía
podía herir a alguien y Clara dijo que no debíamos pensar así.
Pero yo respondí que si se llevaba a todos [los accidentados] al
hospital de papá obtendrían los mejores cuidados médicos».

A su propio modo, Clara y la niña (que podrían ser esbozos
de alguna novela corta de John Cheever) habían sentido y expresado juntas una gran ironía: el benefactor del hospital apresurado poniendo en peligro la vida de otros, o su propia vida,
consiguiendo más beneficios, podría decirse sardónicamente,
para la institución a la que tan fielmente servía, al tiempo que
ponía en peligro el valor de dicho servicio por su forma arries-
gada y potencialmente destructiva de conducir, que era lo que
permitía su presencia en una reunión de primeras horas de la noche. Mientras tanto, queda para otros, concretamente para su
hija, dar sentido a todo ello; entender qué valores aceptar, con
qué grado de pasión, qué clase de carácter desarrollar y con qué
intento de coherencia: el incansable y apresurado filántropo; el
conductor que realmente se preocupa de los demás, piensa en su
seguridad, y no digamos en la suya propia; la persona que está

en la cumbre y no puede preocuparse de los pequeños detalles aburridos; o la persona que conduce como si fuera la buena samaritana y vecina de todo el mundo y, claro, capacitada para no ser dañina, sea cual fuere la importancia de su destino.

Éstos son asuntos muy importantes que una niña tiene que ordenar, que asentar por sí misma, y también todos nosotros a cualquier edad; son asuntos a los que tiene que enfrentarse. Son los primeros temas que mi propio hijo me planteó durante *nuestro* acelerado trayecto hacia el hospital mencionado anteriormente. Son asuntos que encaran nuestra misma humanidad, nuestra capacidad a través del lenguaje de preguntar *por qué, a dónde, con qué propósito*. A veces, un niño en edad de ir a la escuela primaria puede parecer muy vulnerable, muy necesitado de nosotros, padres y profesores, cuando se halla a un paso de los primeros años que preceden a la asistencia al jardín de la infancia o al primer año escolar. En cambio, en otras ocasiones, estos mismos niños parecen prácticamente adultos por su viva independencia, su determinación a explorar, ver, oír, preguntar e intentar sondear, para flexionar los músculos de su cuerpo al tiempo que amplían el campo de su yo conceptual y receptivo. Eso es lo que significa la expresión "años mágicos" aplicados a esta edad: una inclinación a saltar, a romper los límites que muy pronto imponen los llamados adultos; una imaginación que encara y fisga, que se amplía, que se eleva, que responde no sólo a cada vez más hechos, impulsos y tensiones de una vida emocional concreta, sino que se dirige hacia algún fin y que tiene una intención buscada por el niño. Nuestra escala de atención, la forma en que utilizamos las palabras, nuestra conciencia del tiempo... todo ello conspira no sólo para hacer que nos preguntemos, sino también que nos preocupemos, por la búsqueda de definiciones, límites y estructuras por parte de los niños. Qué hacer en este punto, en qué dirección y con qué propósito, constituye una investigación que exige conocimiento y carácter, al mismo tiempo que los adultos tenemos que aportar una *dirección* general, una forma de ver, de ser, que también abarque los dos aspectos de la joven humanidad que se nos ha confiado: la capacidad para adquirir información y la capacidad para mirar con una perspectiva ética hacia dentro y hacia fuera. Dicha distinción será muy necesaria pronto. A fin y al cabo, y en muy poco tiempo, la "magia" de aquellos años de escuela primaria va a dar paso a otra especie de "magia": el despertar de la vida sexual y, con ésta, el afloramiento de una infinidad de dilemas morales.

3. LA ADOLESCENCIA

Cuando los niños llegan a la adolescencia atraen de forma natural gran parte de nuestro interés. Es comprensible que sean tímidos y, por ello, tienden a llamar la atención sobre sí mismos, aunque suelan negarlo, y esto hace que pensemos retrospectivamente en el período crítico de nuestra propia adolescencia. Esta época es una especie de segundo nacimiento, sólo que esta vez va acompañado de destellos de autoconciencia. Tal vez ningún otro aspecto en nuestra vida ha provocado más escritos por parte de nuestros novelistas, científicos sociales y periodistas; es como si estos jóvenes, con sus hábitos, sus intereses, su lenguaje y manera de vestir, su música y su propia política, sin olvidar su sexualidad en desarrollo, tuviesen un impacto sobre nosotros, vinculado a nuestros propios recuerdos y a la realidad cotidiana que se nos presenta a padres y profesores.

Es bastante común el que nuestra preocupación por los adolescentes no sea generalmente bien venida por su parte, ya que la consideran como el entrometimiento de intrusos que, como era de esperar, suscita desconfianza por su parte, ya que están ansiosos por –y decididos a– lograr cada vez más independencia. Por supuesto, esta búsqueda de independencia se alienta y, al mismo tiempo, suscita diversos tipos de resistencia de padres, profesores y de la sociedad en general. En lo más profundo de nosotros mismos sabemos que nuestros hijos tienen que dejar-

nos y construir su propia vida, aunque al mismo tiempo desea-
mos que permanezcan junto a nosotros. A fin y al cabo, nos recuerdan *nuestra propia* vida, son nuestros herederos y los testigos duraderos de nuestra vida; de aquí el poder del apego que
tenemos por ellos. Sin embargo, ellos anhelan ser ellos mismos
y nosotros, sus mayores, aprendemos por nuestra parte a adap-
tarnos de un modo cortés o reticente. Pero este anhelo de nuestros jóvenes por vivir su propia vida no es sólo de naturaleza
emocional. La psicología detesta el vacío y ansía la creación de
un vocabulario social, cultural y, en última instancia, moral,
como seguramente saben los adolescentes (y también sabemos
nosotros, que somos sus padres, que les enseñamos, trabajamos con ellos como médicos u observamos y escribimos sobre
ellos). De aquí la importancia de la música, la forma de vestirse,
el lenguaje, la comida, las lecturas, las películas y los programas de televisión que adopta con entusiasmo la llamada "cultura de la juventud".

La alienación moral

Sabemos acertadamente que todo eso que ellos eligen nos
habla de rebelión, de afirmaciones obstinadas, de aislamiento,
de soledad y melancolía. Ésta es la conocida historia familiar de
la adolescencia: los jóvenes adoptan un desprecio frente a todos
los demás y a menudo se sienten solos, un poco peculiares,
tristes y bastante irritados. Lo que eligen también tiene sus ana-
logías morales. Si, por una parte, el logro de la independencia es
la meta que define la adolescencia, y si la búsqueda de dicha independencia puede provocar el que se aislen de la familia con
malos modos, su exclusivismo y su desafiante otredad hacia
los demás que nos deja perplejos y sin saber desentrañarlos, por
otra parte también existen consecuencias y riesgos morales: el
riesgo de una alienación moral abiertamente afirmada o dis-
frazada de diversos modos. Este capítulo pretende examinar

este aspecto moral de la adolescencia, las diversas formas en que los jóvenes luchan para romper moralmente con nosotros, al mismo tiempo que se nos cuelgan desesperadamente (se aferran al sentido de lo que es importante según lo han aprendido de nosotros). Dicha lucha puede acabar con frecuencia en una parálisis moral, en una sensación de deriva moral desconcertante y difícil de enderezar.

A lo largo de muchos años me he reunido a hablar con grupos de padres de adolescentes en diversas ciudades y les he oído preocuparse; sobre todo les he oído expresar una infinidad de miedos, especialmente el miedo a una especie de distanciamiento, miedo a ser incapaces de ser escuchados respetuosamente por sus hijos e hijas y también a perder, como adultos, la capacidad de entenderles, a pesar de los más de diez años que ambas partes han pasado bajo el mismo techo. Recientemente estaba yo en mi ciudad natal escuchando a unos padres entregados, razonablemente cultos y muy sinceros (también a profesores) hablar de los adolescentes (sus propios hijos, los vecinos y, más en abstracto, de los adolescentes del mundo en general), y a veces sentía que estaban hablando de una especie de tribu de alienígenas, inaprensible, impredecible y errante.

«La mayoría de las veces nos llevamos bien, pero eso es porque hemos aprendido a no interferir mutuamente en nuestras vidas», nos cuenta una madre de dos adolescentes, una hija de dieciséis y un hijo de catorce, mientras su esposo asiente con énfasis, como si estuviera afirmando no sólo estar de acuerdo, sino también un claro resentimiento. Le miro con preocupación, sentimiento de amistad, empatía y simpatía, o eso es lo que creo, pero los recuerdos intensos e inmediatos de las recientes peleas familiares le impiden dar una respuesta reflexiva y relajada. En vez de ello, intenta mantener esforzadamente su calma, aunque nos está contando tensiones, incomprensiones, respuestas airadas y portazos; su voz nos trae todo ello al presente; es una voz temblorosa y aguda que expresa una mezcla de aprensión y cólera; con independencia del contenido de sus observaciones, nos agita y nos desconcierta. Por último, una observación que contiene también una cuestión implícita y, sin duda, una petición de ayuda: «es una "etapa", lo sé; ¡la gente sigue diciendo que sólo debe ser eso! ¡Pero no es natural que personas que pertenecen a la misma familia tengan valores tan diferentes!».

A mí me desconcertó inmediatamente aquella forma de plantear el asunto; era un grito diferente del habitual, que recalcaba el antagonismo psicológico que de algún modo puede conducir a un nuevo acercamiento gracias a una serie correcta de interpretaciones; al menos, eso es lo que espera. Recobro el ánimo y pregunto que cuáles son esos "valores diferentes". El padre, un ingeniero, se disculpa inmediatamente por utilizar lo que él cree que yo pienso que son palabras erróneas y emprende una dirección psicológica: «lo siento, no me expliqué con claridad. Mis hijos... bueno, esto es: ellos insisten continuamente en que ya no son niños y en que mi esposa y yo todavía les seguimos tratando como a nuestros hijitos. "Somos adultos", nos dicen una y otra vez. Lo siguiente de lo que te enteras es de otra discusión: a qué hora pueden llegar a casa los fines de semana, qué grado de libertad tienen ¡y todo eso! ¡Simplemente no nos ponemos de acuerdo!».

Discutir con la autoridad moral

Yo me agarro a su mención de la palabra "valores" y afirmo que él tiene algunas creencias firmes, que imagino que son la base de su posición para que sus dos hijos adolescentes vuelvan a casa a una determinada hora, para que se vistan de una determinada manera y no de otra, para que asuman determinadas responsabilidades en casa y en el vecindario. Él está de acuerdo, pero no parece realmente querer discutir de moral; vuelve a la psicología y a las discusiones y peleas que han estado sucediendo. Nos dice que los dos jóvenes son "rebeldes" y que él tiene dificultades en resignarse a esa vena demasiado activada de ambos. Al decirlo, se vuelve hacia los demás, que están sentados en la sala situada en el sótano de una iglesia, como si fuesen colegas de sufrimientos, pero también como si le pudieran ayudar de algún modo. Uno de ellos, padre de dos adolescentes de dieciocho y diecisiete años intenta complacerle: «hay que vigilar cada una de las palabras que se dice; eso es lo que yo he descubierto. Andar con pies de plomo puede ser rentable: ¡se evita ese tipo de confrontaciones!».

A una madre no le gusta lo que acaba de oír y dice inmediatamente: «no estoy de acuerdo. Pienso que hay que exponer las propias ideas claramente y los niños también [deben hacer lo mismo]». Está a punto de continuar, pero es interrumpida por otra madre que adopta una posición inmediata y enérgica que expone con amplitud: «no vas a ningún lado presionando a los adolescentes con esas charlas sinceras; así sólo acabas empeorando las cosas. A ellos les gusta discutir, creedme, ¡lo sé muy bien! ¡Eso es lo que significa ser adolescente en América! Quiero decir discutir con la autoridad moral, con cualquiera que la tenga. Eso es lo único que oigo de mi hijo [que tiene dieciséis años]: ¡la autoridad esto y la autoridad lo otro! Ya hemos vivido esas situaciones de jaque mate en que ya lo hemos dicho *todo* y ¿sabéis qué? Una vez que lo has vivido, ¡no olvidas lo que has oído! No estoy culpándole, estoy hablando de mí misma; en estos casos estoy tan molesta que pierdo los nervios. Entonces le digo a mi hijo que su problema consiste en que tiene una vida fácil y cómoda y que puede permitirse el lujo de ser uno de esos adolescentes "en rebelión constante". Si tuviera que ir a trabajar para no morirse de hambre no se "rebelaría"; estaría contento de tener un empleo y ¡obedecer a las personas que están por encima de él! Mi padre creció durante la Gran Depresión y tenía que trabajar y trabajar, trayendo dinero a casa, haciendo recados y repartiendo periódicos, y no estaba por ahí peleándose con sus padres, quejándose de cómo le trataban los adultos y de cómo abusaban de su "autoridad". Estaba contento de *sudar tinta* en la escuela o en los trabajos que encontraba, le pasaba el dinero a sus padres ¡y se sentía muy honrado de ser capaz de hacerlo! Aquellas gentes sí que *luchaban*; ahora todo resulta tan fácil para nuestros hijos ¡que no saben la suerte que tienen!».

Se detuvo sólo para continuar con más velocidad y nadie parecía deseoso de intervenir. Cuando reanudó su discurso, cambió de dirección de una forma explícita y espectacular: «mirad, no os voy a hacer el discurso que pensabais que os iba a hacer. Yo intenté decir a mi hijo hace mucho tiempo lo que os acabo de decir, ¡un montón de cosas como éstas! Le entraban por un oído y le salían por el otro. Bueno, no estoy siendo totalmente justa con él. Mi hijo me hizo saber que su vida no es la de su abuelo y, claro, no se trata de insistir en lo contrario en absoluto. Entonces empecé a darme cuenta de que *mi* vida no es (y nunca lo fue) la misma que la de mi madre y mi padre. Ellos me enviaron a Europa cuando yo estaba en la Universidad (¡lo cual hubiera sido algo impensable para ellos cuando tenían mi edad!), y me compraron un coche (¡algo inimaginable para ellos cuando eran jóvenes, el que sus padres les comprasen uno!). Es por eso por lo que tenéis que reflexionar cada uno de vosotros profundamente, y vuestro marido o vuestra esposa, sobre las diferencias generacionales, qué es lo que significan y cómo podemos manejarlas. Vosotros llegáis a todo esto a partir de toda vuestra vida; ellos han crecido con la suya y no tenéis por qué llegar a una colisión frontal. Tenéis que encontrar un medio para lograr comunicar vuestros puntos de vista, tenéis que ser *escuchados*. Es un problema de *comunicación*, eso es lo que estoy diciendo, de comunicación y psicología».

Todo el mundo parece estar de acuerdo con ella, incluida la persona cuyas observaciones provocaron esta intervención suya tan enérgica. Se espera de mí que ponga una especie de *imprimatur* a esta línea de razonamiento, ¡el más puro sentido común de nuestra época! Mientras estoy sentado allí, pienso para mí que el abuelo que trabajaba tanto siendo adolescente nunca pensó en *psicología* ni en *comunicación* cuando sacaba adelante a su familia, ni tampoco lo hicieron seguramente *sus* padres y abuelos. De hecho, y por contraste, ella y su hijo tienen eso en común: ambos conocen esas palabras muy bien. Nos había dicho esencialmente que ella y su hijo comparten un punto de vista sobre la vida (y las experiencias consecuentes con este dicho punto de vista) que es muy diferente del de su padre y el de su abuelo. Por mi parte, decido mencionarlo para afirmar que aquí lo que importan no son sólo la *psicología y la comunicación*, sino las *creencias*, las *experiencias* y, sí, también los *valores*.

Dentro de mí tengo un gran discurso, pero lo retengo, deseoso de ver si tal vez una o dos personas siguen su ejemplo, responden a partir de sus vidas (¡hablando de "psicología"!). No quedo decepcionado. Otra madre, una de las más reticentes de nuestros encuentros quincenales de dos horas (que a veces se han alargado hasta tres) se manifiesta: «creo que mi hija y yo nos entendemos de verdad mutuamente, y tenemos una buena relación, pero existen desacuerdos entre nosotras y, como dice mi marido una y otra vez [es abogado], éstos son "sustanciales". Pretendo decir, si queréis un ejemplo, que no quiero que mi hija [tiene dieciséis años] duerma con un chico, con cualquier chico, aunque sea muy buena persona, se conozcan desde hace mucho tiempo y sean buenos amigos. Algunas de mis amigas dirán que si son realmente buenos amigos y él es un buen muchacho, que entonces todo está bien, que es natural, inevitable. Eso es lo que dicen, y cuando expreso mi desacuerdo me miran como si *fuera yo* la que tuviera "problemas": ¡soy una "puritana" o una "carca"! Yo respondo diciéndoles que tengo ciertas creencias, principios, llamadlos como queráis, valores, y que uno de ellos es que la madre tiene una obligación de ser algo más que alguien que escucha a sus hijos, dispuesta a aceptar todo lo que dicen, y que es alguien más que una confidente disponible siempre para *entenderles* ¡y seguir *entendiéndoles*! Una madre es una figura de autoridad, y también lo es el padre, siempre lo serán y, ¡caramba!, tienen que serlo. Tengo una amiga cuya hija repite que ella [la madre] está intentando ser una "figura de autoridad" y a ella [la hija] no le gusta. Y yo digo que su problema es, bueno eso es lo que pienso, bueno diré exactamente lo que le dije: "perdona, no quiero ser brusca, pero si estás *intentando* ser una "figura de autoridad" con alguien de dieciséis o diecisiete años ¡*ése* es exactamente el problema!: o *lo eres* o lo *tienes que ser*, y si no eres una figura de autoridad, entonces tienes un *gran* problema, ¡y es igual de lo que discutáis!".

»Yo me siento con mi hija, entendedme bien, y hablo con ella, *hablo con ella*: no le doy voces ni le grito; yo no estoy en contra de la "psicología" ni de la "comunicación"; leo el periódico y algunas revistas; intento estar al corriente de las cosas, pero le digo a mi hija en qué creo y por qué, y no tengo pelos en la lengua. Intento ir directamente al grano con ella. No tengo miedo de la palabra "bien" y la palabra "mal"».

Cuando se calla, la madre que se sienta a su lado le pregunta inmediatamente: «¿y qué pasa con el sexo y con el abstenerse de tener relaciones sexuales?, porque tú crees en ello. Quiero decir, ¿qué es lo que le dices para que ella te escuche?».

La afirmación de la autoridad moral

Todo el mundo estaba muy atento; el momento es un verdadero filón. La madre no necesita mucho tiempo para condensar sus pensamientos y recoge el desafío al momento: «ella me escucha; no siempre está de acuerdo conmigo, pero sabe que yo creo en algo y que quiero que me escuche. Sabe que deseo que esté de acuerdo conmigo. Eso es, que me *obedezca* en determinados asuntos, incluso aunque no esté de acuerdo. Sé que esto parece extraño hoy día a muchas personas, tal vez a algunos de los que estáis aquí, pero creo que mi hija, que es todavía estudiante de secundaria, no debe tener relaciones sexuales en ninguna circunstancia; quiero decir que no debe tenerlas con nadie en absoluto. Pienso que es demasiado joven; necesita tiempo para aprender sobre sí misma y los demás, y creo que mi teoría consiste en hablar con ella, en intentar persuadirle, escucharla, intentar convencerla, pero también decirle que no; en última instancia en llegar realmente a un alto y claro *no*, aunque sea difícil, por todas las razones que ya hemos expuesto. No tengo miedo de recurrir a valores morales, a los valores morales de mi esposo, a lo que creemos: ambos acudimos a la iglesia [episcopaliana] y tenemos algunas creencias religiosas y morales. Sé que podéis hablar con algunos pastores episcopalianos que quizá no estén de acuerdo con mi punto de vista [sobre el no tener relaciones sexuales durante los años de enseñanza secundaria], pero otros sí que estarían de acuerdo y dirían que es la voluntad de Dios. Desconozco si Dios se ha expresado concretamente sobre este asunto (quizá lo haya hecho), pero creo que Él quiere que los padres le situemos en el lado de la espera, de esperar a ser un adulto en el mundo, en la Universidad o en el trabajo y a tener veinte años; Él quiere que transmitamos nuestras creencias a nuestros hijos, que las afirmemos cuando hablamos con ellos».

Como era de prever, su posición, su nitidez, suscita comentarios y críticas. Al otro lado de la sala, un padre le señala que está "dando rodeos", que parece reticente a afirmar "por las buenas" estar a favor de "abstenerse de relaciones sexuales" ("¿qué hay de malo en esa expresión?") y que su posición viene determinada por sus creencias religiosas. «Sí –responde una madre que está junto a él–, estás diciendo que no se trata de psicología ni de comunicación, pero una no va a decir no sólo porque eso es lo que dice la Biblia. ¡Seguramente tienes miedo de que tu hija no te escuche! No te culpo, compréndeme: ¡estoy contigo! ¡Sé qué es lo que mis hijos pueden aceptar y ante qué cosas se encogen de hombros y se ríen!».

La madre [episcopaliana] empieza a defenderse, e intenta refutar la acusación implícita de que ella es una especie de diplomática inteligente y ágil, dispuesta a disfrazar sus convicciones tras la misma psicología que ella denuncia cuando los demás la emplazan. Insiste en que "nunca antes" ha utilizado la Biblia ante sus hijos como instrumento explícito de afirmación o condena; que ellos saben que ella asiste a la iglesia y están al tanto de cuál es su fe, pero también saben que cuando les habla de sus creencias y convicciones se las brinda como *suyas* y de su marido; en realidad como creencias de *ellos dos*: *nosotros* esperamos que esto esté claro, *nosotros* insistimos en este punto.

«De acuerdo –dicen los demás–, ¿pero qué pasa si tu hija está en "desacuerdo" al cien por cien?». La madre está preparada para esta línea de cuestionamiento seguida por varias de sus compañeras. Señala entonces que si uno no define los propios puntos de vista, los explica y, en definitiva, *insiste* en ellos, se está aceptando en ese momento algo más que la posibilidad de que los jóvenes *estén en desacuerdo* y sigan su propio camino. De hecho, la consecuencia es que son alentados por un padre o una madre que se niegan a darles "algo que se necesita desesperadamente", concretamente la "oposición" a lo que "parece popular", a lo que "ellos y sus amigos" piensan que "está bien" y que *todo el mundo* defiende y practica. En estos momentos estamos metidos de lleno en una discusión compleja y necesaria: cómo transmitir los propios principios morales a un adolescente que defiende su independencia, que afirma sus iniciativas e ideas personales para poder ser escuchado y aceptado. Se me piden sugerencias, y algunas madres concretas me recuerdan sus fallos, sus esfuerzos por hacer respetar tal o cual norma o principio que se iba a pique por la negativa, el desafío y el incumplimiento de un hijo o de una hija. Sonrío nerviosamente y confieso mi incapacidad para darlas. No hay palabras, por mucha convicción que se ponga en ellas, que puedan eliminar la singularidad del pasado de cada familia, tanto su pasado moral como emocional, ni garantía alguna que pueda determinar su futuro. En la época en que un niño se hace adolescente, convirtiéndose en un joven que no sólo tiene impulsos y deseos sexuales, sino que también es reconocido por la sociedad como alguien capaz de trabajar, de tener opiniones, valores y derechos (los adolescentes adquieren determinados derechos legales a los dieciséis y a los dieciocho años), ya han sucedido muchas cosas entre los padres y este joven; muchas cosas que conformarán el modo en que mi "consejo", mis observaciones o las de cualquiera, habladas o escritas, serán entendidas, bienvenidas y compartidas (por los padres o por los jóvenes que me escuchen).

Soledad moral, vulnerabilidad moral

Con esta importante advertencia hago un gesto de asentimiento a la madre que ha hablado de su esfuerzo para que su hija permanezca dentro de límites sexuales explícitos. Explico lo que creo que los adolescentes y todos nosotros necesitamos tanto: pautas y valores, y espero que no se entienda sólo como algo retórico, incluyendo la retórica psicológica que utilizan tan fácilmente mis colegas y que muchas personas aceptan con demasiada facilidad. Hablo de la soledad que sienten muchos jóvenes, aunque tengan numerosos amigos y parezcan participar en toda clase de actividades. Se trata de una soledad que tiene que ver con una especie de juicio autoimpuesto: «soy zarandeado por una serie de impulsos, anhelos, preocupaciones y miedos que no puedo compartir en realidad con nadie, y que tampoco deseo compartir, aunque me pregunto cuáles pueden ser los pensamientos y emociones de los demás». Esta sensación de diferencia esencial, este sentimiento de singularidad, junto con la conciencia de parentesco y de amistad, crea una cierta manera de manifestarse bien conocida entre los adolescentes que, en definitiva, están constantemente intentando averiguar cómo deben y pueden vivir: dónde, haciendo qué y con quién.

Recurro a algunos de mis antiguos "maestros", incluidos algunos jóvenes que, con sus modales tensos y casi sin palabras, pueden decirnos mucho. Recuerdo muy bien a un joven de quince años que empezó haciendo bromas y se calló inmediatamente después, sacudió la cabeza y se negó categóricamente a hablar cuando surgió el tema de su vida y de sus problemas. Había dejado de estudiar y había empezado a fumar gran cantidad de "hierba"; solía pasar el tiempo sentado en su habitación horas y horas escuchando música rock con la puerta cerrada. En mi interior le califiqué con una infinidad de adjetivos psiquiátricos: reservado, deprimido, posiblemente psicótico; por último le pregunté que a quién dirigía su gesto de negación con la cabeza y me respondió: «a nadie». Yo dudé, tragué un poco de saliva antes de hacer una apuesta: «¿no es a ti mismo?». Por primera vez me miró directamente a los ojos: «¿por qué dice eso?».

Sentí entonces que había una gran cantidad de cosas en juego. Sabía que me había acercado a un punto importante, aunque también sabía que aquel joven podía estar profundamente asustado por esta misma razón y, por ello, ser propenso a huir rápidamente replegándose en sí mismo. Decidí no responder a la pregunta de la manera en que yo estaba entrenado para responder, según se me había acostumbrado a contestar: un resumen de lo que había supuesto sobre él, de lo que yo pensaba que le estaba pasando por dentro; hablarle de su vulnerabilidad moral, de su comparecencia autoimpuesta ante una conciencia autoritaria, que le estaba dando negativas a él mismo y a todos los demás, y de ahí su extrema soledad. No quiere decir que yo hubiera caído en temas específicamente psiquiátricos; supongo que habría sido amablemente interpretativo y que quizá le hubiera comentado "lo difícil que se lo estaba poniendo a sí mismo", con la esperanza de que quizá me hubiera escuchado y contado las dificultades que estaba teniendo, confirmándome así mis hipótesis. En vez de ello, con cierta incomodidad (siempre puedo atribuir eso al paciente, ¡*su* incomodidad de la que yo me hago cargo!), me oí decir lo siguiente: «yo he estado ahí; recuerdo haber pasado por eso; recuerdo cuando sentía que no podía contarle nada a nadie. Supongo que me estaba diciendo eso a mí mismo, que no tenía idea de qué hacer conmigo mismo, de qué decirme».

Todavía puedo recordar aquellas palabras, recordar el sentir que no debía haberlas dicho: era una ruptura de la "técnica". Y esto no quiere decir que no funcionaran: funcionaron estupendamente, y de ahí mi recurso a ellas con aquellos padres y también en este caso; por ello, era una especie de autoafirmación nada modesta, cuando no de autofelicitación. El joven se me quedó mirando, no dijo nada, al menos con palabras. Cuando sacó su pañuelo y se enjugó los ojos, me di cuenta de que habían empezado a llenarse de lágrimas.

Yo seguía apostando fuerte, preocupado por lo que estaba diciendo, con miedo a ser "demasiado personal", inquieto por lo que uno u otro de los supervisores que me habían enseñado psiquiatría dirigida a adolescentes y niños hubiera podido pensar o decir si hubieran estado allí (naturalmente ellos siempre están "allí" en la mente preocupada de uno). Le hice al adolescente que estaba sentado frente a mí algunas confidencias personales: cómo yo había estado tan aislado de los demás como él mismo en algunos momentos de mi vida, e incluso de los propios miembros de mi familia o especialmente de ellos. Y añadí lo siguiente: «a menudo quería golpear al mundo, pero no lo hacía». De él escuché:«¿por qué?» y yo respondí: «pienso que en aquella época debí ya saber que el problema no estaba fuera de mí, sino dentro».

He intentado retroceder en el tiempo y ponerme dentro de mi piel cuando era joven. Quería evitar a toda costa dar la impresión del sabelotodo que, incluso ya entonces, estaba en camino de convertirse en psiquiatra. Quería expresar el recuerdo más auténtico que pudiera invocar, hablar desde el corazón, transmitir a aquel joven cerrado un sentimiento de compañerismo, decirle que así fue como yo lo viví y que esto es lo que le ocurre a muchas personas en esa época de la vida. Por otra parte, estaba rememorando mi vida, por así decir, comentándola desde la distancia que me daban los casi cuarenta años que yo tenía entonces; estaba intentando interpretar un poco cómo me sentía, por qué me había comportado como lo hice. A medida que todo esto bullía en mi cabeza (sólo con la perspectiva del tiempo puedo tener la claridad conceptual con la que he intentado exponer todo esto), el joven estaba frente a mí, se mantenía sentado en silencio con el pañuelo de nuevo en el bolsillo. Por último tuve que comunicarle que se nos había acabado el tiempo y que esperaba poder volverle a encontrar a la misma hora a la semana siguiente. Cuando se levantó para marcharse, seguía mirándome, pero en silencio. Sin embargo hizo un gesto que me dio un poco de esperanza: asintió con la cabeza una vez, un vuelco significativo que no pude sino interpretar (y esperar) que fuese algo totalmente opuesto a su anterior sacudida de cabeza.

Aquella entrevista resultó ser la más baja en intensidad que tuvimos juntos, pues desde entonces empezamos una escalada gradual, paso a paso para salir del "abismo de la desesperación", el suyo tal como lo estaba viviendo, y el mío en retrospectiva, tal como se me estaba pidiendo que lo compartiera con él. Yo resumí todo aquello para los padres y madres que estaban en aquella reunión, lo mismo que lo resumo al contarlo aquí. No quería (y no quiero ahora) ofrecer los detalles de algo llamado en la actualidad "psicoterapia con adolescentes deprimidos", sino más bien indicar el gran desafío que un adolescente con problemas puede a veces imponerse a sí mismo, sin hacernos caso a los adultos, ya seamos padres, profesores o médicos. ¿Cómo expresar para sí mismo con palabras esa mezcla de sentimientos, aprensiones, dudas, anhelos y apetitos, sin preocuparse de los oídos de los demás? Ahora entiendo que aquel joven se había enfrentado a mí con su yo totalmente singular, con su aparente soledad impenetrable. Tal vez debía haberle abordado de un modo más convencional desde el punto de vista psiquiátrico, para que nuestros tensos encuentros sin palabras y aparentemente confrontativos dieran paso a un nivel de verdad (desesperada) que hubiera permitido el toma y daca de una comunicación. Pero algo en mí debe haber desconfiado de dicho resultado o, tal vez, dudado del *valor* del mismo. Los médicos también tienen *sus* propios valores, y uno de ellos es la convicción de que la clarificación del pensamiento ajeno puede ser una ayuda decisiva y, de hecho, puede serlo *a veces*. Creo que había llegado a sentir con mis huesos y con mis tripas, más que con mi cabeza, que la determinación solitaria de aquel joven sólo podía ser afectada mediante la evocación por mi parte de otra soledad, mi soledad de antaño. Después, cuando llegamos a hablar, conocí a un joven lleno de cólera, reservado, que despreciaba cualquier pauta moral o social actual, y que de hecho parecía abocado a tener algún tropiezo con la ley por el consumo de marihuana, a pesar de que él mismo se culpaba de ello con más insistencia de la que hubiera puesto el más severo de los fiscales o jueces. La clave de su "éxito" como autoacusador era su brillantez como observador social: detectaba los fallos, pasos en falso, hipocresías y poses de cualquiera, de todo el mundo. Maestro en desenmascarar a los demás, no podía detenerse allí; no quedando ya nadie para desenmascarar, dirigía su atención sobre sí mismo y hacía picadillo de lo que veía. El que se burlaba de la falsedad del mundo se unía a él y ésta era la forma más aproximada que tenía de estar en compañía de los demás.

El pensamiento de Anna Freud sobre la conciencia adolescente

Saqué a relucir el caso de este joven en aquel encuentro para padres y madres, y lo menciono ahora porque creo que nunca me he encontrado con una conciencia tiránica tan absolutamente enmascarada. Un hombre que podía desenmascarar a los demás y con ellos a sí mismo, sin embargo y paradójicamente no podía comprender la intensidad imperiosa de su propia conciencia. Pero tampoco era un caso tan único. He aquí a Anna Freud reflexionando sobre este tema, basándose en sus muchos años de trabajo psicoanalítico con adolescentes:

«Para muchos adultos, la adolescencia constituye una fase de rebelión que todos conocemos. Los padres suelen acudir a verme, primero solos, y después con sus hijos, antes incluso de haberles mencionado el tema [de ir a un psicoanalista con su hijo o su hija]. No quiero decir que lo que oigo es siempre lo mismo. Si hubiera dicho *eso*, ¡estoy dispuesta a retirarlo! No, cada padre y cada madre tienen algo diferente que decir, pero *existen* ciertos temas que continúan acudiendo a mi mente cuando les escucho, casi siempre muy angustiados. Una y otra vez se me dice que un hijo es terriblemente "difícil", excesivamente "rebelde". Pido detalles y obtengo una gran cantidad de ellos y, a medida que escucho, empiezo a entender la sensación de los padres de lo que está pasando, pero tengo que admitir (¡y lo admito ante ellos!) que generalmente oigo algo más; oigo una conciencia exigente en acción [en el adolescente], con la rebelión como reacción a la misma. Esto puede llegarles a los padres como algo sorprendente, ya que han estado calificando a sus propios hijos de virtualmente anárquicos y carentes de pautas morales, acusándoles de estar a merced de sus propios caprichos y fantasías. En consecuencia solemos mantener algunas conversaciones vehementes, y creo firmemente que éste es el inicio del tratamiento para el adolescente: que los padres entiendan por qué hay tantas exhibiciones de enseñar los dientes, cerrar el puño y tirar el guante a modo de desafío.

»Todos los "noes" que el niño ha aprendido están todavía dentro de él; todos los valores y pautas –aunque la sociedad ya ha convertido la independencia en algo tan importante–, pero los impulsos y los instintos empiezan a influir de un modo nuevo, ¡y algunos de los jóvenes no saben qué hacer! Descubro que muchos de ellos hablan bastante [de rebelión], asustan a sus padres y se asustan a sí mismos, pero no se meten en demasiados problemas. Algunos tropiezan con ellos [con una u otra clase de dificultad]. Otros acaban teniendo grandes problemas, y cuando algunos les hablamos y llegamos a conocerles, podemos encontrar a un joven que está atormentado por su conciencia, de la que ha intentado liberarse, proyectarla a los demás y después ¡luchar contra ella de esa forma! Sé que todo esto parece muy complicado y *es* muy complicado, especialmente para padres y profesores que no están estudiando la mente de la forma que la estamos estudiando nosotros con un poco de desapego. Pero creo firmemente que es importante para todos nosotros no considerar anárquicos a los adolescentes, a la mayoría de ellos, no creer que están más allá del tipo de ansiedad moral que la mayoría de nosotros hemos aprendido a tener [y que] *a ellos* les han enseñado a tener. A menudo, para hacer entender esto [a los padres] tengo que entrar en lo personal; les hablo de mi adolescencia, no con muchos detalles autobiográficos, sino con una descripción de la época en la que me sentía totalmente sola y fabricaba "enfrentamientos" [contra mí misma] ¡y solía bregar muy duramente!».

Al principio quedé un poco desconcertado; era la rendición voluntaria por parte de una autoridad distinguida, Anna Freud, con su aura casi mitológica de perfección psicológica, que en sí misma es, por supuesto, uno de esos halos que solemos imaginar por la necesidad que tenemos de afirmar nuestra propia autoridad, nuestro sentimiento de aptitud, a través de la aceptación incondicional de una pretendida brillantez, de que otra persona nos salve. A continuación volví a nuestra anterior conversación y me di cuenta de que, tal como alguno de los padres que ella había estado describiendo, yo había estado haciendo un enorme escándalo sobre una versión contemporánea de la adolescencia especialmente provocativa, inclinada a ser díscola cuando no a desviarse directamente: ropas, música, cortes y colores de pelo extraños, por no hablar del recurso a las drogas, a la sexualidad sin disculpas, concienzudamente defendida y, en parte, anticonvencional. Ella no quiso expresar su desacuerdo; pero sí se preocupó de que yo hubiera podido perder algo de mi sentido común, no en su aspecto descriptivo, sino analítico: los porqués de lo que yo percibía y describía. Ella había intentando ir más allá de los cambios constantes de expresión cultural, había intentado acercarnos al corazón moral y emocional de la adolescencia, como hacía a veces con sus pacientes, cuando iniciaba conversaciones como la que había tenido con nosotros.

Anna Freud y el intento de conexión

De acuerdo, pues; pero, ¿qué hacer a continuación después de rememorar, hurgar bajo otra superficie con la ayuda de la propia vida como una especie de tubo de bucear? Con vacilación y una especie de temerosa reserva, le planteé esta cuestión a Anna Freud y ella respondió directamente a mi interés y curiosidad: «nosotros estamos aquí [en este campo del psicoanálisis] para aprender y escuchar, y también para poder escuchar a niños y a adolescentes (¡que pueden no estar tan ansiosos de venir a vernos como sus padres lo están de que nos vean!). Y tenemos que hacerlo lo mejor que podemos. Tenemos miedo de no lograrlo: el adolescente desconfiado y resentido puede ponerse muy poco comunicativo o negarse a volver. Esto ha sucedido ¡y seguirá sucediendo! Nosotros no somos trabajadores-milagro que podemos decir algo y ¡ya está!, ¡se desvaneció el problema de una vida! Pero me he percatado de que en la mayoría de los adolescentes que he visto (y he visto a los más problemáticos, a los que están más "al borde" que la mayoría de los que tienen su misma edad) existe un esfuerzo real de *comprensión* hacia mí, un gesto que muestra que al menos estoy *intentando* entender y que he pasado por *algunos* de los malestares que ellos están viviendo, por difícil de creer que les pueda ser (así como a algunos de mis colegas o, en determinados momentos del día, ¡a *mí misma*!); todo eso puede durar mucho tiempo. El adolescente estará interesado suficiente tiempo para querer continuar nuestros encuentros; y, como ya saben, eso es fundamental; tenemos otra oportunidad y después otra para poner orden en algunas de esas dificultades y entender lo que está sucediendo».

Unos segundos de silencio mientras vuelve a tomar aliento y después nos brinda un poco más: «supongo que estoy de acuerdo con ustedes en que los adolescentes pueden ser tan susceptibles, irritables, desconfiados, desobedientes y anticonvencionales como ustedes afirman, pero sólo *algunos* de ellos, recuérdenlo. No obstante, creo que si hacemos el esfuerzo de señalar que *nosotros* no somos policías ni jueces, ni tampoco las personas con las que han estado luchando ni las que *buscan* para pelearse, sino que de algún modo somos como ellos, que hemos conocido al menos parte de lo que están experimentando, como la soledad, y que sinceramente queremos estar en contacto con ellos, queremos una *conexión* con ellos de una forma que pueda ser útil, que les pueda servir (cualquiera que pueda ser la palabra correcta en este caso), entonces puede darse esa conexión (y con frecuencia se da)».

Hubo más, mucho más. Cambiamos después a la teoría, en sí misma una especie de huida de esos desafíos clínicos difíciles e irritantes que se nos presentan a los psiquiatras continuamente. De nuevo quedó fijada en mi mente esa palabra "conexión", y también el recordatorio de sentido común que ella nos hacía de que la mayoría de los adolescentes no atraviesan un período especialmente preocupante y que aquéllos que acuden a los médicos son susceptibles de sufrir relativamente más y de causar más alarma y sufrimiento a los demás. Sin embargo, los padres que estaban sentados conmigo querían claramente más, querían "líneas de orientación", querían consejos y dirección (como tal vez le pueda ocurrir al lector). Así lo sentí y así lo supe por un padre: «usted menciona mucho a Anna Freud. Yo leí parte de su obra en la facultad. Ella trabajaba con los alumnos de la Facultad de Derecho de Yale, creo que sobre temas infantiles, si la memoria no me falla. La respeto lo mismo que usted, pero me pregunto qué hubiera hecho ella *como madre*, ya que nunca tuvo que enfrentarse a esto como lo hacemos nosotros. Mi esposa y yo leemos esos libros uno tras otro, y seguramente nos dan algunas claves. Si es un buen libro, cuando se acaba de leer, sale uno un poco más listo. No quiero decir realmente "listo", ¡palabra errónea! Se ha aprendido algo y eso está ahí en la mente, para poder recurrir a ello cuando sea necesario. Pero entonces llegan los hijos a casa, a la habitación en la que estás sentado, leyendo ese libro y diciéndote a ti mismo: "sí, es interesante, sí, muy interesante, sí, tiene sentido" , o "quizá hacer eso, decir eso será útil"; y de repente cambia totalmente el panorama. Ya no estás leyendo un libro; estás *tú ahí* y con tus hijos, y tienes toda una historia familiar que llevas sobre los hombros y, supongo que debo añadir, ya has dicho y hecho todo lo que no deberías haber dicho y hecho.

»Por ejemplo, hace un par de años, cuando Margie [su hija de quince años] estaba empezando a "florecer" como mi esposa solía decir, pensamos que deberíamos hablar con ella. Mi esposa ya *había* hablado de madre a hija. Se suponía que iba a ser una conversación más importante y general, no realmente sobre el sexo en sí, sino sobre cómo comportarse, ahora "que estás haciéndote mayor y puedes hacer las cosas más por ti misma": era una especie de conversación sobre lo que está bien y lo que está mal, y también una conversación sobre asuntos prácticos. ¿Cómo manejar, por ejemplo, a esos muchachos que mariposean a tu alrededor y a qué hora llegas a casa (¿una hora fija o no?), o qué clase de responsabilidades debes empezar a tomar en la casa; era una conversación de este tipo. Bueno, yo tenía este libro dentro de mí y me dije a mí mismo que aquel era el momento de usarlo, y empecé a hablar a Margie. Le dije que sabíamos que le estaban pasando muchas cosas –la "adolescencia"– y que queríamos hablar con ella, que queríamos lo mejor para ella y que debía entender que realmente estábamos intentando entenderla. Seguí hablando; dejé claro alguno de los puntos que la autora expresaba e incluso le hablé del libro y le dije que tal vez quisiera leerlo. Mi esposa no estaba tan entusiasmada con el libro como yo; es escéptica sobre las personas que dan muchos consejos. "Me gustaría ser una mosca en la pared de su casa y ver cómo pone en práctica sus propias palabras, si es que las pone en práctica, comprobar los resultados, es decir, qué diría si pongo en su mesa una revista o un libro sobre cómo manejar algunos problemas familiares". A pesar de todo me apoyó. Dijo que yo había estado preocupado y ella también, y que ambos queríamos que ella supiera que siempre seríamos sus padres, que siempre estaríamos por ella y que si tenía alguna pregunta o deseo de tener una buena charla con nosotros, estábamos *allí* disponibles para ella.

»Sé que esto parece bien, lo que acabo de decir, lo que dije a Margie. Pero, mirad, pasó como el proverbial globo sonda, un completo desastre. Había algo en mi voz, algo en mi rostro, en la forma en que hablaba... mi hija empezó a mirarme como si yo no fuese yo, como si fuera yo el que necesitaba "ayuda", y ella y su madre ¡fueran las que me tuviesen que hablar a mí! Cuando dejé de hablar, me preguntó: "papá, ¿estás bien?, ¿te encuentras bien?". Yo no supe qué responder. Sally intentó echarme un cable. Dijo que ambos intentábamos ser buenos padres y que sabíamos que ella se estaba haciendo cada vez más mayor (intentamos evitar utilizar la palabra "adolescente", porque en el libro se dice que muchos jóvenes piensan que puede ser despreciativo). Así que sólo queríamos sentarnos, conversar con ella y dejarla saber que estábamos listos para hablar de cualquier cosa que quisiera en cualquier momento.

»Entonces es cuando pronuncié aquellas palabras de más, aquellas cinco estúpidas palabras: "Queremos abrir un *diálogo*, Margie". Ella se rió, pero no pensó que lo que yo había dicho era divertido. Me preguntó que dónde había encontrado ese "cuento de diálogo", y le respondí que había estado leyendo; ella añadió que pensaba que había demasiado bla, bla, bla sobre las "quinceañeras" y que debíamos seguir como estábamos y no entrar en todas esas "discusiones". Tenía una mirada sardónica en la cara cuando pronunció esta palabra, así que yo no iba a añadir ni una palabra más y mi esposa fue muy rápida para sacarnos de todo este lío. En aquel momento dijo que habíamos invitado a su padre a comer y que necesitaba hacer algunas compras, y nos pidió que fuéramos con ella. Yo respondí que sí, por supuesto; pero Margie dijo que no, que no podía porque tenía una "cita". Claro que yo quería saber con quién, pero, como podéis imaginar, no puedo ser el metomentodo que solía ser; bueno, al menos, no puedo *revelar* que lo soy –¡como lo soy en realidad!–, porque Margie *es* mayor y tiene todo el derecho a mantener su intimidad. Después, mi esposa y yo fuimos al supermercado y hablamos sobre qué clase de queso comprar y nos mirábamos mutuamente pensando lo mismo: en un sentido, es como empezar una nueva vida familiar. Claro que puede darse demasiada importancia a este asunto, pero también se puede hacer como si nada y tener problemas rápidamente, olvidar que tu hija se está convirtiendo en una mujer y, tanto si te das cuenta de ello como si, otros sí que se dan cuenta: los muchachos.»

Se detiene, después se disculpa, no tenía la intención de ser "crudo". Después continúa, y se interroga en un largo monólogo sobre si los padres a veces no "se preocupan en exceso", ponen demasiado énfasis en los posibles obstáculos y riesgos que aguardan a sus hijos e hijas adolescentes en una u otra esquina, cuando, de hecho, "la mayoría de los jóvenes lo llevan muy bien en general" cuando llegan a la enseñanza secundaria y a la enseñanza superior. Así es como recuerda su propia adolescencia; después de todo, como insiste en decirle a su esposa, él era un atleta (jugador de béisbol), un buen estudiante, tenía un empleo como almacenista en un supermercado parecido al que su esposa y él habían visitado después de aquella, para ellos, trascendental charla con su hija. Resume los pensamientos de su esposa sobre el tema de la adolescencia y su palabra final expresada en una de sus frases favoritas: "es como un pudín, que hay que esperar para ver".

Su experiencia, transmitida con tanta divagación y mezcla de perplejidad, de preocupación por qué hacer, provocó bastante discusión y preguntas cautas. Esas madres y esos padres se enfrentan una y otra vez a la misma especie de polaridad que aquel padre evocaba con sus comentarios: un deseo de abordar la adolescencia directamente como un fenómeno social, con conocimiento, recurriendo a la lectura y a la reflexión y, en último caso, a las conversaciones familiares, y, al mismo tiempo, un sentimiento contradictorio de que esta actitud pueda ser difícil e incluso inútil, y, de hecho, provocar nuevos problemas. En un determinado momento intenté servir de ayuda, hablar sobre la adolescencia como un período de cambios endocrinos y psicológicos, pero, al mismo tiempo, también de inevitables tomas de conciencia moral: llegan la sexualidad y una participación ciudadana más activa, y cada joven tendrá un modo particular de afrontar estas nuevas posibilidades de la vida. Por supuesto, aquel padre nos había prevenido fundamentalmente sobre el "dar consejos", ya fueran escritos o hablados, y todos nosotros teníamos muy presente *aquel* mensaje. Sin duda alguna yo lo tenía cuando sugerí persuadir, orientar e instruir. Yo señalaba lo obvio: que en la adolescencia emerge una cierta verdad; podría llamarse a esto la incubación de los huevos: las actitudes, problemas, logros, dificultades y los traumas anteriores se vuelven significativos cuando los jóvenes se aferran desesperadamente a lo que han conseguido y a lo que han sido, al mismo tiempo que se aventuran en un nuevo y, a menudo, terrible territorio. No es de extrañar que los asuntos del bien y del mal, la esencia misma del pensamiento moral, puedan cobrar un poderoso sentido en este período, a menudo expresado indirectamente a través de preguntas directas y de rechazos de lo convencional, como forma de obtener para sí mismo algo "mejor", algo más "real".

En dificultades por exceso de seriedad moral

Había llevado conmigo cintas de entrevistas que había hecho a muchachos y muchachas jóvenes, todos ellos estudiantes de enseñanza secundaria. Algunos vivían en zonas urbanas muy pobladas; otros en áreas residenciales; algunos procedían de familias acomodadas y habían estudiado en colegios privados. Estuvimos escuchando juntos las opiniones de aquellos jóvenes. Les oímos hablar de los temas habituales de la adolescencia, de cómo intentaban afrontar las relaciones con sus familiares y sus amigos, así como su vida sexual, pero también les oímos hablar de sus luchas solitarias en búsqueda del "sentido de la vida". A menudo relacionaban su soledad con la intensidad de esta búsqueda de sentido, como si se sintieran solos y con dificultades por causa de su búsqueda ética, mientras el resto del mundo permanece indiferente a la misma. Aquellos jóvenes suscitaron diversas cuestiones éticas: no sólo cómo debían comportarse, sino también por qué, conforme a qué marco de referencia más general. En este punto revelaban una seriedad moral tenaz, aunque no estaban seguros de qué hacer con ella, dónde aplicarla, por decirlo de alguna forma. «Mis padres están dispuestos a hablar de sexo con cualquier pretexto», señalaba una joven de dieciséis años procedente de una familia acomodada y culta, y a continuación nos daba detalles: conversaciones sobre los métodos anticonceptivos, conversaciones, como decía ella, sobre *si, cuándo, con quién y ¡cuántas veces!* Contaba a sus amigas y amigos presentes los detalles de aquellas charlas, les hablaba de su aburrimiento para entonces de este tema. A continuación adoptaba un tono irónico y añadía: «mirad, hay momentos en los que pienso que mis viejos ¡tienen más interés en eso que yo misma! Han leído todos esos libros, han hablado con médicos, mi madre está viendo a un psiquiatra, y ya están listos –¡ah, están listos!– para sentarse conmigo y hablar de "opciones", de "psicología", de las "fases" que estoy atravesando, de las "mujeres", lo diferente que son las mujeres –"tienes que entenderlo"–, de los "hombres" y de cómo son *éstos*: ¡lo he oído todo! ¡Incluso nuestro pastor habla de todo esto continuamente! Yo acudí a un curso de "sexualidad" a un seminario que él dirigía en la iglesia. ¡Hablaba exactamente igual que mis padres! Cuando salí de aquellas reuniones pensé: ¡es *demasiado*! Si eres adolescente no puedes respirar sin que venga alguien a decirte que estás atravesando ese "ciclo" y que debes "comunicar tus sentimientos". Mi abuela me dijo que cuando tenía mi edad había intentado tener buenas notas y mantener al mismo tiempo un empleo, que su padre estaba enfermo y que se preocupaba de él, sin que nadie pareciera preocuparse de ella o hablarle, ¡y *eso era estupendo*! ¿Qué es lo que deseo? Quiero que mucha gente que se preocupa de nosotros, los "adolescentes", ¡se ocuparan de sus propios asuntos! Me siento tan condenadamente rara y peculiar como si fuera la única de mi familia que está intentando comprender las cosas, como si estuviera caminando por la calle y no hubiera nadie a la vista. Me gustaría que mis viejos dejaran de utilizarme para *no* preocuparse de sí mismos. ¡Eso es lo deseo! A veces les miro y pienso: ¡Dios mío, están en un estado lamentable a pesar de que tenemos una gran casa y la piscina de agua caliente, y que mi papá juega al golf, gana trofeos y participa en carreras de veleros que también gana: muchas veces parece completamente *abatido*, pero nadie, ni siquiera mamá, puede decirle una palabra ni preguntarle nada».

Le pedí que expresase qué es lo que a ella le gustaría preguntarle. «¿Qué le preguntaría? Pues le preguntaría: "oye, papá, ¿por qué estás así, qué es lo que te preocupa?". Quiero decir ¿en qué *crees*?; ¿en algo?, ¿en nada?, ¿en tu trabajo, en tus aficiones y en nosotros, tu familia? Le preguntaría que si cuando tenía mi edad deseaba vivir como está viviendo ahora. Le preguntaría qué es lo que realmente es importante para él. Él acude a la iglesia con mamá de vez en cuando y ella dice que casi todo el tiempo ¡está dormitando! Eso es lo que recuerdo cuando yo solía ir a la iglesia: cómo se aburría, cómo se limitaba a seguir los movimientos y nada más. Cuando dejé de ir, mamá se molestó, pero papá simplemente se encogió de hombros. ¿Quiere saber lo que pienso? Creo que se encoge mucho de hombros, que se encoge de hombros ¡ante la vida! Ya "se la ha construido". Tiene un nivel de ingresos de siete cifras, sus "propiedades" las superan. Es él el que trae los garbanzos a casa. Es un potentado. Juega al golf muy bien; completa el recorrido con menos tiradas que la media. Es un "marino avezado", tal como le llaman los muchachos, ¡y él sonríe encantado! Es en *eso* en lo que cree, eso es lo que quiere de la vida: hacer un hoyo de cada tirada, dar un golpe rápido y hábil que le ponga por delante de sus colegas; pagar los menos impuestos posibles; que Jim [su hermano] y yo estudiemos en Yale, para poderlo anunciar en su sección de noticias del boletín de alumnos; y ahora, ¡que mamá deje por fin de visitar al "loquero"! Él odia que ella acuda una vez por semana a la ciudad a verle, "a un perfecto desconocido, y apuesto a que ella le cuenta todo; además, de todos modos, ¿qué es lo que pueden saber?".

»Creo que los problemas de mamá hicieron que él se interesara por Jim y por mí y que empezara a preocuparse de nosotros: "¡sois adolescentes! ¿Hay algo de lo que queráis hablar? Tenéis que prestar atención a ese impulso sexual, no lo podéis ignorar"; ésta es su forma de hablar. Mamá afirma que la "psicología ha hecho *algunos* avances" en papá, ¡aunque no demasiados! ¡Pero ella se parece mucho más a él de lo que cree! Ella es *muy* lista en psicología; al contrario que papá, ¡ella se está instruyendo! Si la dejara, me llenaría los oídos hablándome de sexo.»

«¿No la dejas?», le pregunté. «No. No la dejo porque eso no es lo importante para mí». «¿Qué es lo más importante?» «Es esta vida». «¿Qué significa eso?» *Eso* es lo que sigo preguntándome, eso es lo que me gustaría averiguar, comprender. Cuando le pregunto a mi madre sobre esto, ella pone una mirada ausente. Prefiere hablarme de mi novio y de mis amigas y de sus novios. Le gustaría que le ayudase en el jardín. Le encantaría que aprendiese a hacer todas esas comidas exóticas que ella está aprendiendo en un curso. Le agradaría que fuera más buena en tenis: "Podríamos jugar dobles juntas; seríamos un equipo espectacular, *¡fantástico!*". Ella afirma que el tenis aclara sus pensamientos. Dice que su psiquiatra le da "ideas para alimentar sus pensamientos". Le pregunté a mi madre entonces *qué* clase de alimento, *qué* ideas. Ella me sonrió y me respondió que no lo tenía que saber, que tenía que ver con "los asuntos privados de tu madre y tu padre". ¡El sexo de nuevo!, ¡las relaciones! "¿Qué tal te llevas con tus amigos?", me pregunta una vez por semana, no, ¡al menos una vez por día! Me encantaría pensar que voy camino de algo más que todo esto, ¡una simple repetición! ¡realmente me gustaría!»

Las raíces del cinismo de los adolescentes

Creo advertir muchos murmullos confusos en movimientos de incomodidad mientras la grabadora rebobina la cinta, y recuerdo una voz enérgica y viva, que curiosamente parece tensa, tal vez por ser víctima de las interferencias del aparato, de la distorsión del sonido, de su capacidad para contener la vida hablada en el mundo de una minúscula caja negra. Sin embargo, una conversación distante (la entrevista fue grabada el año anterior a ciento cincuenta kilómetros) nos atrapa y se extiende, mientras padres de jóvenes de la misma edad se esfuerzan por preocuparse de ella, de sus padres, de sí mismos, de sus hijos, y también de América. «Apostaría a que la mayoría de la gente diría que esa familia lo tiene *todo* –señala un padre con cierto desconcierto e irritación, pero, también con simpatía, un padre que parece tenerlo "todo", o estar en camino de conseguirlo–, ¿por qué todas esas quejas? Esa joven está desperdiciando su vida, pero apuesto a que la echaría en falta si se la fueran a quitar de repente. Supongo que tiene un vacío, eso es lo que ella está diciendo. Dejemos, pues, que nuestros hijos señalen todos nuestros defectos, todos nuestros errores. ¿Sabéis qué? Pienso que los adolescentes son maestros del escepticismo, o que son cínicos y que tienen una visión extraordinaria, que está por encima de la media. Ellos lo ven todo ¡y os lo dicen! ¡Muy bien! Pero después de un tiempo tienes ganas de decir ¡*basta*! Es verdad que recibimos golpes por fallos nuestros, pero, por favor, ¡párate y piensa *en ti mismo*! Dirige esa visión láser a tu propia vida y a tus amigos, que nunca se equivocan, pero si toso una vez, quiere decir que estoy realmente "enfermo", niña, ¡y no sólo de los pulmones!».

Él tenía mucho más que decir, pero la esencia de sus observaciones era comprensiblemente autoprotectora, como si temiera poder ser arrestado en cualquier momento, citado a comparecer, juzgado, declarado culpable y condenado. Se necesitó la intervención tensa y cortante de una madre para evitar minutos y minutos de autodefensa: «¡creo que todos nosotros estamos teniendo reacciones excesivas! Estamos convirtiendo a nuestros propios hijos en nuestros peores críticos, ¡virtualmente en enemigos! ¡Dadles un respiro! ¡Vamos a darnos un respiro a nosotros mismos! Los adolescentes están buscando algo en lo que creer, eso es lo que ocurre. Cuando adoptan actitudes cínicas e hipercríticas, nos están diciendo algo. Tienen dentro una conciencia que está actuando, si no, no tendrían el más mínimo interés en encontrar faltas en nadie, ¡de ninguna manera! Ellos se sienten críticos y "al margen de todo" porque se han dado cuenta de muchas cosas; no les pasan desapercibidas las trampas que muchos de nosotros pasamos por alto. A veces me canso cuando mi hijo se empecina en algo. Puede ser muy desdeñoso con determinadas personas. Les llama arrogantes, pero no ve su propia arrogancia, ¡la forma en que rechaza totalmente a la gente! Pero yo me contengo para no gritarle. Me digo, mira, tiene dieciséis años y está intentando encontrar algo en lo que creer. Va a ver un montón de películas; en mi opinión, ¡demasiadas! Sin embargo piensa en ellas, nos las comenta y es entonces cuando me doy cuenta de que este muchacho es un hombre. Este hijo mío está observando el mundo e intentando poner en orden todo lo que ve y, sobre todo, está buscando alguna meta, algún camino que seguir. Creo que es a eso a lo que me refiero cuando hablo de ser "adolescente". Pero yo le digo: "No eres todavía un adulto, no has elegido a tu esposa, ni tampoco tu ocupación o profesión, pero estás camino de hacerlo, y por ello tienes que ser un poco crítico y desdeñoso, porque *elegir* es eso". Me di cuenta de que muchas personas no tienen las oportunidades que tienen nuestros hijos; me doy cuenta de ello [ya ha surgido el asunto de la raza y de la clase social], pero para muchos de nosotros hay tantas oportunidades que puede ser un gran problema en sí mismo, es como un enorme buffet libre ¡y tienes que decidir qué quieres comer!».

La adolescencia como una segunda oportunidad

Las observaciones de esa madre sobre "encontrar siempre defectos" tocó una cuerda profunda en todos nosotros, nos ayudó a considerar la adolescencia actual, al menos en su expresión burguesa americana y europea, con una nueva comprensión interior. Por supuesto, ella estaba recalcando el aspecto moral de la adolescencia, la formación de una conciencia que tiene lugar en esa época. Mientras hablaba, recordé el importante libro de Anna Freud *Ego y mecanismos de defensa*. En él hace una descripción de la adolescencia muy convincente, vívida y de naturaleza muy personal, recalcando la capacidad que tienen los jóvenes para observarse a sí mismos y a los demás, lo cual es un aspecto de una conciencia muy inclinada a exhibir sus facultades.

En una de las conversaciones que mantuvimos en Yale en 1970, oí el siguiente comentario sobre la adolescencia, que recordé al escuchar las palabras de aquella madre: «por desgracia, muchas personas, ¡incluidos muchos psicoanalistas!, han sucumbido a la idea generalizada de que nosotros *somos* lo que *fuimos*; de que la primera infancia, los primeros cuatro o cinco años de nuestra vida, determinan nuestro destino psicológico. Mi padre puso el énfasis en esos primeros años, pero tienen que entender cuáles eran los presupuestos básicos de las personas que vivían en la última década del siglo XIX y durante los primeros años del siglo XX. En aquella época se creía que los niños pequeños eran "inocentes", aunque recuerdo a mi padre en cierta ocasión afirmando que muchos padres sabían que no era así, porque cada día sus hijas e hijos pequeños ¡les enseñaban otras cosas!, lo que quería decir... bueno, él dijo al mundo en sus libros y en sus artículos que los niños, desde su más tierna infancia, tienen deseos, antojos, gustos y aversiones. Él sabía lo que ya sabían madres y padres que mantenían los ojos y los oídos abiertos, pero que temían pensar por sí mismos si llegaban a sus últimas conclusiones racionales: que los niños tienen sentimientos e impulsos muy intensos y que, generalmente, aprenden a tener algún control sobre los mismos. Éste es el principio de la civilización.

»Todo esto es conocido por todo el mundo, pero ha sido distorsionado hasta tal punto que muchos han convertido este énfasis en la temprana infancia en algo diferente: todo lo importante ocurre en este período y el resto de la vida simplemente es una adaptación del pasado, de aquellos primeros años. ¡Pero no es así! Obviamente continuamos aprendiendo a medida que crecemos, o al menos tenemos una posibilidad de hacerlo. Especialmente durante la adolescencia se produce un nuevo drama [psicológico] recrudecido: la posición defensiva del superego [la conciencia] y del ego [la parte de nuestra mente que nos adapta de diversas formas a la realidad del mundo] como respuesta a las nuevas presiones instintivas, y podría decirse que esta [lucha] proporciona a cada adolescente una segunda oportunidad. Quiero decir que un niño en edad escolar ya se ha adaptado a la vida familiar y ha comprendido más o menos cómo plegarse a ciertas demandas, normas y costumbres. Durante la adolescencia, este mismo niño ha atravesado una especie de adaptación similar, pero en esos momentos ya no tiene que relacionarse únicamente con la familia, sino también con el mundo exterior. A menudo pienso en los jóvenes como personas atrapadas entre dos aguas: por un lado está el cuerpo y, por otro, la sociedad, y ellos intentan llegar a un acuerdo con ambos.»

Ella continuó hablando con cierta extensión, como solía hacerlo en nuestras charlas, sobre la soledad que sienten muchos jóvenes, consecuencia en gran medida –señalaba ella– de las dificultades que tienen en entender qué les está sucediendo y, de ahí, su actitud de apartarse de los demás. Mencionó a alguno de sus pacientes y lo difícil que le era permanecer en conexión con ellos. Incluso utilizó términos algo retóricos, lo cual era raro en ella, para decirme lo importante que puede ser para los adolescentes estar en contacto de una forma inocente y confiada al menos con un adulto, a pesar de que muchos jóvenes niegan tener ningún interés en una relación de este tipo. Me habló de una joven de dieciséis años que acudía a verla semanalmente sólo para denunciar a todo el mundo adulto como "injusto" y "podrido". Tras estos comentarios de condena, que duraban una media hora, intentaba, casi con fervor, obtener respuestas a las diversas preguntas que obviamente se agitaban en su mente, fingiendo al mismo tiempo que eran preguntas que otros le hacían a ella y que ya conocía las respuestas, pero que quería compararlas con cualquier comentario que la señorita Freud pudiera hacerle. La moraleja de todo este asunto: muchos jóvenes desean con todas sus fuerzas confiar al menos en una persona mayor, a pesar de que descarten a todos aquéllos que pasen de una determinada edad. «Cada vez que oigo a un adolescente ser especialmente desdeñoso con sus mayores –señalaba Anna Freud– sé que necesitan exactamente aquello o a aquellas personas que más desdeñan». Y concluyó con la siguiente observación cautamente optimista: «si pueden encontrar a esa persona, bueno, existe una posible segunda oportunidad: la de trabajar los problemas una vez más».

Entre los adolescentes, hablar del cuerpo puede ser uno de los temas principales de conversación. Éste es el período en el que el cuerpo se manifiesta para saludar a su propietario, y cómo responderle es naturalmente importante. ¿Con soltura y gozo? ¿Con miedo y limitaciones? ¿Con desenfreno, cuando no con un insensato libertinaje? Frecuentemente, la forma en que un adolescente ha aprendido a considerar su cuerpo, sus impulsos y llamadas, resulta ser la forma en la que trata a los demás. De nuevo, Anna Freud: «si la tienes tomada contigo mismo, otros lo pagarán; si tienes respeto por ti mismo, otros se beneficiarán». A mí me impresionó mucho su utilización lacónica y franca del lenguaje local; de golpe, caí en la cuenta de que era una muestra de la pasión que ella sentía, sin duda como consecuencia de años acumulados de dificultad, años de un exigente trabajo clínico con adolescentes que a menudo no tenían nada bueno que decir a nadie que tuviera unos años más que ellos, pero que, en secreto y sin saberlo ellos mismos por no decir los demás, añoraban tener a alguien que estuviera cerca de lo que ellos estaban experimentando, alguien con quien compartir algunos pensamientos, preocupaciones e intereses.

Mucho después, al despedirnos, volvió a repetirse a sí misma, como si todos nosotros, los que trabajamos con adolescentes, necesitáramos oírlo: «cuanto más oigo decir a un joven que no confía en nadie que no tenga su edad, ¡más sé de la necesidad que tiene de alguien con quien compartir sus cosas!».

La segunda oportunidad de Paul

Anna Freud estaba insistiendo en que los adolescentes tienen sus propias exigencias de intimidad y de independencia, pero, en última instancia, no a expensas de sus relaciones con la familia, los vecinos, los profesores y aquellas personas que se supone que han significado mucho para ellos, como los padres y abuelos, los tíos y tías, los instructores y jefes *scouts*, las cuidadoras de la guardería o los médicos, los asistentes sociales o los tenderos; toda esa red de adultos que los niños llegan a conocer a lo largo de su vida. A este respecto, yo le había contado una historia clínica a Anna Freud; la historia de un niño de dieciséis años, Paul, hijo de unos padres acomodados y cultos –de hecho ambos eran médicos–, que acabó teniendo un comportamiento presuntamente desafiante hacia ellos, a los que acusaba de falta de "comprensión" (y cosas peores). Estaba haciendo experiencias con drogas –marihuana, y también cerveza y vino– y hablaba de dejar los estudios durante un año o dos con su novia para "ver el país". Nadie –quiero decir, ningún adulto– podía entablar una conversación íntima con aquel joven, al menos aparentemente.

Finalmente, sin embargo, la madre de Paul se enteró de que alguien estaba manteniendo, de hecho, largas conversaciones con su hijo: una mujer de mediana edad que trabajaba en la biblioteca municipal: su directora, en realidad. Conocía a Paul desde que visitó por primera vez la sala de libros infantiles; después, cuando examinaba y tomaba en préstamo algunos libros de la sección de adultos y de libros de texto, el joven empezó a tener conversaciones con ella, a veces sobre los temas de que trataban los libros: manuales de autoayuda dirigidos a personas que intentan librarse de la adicción. Resultó que aquella bibliotecaria era la persona que intentaba convencer al joven para que aumentase su confianza en el mundo adulto y para que hablase con sus padres. Él se negaba a hacerlo, pero empezó a tener conversaciones ocasionales, aunque serias, con una tía a la que apreciaba y en la que confiaba mucho más y, gracias a ella, acudió a vernos a la unidad del hospital especializada en jóvenes como él que tenían problemas personales, especialmente el de estar distanciados de su familia inmediata.

No quiere decir que Paul estuviera dispuesto a considerar sus dificultades como dificultades de tipo "psicológico". Constantemente rechazaba esta forma de pensar e insistía en abordar sus problemas desde la perspectiva moral y legal: por ejemplo, ¿debía ser legalizada la marihuana o no? Para nosotros (los trabajadores sociales, y por tanto para mí) era importante respetar su punto de vista, hablar con aquel joven en sus propios términos, evitar, en la medida de lo posible, los tics de la clínica, la condescendencia peculiar que algunos mostramos en dicho lugar a cualquiera que rechace nuestro lenguaje, nuestra forma de exponer (en realidad, de ver) las cosas. Sin duda, nosotros no abandonamos nuestro interés por sus considerables "problemas", pero intentamos recordarnos constantemente su temor austadizo hacia nosotros y nuestra clase de trabajo, e intentamos establecer, como solemos hacer con todos los pacientes, un cierto grado de confianza. Una vez que empezamos a lograr ese objetivo, quedamos sorprendidos de lo dispuesto (más bien hambriento) que estaba aquel joven aparentemente "reacio" a entablar conversaciones directas sobre sus esperanzas y preocupaciones, así como sobre sus conflictos en casa y en el colegio.

Por ejemplo, la apasionada defensa de Paul sobre la legalización de la marihuana estaba en relación con una no menos apasionada defensa de la "liberación personal", expresión con la que pretendía indicar su propia independencia respecto a sus padres. No obstante, cuanto más hablábamos, más temas morales suscitaba: cómo debía comportarse en el terreno sexual con su novia; cuáles eran sus obligaciones "a largo plazo", y no digamos de sus responsabilidades consigo mismo en el futuro. Pongámoslo de otro modo: un joven que era muy rebelde, que estaba ya abocado a tener problemas con las drogas, que ya estaba más que mariposeando con la idea de "abandonarlo todo", y de abandonarlo con una novia (que ya se llevaba mal psicológicamente con una familia igualmente acomodada y se había alejado de ella), resultaba ser también un joven lleno de preguntas, escrúpulos y dudas morales: ¿qué influencia podía tener a largo plazo la marihuana en su cerebro y en su mente, por ejemplo, y qué sucedería allí a donde él y su novia viajasen, es decir, qué se dirían el uno al otro y qué le dirían al mundo?

Camaradería moral

Incuestionablemente, todo lo anterior constituyó algo más que una ayuda psicológica, aunque en aquel departamento hospitalario teníamos que seguir recordándonos a nosotros mismos lo "susceptible" que era aquel joven, rápido en formular juicios y en saltar sobre los defectos, tanto los de los demás como los suyos. Cuando logramos tener las claves de Paul, encontrarle en su propio terreno, el de la introspección moral, empezamos a obtener gradualmente un poco de margen psicológico: podíamos hablar no sólo de lo que él *debía* hacer (o de lo que la sociedad –para él, los adultos– debían hacer), sino sobre cómo se sentía sobre su manera de actuar o cómo se preocupaba por haber actuado o tener que actuar de una forma concreta y por qué razones. Entonces empezamos a percatarnos de una extraña ironía: hace varias generaciones, los adolescentes tenían que luchar contra las severas restricciones morales impuestas por sus familias, las aprendidas de ellas, y, por supuesto, las procedentes de fuera del hogar. Actualmente, muchos adolescentes tienen padres que están más interesados en la psicología que en la introspección moral, y la sociedad es señaladamente pragmática en su visión moral –algunos afirmarían que abrumadoramente–, al remitirse fácilmente a la psicología y a la psiquiatría, cuando no abandonándose en sus manos. Por tanto, aquel alumno de secundaria daba la impresión de ser un anacronismo que nos planteaba un reto, aunque tal vez el problema era nuestro y no suyo. Lo que Paul quería de nosotros era que nos interesáramos en sus interrogantes éticas. Como me señaló en cierta ocasión Anna Freud, él quería «una alianza entre nosotros y su superego», una especie de iniciativa psicológica esencial (para él). A este respecto, tanto él como muchos adolescentes son muy vulnerables y están muy necesitados. Hacen grandes esfuerzos para saber cómo comportarse, qué hacer y por qué razones; tienen interés en obtener determinados fundamentos morales que sean creíbles, una serie de valores que les parezcan lo bastante convincentes y que ellos esperan que les proporcionen alguna dirección que valga la pena y en la que puedan confiar. Por decirlo de otro modo, buscan una especie de camaradería moral con uno o dos adultos, ya sea con el padre o la madre, un profesor, un pariente, el familiar de algún amigo, o cualquiera que ellos crean que está dispuesto a "ponerse a su nivel".

«Por favor, me gustaría que se pusiera a mi nivel», me dijo Paul en cierta ocasión. Retrospectivamente me di cuenta de que, en mis contactos con él, yo había adoptado la actitud del "experto conocedor", transmitiéndole (me temo que imponiéndole) consejos disfrazados de pensamientos. Él deseaba un poco más de igualdad. Quería que estuviera más cercano a su "nivel", que me bajara de mi pedestal. Los jóvenes como él suelen sentirse bastante adultos y esperan que se les reconozca una posición de mayor igualdad de la que piensan que están recibiendo. Pero, por supuesto, muchos de ellos también ansían la franqueza, una disponibilidad por parte de sus mayores a ponerse más directamente a tiro, más a su nivel. Cuando yo creía que había cometido un error una mañana en que hablaba con Paul –le había dicho que yo no estaba realmente dispuesto a combatir la legalización de la marihuana desde un punto de vista "racional", sino más bien en base a "un sentimiento surgido de mis tripas", pues sentía el miedo de todos los padres a que se legalizaran cada vez más drogas en nuestra sociedad–, resultó que él, visiblemente relajado, dejó en aquel momento de luchar conmigo (estábamos realmente discutiendo mucho como decididos contrincantes legales), sonrió y por primera vez me dijo que él podía «comprender cómo usted [yo] puede sentirse». Le agradecí el haberse puesto por un momento en mi piel y le pregunté si le importaba que yo intentara ponerme en la suya. Sonrió (era la primera vez que lo hacía) y asintió (también por primera vez), y después me hizo una ruda observación, advirtiéndome que vigilara mis pasos y fuera lento: «¡asegúrese de que intenta realmente ponerse en mi piel y no sacarme de la mía!». Entonces sonreí diciendo «es justo» y me percaté de que a veces yo me pasaba al otro extremo, cayendo en la actitud que a él le preocupaba que pudiera ser más que tentadora para mí.

No subestimo el deseo que tienen muchos jóvenes de taparse los oídos cuando se aproxima un adulto, y afilar la lengua. En realidad, por un momento pensé que Anna Freud era un poco ingenua. Quizás empecé a considerarla como muchos adultos consideran a sus padres: era una moralista pasada de moda, a pesar de su formación psicoanalítica con ese inevitable énfasis en "comprender" en lugar de juzgar; por esto mismo no tenía remedio: no podía menos que comunicar a sus jóvenes pacientes sus firmes posiciones sobre diversos asuntos y después justificar (¡o más bien racionalizar!) dicho comportamiento de su parte como algo terapéuticamente necesario o deseable (¡para que después hablen de mi actitud paternalista!). Sólo con el tiempo (y necesité bastante), empecé a darme cuenta de que aquellos jóvenes que se sentaban frente a mí en una habitación llamada despacho querían (como había insistido Anna Freud) mi ayuda para evaluar algunos asuntos morales y psicológicos de su vida: si consumir o rechazar el alcohol o las drogas; hasta dónde llegar con una novia o un novio; cómo afrontar los vagos impulsos, o no tan vagos, hacia las personas de su mismo sexo; y, en los centros escolares, cómo manejar su lado competitivo, sus envidias y rivalidades, especialmente cuando pueden impulsarles a copiar en clase o a "no jugar limpio" en algún deporte.

Interpretar psicológicamente estos "problemas" puede ser bastante válido, puede servir de ayuda, aunque a menudo el joven en cuestión sigue estando acosado por una conciencia que está mucho más orientada a los aspectos prácticos de cada *decisión que tomar*: qué hacer exactamente y según qué principios éticos. Por añadidura, muchas de las opciones que están disponibles para los jóvenes no proceden de dentro (de la presión del instinto y del deseo que alimenta la búsqueda de la expresión), sino de fuera (las posibilidades sociales y culturales de una sociedad consumista, siempre presta a corromper, engatusar, seducir a un determinado público, a un grupo caracterizado por la edad). Hay que repetir que los jóvenes adoptan valores de ese mundo, de la música que oyen, de las películas y los programas de televisión que ven, de la moda, de la publicidad y de las revistas; todo ello influye en su manera de vestirse, hablar, cortarse o teñirse el pelo y en las aficiones que eligen.

El primer paso de Alice

Siempre me viene a la mente el trabajo clínico que realicé con una joven de diecisiete años llamada Alice, que procedía de un hogar acomodado en una zona residencial. Le atraía todo lo perteneciente a la llamada "cultura juvenil"; estaba tan inmersa en ella que, cuando sucumbía a los imperativos de la moda, se calificaba a sí misma de "estrafalaria". No es de extrañar que pudiera afirmar una tarde que, para ella, los "momentos más relajados" de la semana eran sus horas fijas de hockey. Era entonces cuando Alice *tenía que* vestirse de una determinada forma, jugar conforme a unas reglas establecidas, ser una persona tradicional; todo ello suponía un gran alivio para alguien que intenta "ir con la corriente", adaptarse a las exigencias morales de un aspecto de la América de la última década del siglo XX, que ejerce su inconfundible influencia en sus jóvenes ciudadanos: habla de este modo, vístete de este otro, escucha estas cintas y estos discos, no dejes de ver estos programas de televisión y estas películas, y habla de ellas. A este respecto, recordemos un último momento con Anna Freud sobre la adolescencia: «en realidad, los jóvenes no abandonan sus deseos por lealtades morales en la misma medida en que *cambian* de lealtades (algunas veces). Así pues, se volverán complacientes, obedientes y casi esclavos de lo que sus padres o profesores llaman modas pasajeras. Obedecen a esas modas y consiguen que sus padres les consideren hijos desobedientes, precisamente porque no quieren que las sigan. Sin embargo, sigue existiendo un deseo de hacer lo que es "correcto", pero quien marca la sintonía (¡y esto es algo literal!) puede ser una estrella del rock, ¡pero no los padres!».

Cuanto más nos detenemos a reflexionar sobre este tipo de cuestiones que sugería Anna Freud, más me temo que tengamos que contener la respiración, mantener la mirada a lo lejos para ver un cuadro más amplio, y esforzarnos por encontrar formas de mantener el contacto con nuestros hijos e hijas, que crecen con tanta rapidez. La madre de Alice lo estaba pasando mal en su intento de encontrar un momento amistoso de compromiso con su hija, a la que comprensiblemente calificaba de "rebelde", "hostil", "obstinadamente silenciosa" y "provocadora". Yo sabía toda la "psicodinámica" que me esperaba si tenía que explorar con aquella joven señorita sus intereses, preocupaciones y dificultades, es decir, *si* ella estuviera dispuesta a sentarse conmigo semana tras semana con el acuerdo implícito de hacer esa exploración, de que mantuviéramos esas conversaciones. Durante un par de semanas avanzamos y retrocedimos, y estuvimos al borde de alcanzar dicho acuerdo, pero, por decirlo de algún modo, resultamos incapaces de sellar el trato. Por último, se me ocurrió una idea nacida de la frustración, de la desesperación y de una sensación de fracaso por mi parte ante la incapacidad de establecer un contacto con Alice de un modo que dejase prever un compromiso terapéutico entre los dos. Tendría un encuentro con su madre para saber si podía servir de algo una conversación con ella.

Mientras la madre abría y cerraba las manos, cruzaba y descruzaba las piernas, desvelando claramente el estado de preocupación de su mente, yo intentaba encontrar algo, cualquier cosa, tal vez una serie de cosas que hacer y que no hacer que la calmasen momentáneamente, y, ¿quién sabe?, que tal vez resultasen útiles. Pero en el fondo de mi corazón sabía que una lista de normas, sugerencias o consejos prácticos, por muy seductores e inteligentes que fueran para mí y por muy atractivos (por desesperación) que fueran para ella, era una especie de evasión. El núcleo de la cuestión era un distanciamiento entre madre e hija. ¿Cómo mejorar, sanar y ayudar a encontrar a ambas una camaradería de mente y corazón que dolorosamente faltaba? Me vi a mí mismo hacer una sugerencia de una forma vacilante: tal vez ella debía acudir a alguno de esos partidos de hockey como hacían algunos padres (aunque no muchos). La madre puso objeciones, dijo que tenía ocupaciones los días en que se celebraban los partidos. Pero ella misma empezó a "revolver las cosas" y bromeó conmigo: su *vida* estaba siendo revuelta por culpa de los problemas que tenía con su hija. No se produjo ninguna aproximación mágica, pero Alice se dio cuenta de la actitud más presente de su madre y empezó a lanzarle alguna que otra mirada de reconocimiento y, con el tiempo, alguna sonrisa. Además –y esto es muy importante–, la madre empezó a sentir un poco menos de pánico y cólera después de ver que su hija se vestía "como Dios manda", aceptaba las reglas del juego y se comportaba un poco más convencionalmente, aunque de forma limitada y temporal.

Por añadidura, comprobó con sus propios ojos el deseo todavía muy intenso y evidente de su hija de fijarse metas y de llevarlas a cabo en determinados campos, como trabajar con sus compañeras de equipo, y también vio cómo se mostraba motivada y se animaba en pro de alguna causa. Entonces empezó a "sentirse mejor" respecto a su hija, con lo que el enfrentamiento entre ambas empezó a ser menos estridente, más silencioso y a desaparecer totalmente durante largos períodos. «Creo que Alice ha dado un primer paso hacia nosotros», confesó la madre, aunque yo pensé para mí que ella no estaba reconociendo que ella también había dado aquel paso previamente. El problema todavía persistía; seguía habiendo una señorita insolente que no podía aceptar lo que ella sabía que nuestra época psicológica denomina una "madre controladora" y un "padre ambivalente"; éste, insistía ella, hablaba como un moralista, pero actuaba de otra forma, pues sabía, puesto que se había enterado por su madre y por todo el mundo, que él había tenido dos aventuras sentimentales fuera de su matrimonio. Sin embargo, como jugadora y observadora en una pista de juego, una hija y una madre, una joven y una adulta de la mediana edad, encontraron un poco de distracción de sus individualidades enfrentadas y alguna razón, aunque limitada, para sentirse en mutua armonía psicológica y moral. Claro que la joven quería ganar y que la madre quería que ella ganase; era una especie de camaradería, aunque limitada por su naturaleza y su duración, que significaría mucho para cada una de ellas y que, como acabamos sabiendo, sería el preludio de una disminución de la desconfianza y el recelo. Es así como puede suceder a veces y éste es el desafío para todos nosotros, adultos y adolescentes: descubrir cómo y por cuánto tiempo podemos seguir teniendo algún contacto, compartir el mismo punto de vista de lo que es deseable y agarrarnos así del brazo, como compañeros morales, con nuestra mirada puesta en ambiciones y metas concretas y compartidas.

III. CARTA A PADRES Y PROFESORES

Llegados a este punto, espero que haya quedado claro para ustedes los lectores, que nuestros hijos e hijas, nuestros alumnos de cualquier edad, se hallan en búsqueda de dirección moral, así como psicológica y cognitiva o intelectual. Los bebés tienen que aprender el "no" y el "sí"; los niños que están en la escuela elemental tienen que aprender a convivir entre sí, a relacionarse (en la tradición de la regla de oro) como es de esperar que se relacionen; los adolescentes tienen que descubrir cómo considerar las nuevas capacidades e impulsos de su cuerpo, así como los intereses, preferencias y actitudes diversas con las que constantemente les bombardean los amigos, los anuncios, los actores y las actrices, los publicistas, los cantantes y los músicos, así como las estrellas del deporte. ¿Cómo debemos, ustedes y yo, como padres o como maestros (e insisto en que los padres son siempre una especie de maestros) hacer lo mejor que sepamos para transmitir nuestros principios, convicciones y valores a la próxima generación, la generación de nuestros hijos o alumnos? No cabe duda de que algunos de nosotros no pensamos en este desafío hasta que los problemas no se presentan a nuestra puerta y entonces se convierten en una alarma y una ansiedad moral: ¿qué decir?, ¿qué hacer? Tal vez olvidemos que antes de que se desencadene un período de crisis o de preocupación hemos estado indicando algunos puntos morales a nuestros hijos, enviándoles mensajes directa o indirectamente; el resumen de todos ellos es nuestra idea de cómo debe uno comportarse en una diversidad de circunstancias. Mucho de todo esto –el encuentro día a día con niños, en los que decimos que sí o que no, sonreímos o fruncimos el ceño, defendemos una u otra forma de pensar o de actuar– se hace de forma totalmente natural, por "instinto", es decir, sin emplear mucho tiempo en decidir. Basamos en nuestro corazón, en nuestros huesos o en nuestras tripas (allí donde esté localizada anatómicamente nuestra intuición moral) un sentido ético de las cosas y es ahí donde nos inspiramos. También sabemos en el fondo de nosotros con qué ansiedad la mayoría de los niños busca claves morales en sus padres y profesores. Como profesor voluntario de una escuela primaria durante años, me he servido de la historia de Tolstoi mencionada y comentada al principio de este libro y he sido testigo de primera mano del poder mágico que tiene una fábula moral para provocar la respuesta empática de los jóvenes lectores. Es fascinante e instructivo que algunos de éstos deseen intensamente tomarse la historia a pecho y vivirla literalmente: «se nos podría decir que comiésemos en un rincón en un balde y ¡seguro que recordaríamos qué se siente!», insistía una niña de diez años.

Al año siguiente, un niño de nueve años era todavía más concreto: «la mitad de nosotros deberíamos comer en una mesa con mantel y una buena vajilla y la otra mitad deberían hacerlo en el balde por ahí, en el suelo o en un rincón. Después podríamos cambiar ¡y entonces sabríamos!». «¿Qué es lo que sabríamos?», pregunta interesado el maestro. «Sabríamos cómo es comer de una manera y después de la otra», respondió el muchacho con una especie de entusiasmo aventurero y con los ojos muy abiertos.

Ese mismo año, una niña tiene su versión de una especie de teatro moral: «podríamos tirar los dados o algo así y si se tiene mala suerte sufriríamos el tratamiento del balde. Entonces tendríamos pena de nosotros y no olvidaríamos». Parece que ha acabado su propuesta, pero añade: «podríamos intentar ayudar a la persona que come en el balde. Quiero decir que si yo estuviera en el suelo comiendo de esa forma y mi comida no fuera tan buena como la que están comiendo los demás en la mesa en platos, y alguien viniera a ofrecerme un plato mejor o mejor comida, diciéndome que podía levantarme y sentarme con el resto en la mesa, estoy segura de que estaría agradecida a esa persona; y si yo viera a otro sentado en el suelo en el rincón comiendo pan y agua en un balde, entonces le ayudaría, sé que lo haría; estoy segura de que querría invitarle y darle un buen plato porque si se ha estado en esa situación con problemas, eso se recuerda».

Por desgracia, una niña más escéptica, también de nueve años, no estaba tan segura de que eso sucediera inevitablemente y nos hizo un verdadero regalo, al preguntarse: «¿cómo sabes si alguien recordaría después lo del balde?». Por supuesto nosotros no lo "sabíamos", pero ella continuó su reflexión ampliándola con las siguientes palabras: «podría ser que alguien se pusiera realmente furioso por estar sentado en el suelo y se dijera que "bueno, ahora estoy sentado aquí comiendo en el balde, pero si tengo suerte y salgo de esto o si logro encontrar la forma, si de algún modo se acaba lo que me está sucediendo, haré lo mismo con la gente por lo que me han hecho a mí". *Les* haría comer del balde ¡o simplemente olvidaría todo este asunto! Quizá les diría: "no me recordéis todos mis problemas, ¡ya han pasado!"; ¿no podría ser que nos pasara esto?».

Oír esta parte de la grabación del debate de la clase significa recordar algo al que la escucha: la variedad de nuestras posibles respuestas a una conmovedora y convincente fábula moral contenida en la obra de un maestro, de un gigante entre los escritores. La niña que acabo de citar estaba muy influida por su universo familiar, según nos permite imaginar su lacónico comentario final: «mi padre dice que es mejor olvidar el dolor una vez que se ha acabado». Los niños asienten inmediatamente y, ¿por qué no?, «¿quién quiere agarrarse al dolor?» preguntó otra niña, afirmando y secundando a la primera. Tampoco me precipité yo a ser la excepción. No obstante, una larga pausa de silencio me dio tiempo para pensar dándole vueltas al asunto: ¿cómo llegar a una especie de reflexión que nos devolviera al espíritu de Tolstoi que nos había impregnado al principio de la lectura de esta corta historia moralmente evocadora? Éste fue mi comentario final: «supongo que una forma de relacionarse con el dolor es intentar aprender cómo ahorrar a los demás el pasar por donde uno ha pasado». No respondió nadie, pero retrospectivamente puedo imaginar mi posible salida moralista: «quiero, niños, que veáis esta historia a *mi* manera, y, por Dios, haré que la veáis así con este comentario o, si "no hace efecto", ¡con otro!». Por último se levanta una mano en el aire pidiendo permiso para hablar: «sí, pero el estar preocupándote de otra gente y de tu dolor no te hace olvidarte del tuyo, y éste seguirá agobiándote». De nuevo muchos gestos de asentimiento, aunque no generalizados. ¿Qué decir en estos momentos? ¿Cómo justificar en realidad el añadir algo, un esfuerzo continuado de dirigir esta discusión moral en la dirección que yo quiero, en una dirección que enfrenta críticamente con cualquier actitud o posición que no me guste o que me preocupe? Finalmente asiento; con este gesto, doy mi acuerdo a lo que acaba de decirse, aunque otros pensamientos cruzan mi mente al tiempo que me doy cuenta de que no puedo –no debo– expresarlos, al menos no en la forma en que me han venido. Pero, ¡cuidado!, a a veces olvidar algo es darle demasiada importancia, concederle que tenga influencia sobre uno. Es mejor dejar que un recuerdo permanezca vivo; en realidad, aún es mejor darle un uso redentor, y de aquí la sugerencia de Tolstoi de que una experiencia recordada puede cambiar la forma en que vivimos, es decir, en que vivimos con los demás y nos comportamos con ellos. Por otra parte, para ser justos, estoy dirigiendo este asunto para que encaje a mi manera, en *mis* valores. ¿Por qué no olvidar el dolor? ¿No es esto lo que nos permite a todos poder seguir adelante? Sin duda alguna, los psicoanalistas (mi gente) ponen mucho énfasis en la recuperación de la memoria, en un respetuoso e insistente examen de la misma. No podemos borrar definitivamente algo, especialmente algo doloroso. Pero, y esto es lo más importante, yo seguí preocupado de que existiera allí una diferencia importante de opinión que flotaba *en nuestro interior* y que yo no sabía cómo reconciliar (o no quería hacerlo). Definitivamente, la empatía puede ser muy costosa; seguramente puede llevar a asumir el dolor de otro, pero, ¿por qué hacerlo y cuándo?, ¿cuándo decir *basta*? Estas preguntas me acosaban y, al mismo tiempo, tenía la tentación de ser condescendiente: ¿cómo plantear estos temas a alumnos de nueve años? (cuando mi mente toma esa dirección tengo que poner un signo de advertencia: ¡cuidado, te estás escondiendo de tu propia inadecuación al recalcar la supuesta inadecuación de edad de tus alumnos!).

De pronto, la salvación. Una niña levanta la mano, y antes de darme cuenta, ya está hablando: «el dolor no es bueno, pero, a veces, simplemente sucede». ¿Por qué? Respuesta inmediata: «porque sí», contesta la niña, pero no hay continuación, me siento desalentado y tengo la tentación de hacer una disquisición cortada a la medida de la edad de mis alumnos. Todavía no soy capaz de aceptar la vitalidad moral de estos niños, su buena disposición, su capacidad para ahondar en los mismos temas que Tolstoi ha explorado, ¡y precisamente por personas de esa edad, nada menos! Otra niña añade un comentario: «porque… porque es así algunas veces». «¿Qué quieres decir?, ¿de qué estás hablando?». El primer niño que habló es implacable, supongo que un día será abogado o fiscal. Pero la niña no se inmuta, y continúa imperturbable, segura de sí misma: «mira, hay veces en que es verdad que si "no hay dolor no hay beneficios", eso es lo que dice mi papá. Y mi mamá me dijo que no puedes nacer sin que tu madre sienta dolor».

Cuando se puso aquel ejemplo, me sentí complacido y de repente sentí una enorme admiración por aquella clase, sus posibilidades morales y su capacidad (¿otro signo de autocomplacencia?). Entonces llegó una respuesta aguda: «eso es diferente, eso es el cuerpo, pasa en el cuerpo; aquí estamos hablando de algo diferente». El niño se detiene, espera en actitud desafiante que alguien le contradiga claramente. Pero nadie dice una palabra hasta que él despliega algo más que la contundencia de su razonamiento: su propia habilidad: «queréis que la gente nazca, pero si seguís preocupándoos de *todo el mundo*, entonces necesitaréis que alguien se preocupe de vosotros, porque preocuparos de los demás es lo único que habréis estado haciendo. ¿Lo veis?».

Siento admiración por ese muchacho: ¡*será* un digno y capaz abogado muy hábil y ágil! La clase ha enmudecido. La inmovilidad de los cuerpos, la atención absorta dirigida por parte de la niña que le había respondido y por mi parte al último orador habla a voces: él nos ha recordado que podemos excedernos, empequeñecernos en nombre de la virtud y a costa de las personas que están más cerca y que nos son más queridas. Entonces, ¡la empatía de éstos tendrá que dirigirse hacia nosotros, que somos tan empáticos! ¡Oh!, creo que entiendo mucho de esto o más bien que ¡*él* entiende! ¿Por qué forzarnos hasta ese punto? ¿Por qué no aceptar simplemente la sensata y sucinta parábola de Tolstoi, sentir su fuerza, reponernos y decidirnos a aprovechar la invitación del día para ser mejores hijos, mejores nueras con nuestros padres enfermos, hacer que nuestros "Mishas" capten el mensaje y, cuando llegue el momento, cuando nos llegue la hora, estén allí atendiéndonos con los vasos, los platos, los tenedores y las cucharas de sus mesas de cocina o de comedor? Miro el reloj: sólo pocos minutos antes de que la campana nos marque la hora de acabar, de prepararnos para ir a comer. ¿Cómo terminar este debate? o más bien, ¿cómo impulsarlo suavemente un poco más, para que *no acabe*, viva en el espíritu de los niños y las niñas, de forma que no sea olvidado, esa desaparición de la conciencia, esa pérdida de memoria pudiera proporcionar aunque cierto "alivio"? Pero estoy confuso sobre lo que decir; tengo una gran tentación de empezar a hacer exhortaciones e intento resistirme con todas mis fuerzas. El diablo llega, no obstante, con las racionalizaciones conocidas: esta es una clase en una escuela primaria y no debo olvidarlo; un esfuerzo para "concluir" nos ayudaría a todos: «intenta hacer un resumen razonablemente justo de lo que ha sucedido y confía en el espíritu de los niños, en su ya manifiesto entusiasmo contagioso por este tipo de actividad reflexiva», me digo a mí mismo.

Me preparo para hacer mis observaciones, cuando veo levantarse en el aire la mano vacilante de un niño con una mirada de desamparo en su rostro dirigida mitad a mí y mitad hacia la ventana: «lo siento, ¿qué es un "balde"?, ¿es esa especie de recipiente que usan los perros?». La clase se agita; hay risitas; se rompen las normas. Un sí, otro sí, sin que se levanten las manos para pedir permiso para hablar. Después un no, Tolstoi no quería decir eso. «Un balde es algo que pones en el suelo quizá, no lo sé, ¿puede ser para un perro o para un gato?», pregunta perplejo el futuro abogado. Me di cuenta de que no hemos definido en absoluto esa palabra. Pienso para mí: un balde es un recipiente que contiene platos, una especie de fregadero primitivo, utilizado normalmente para lavar. Este alumno tiene razón en cierto grado es un objeto humilde que no se utiliza normalmente en una mesa de comedor. Doy rienda suelta a mis pensamientos, mientras una niña afirma que su compañero tiene razón, que un balde es eso que utilizan los perros y los gatos para comer. Nos dice que su madre se sirvió de una gran "cazuela" para convertirla en un recipiente para dar de beber a su perro Spanky. Sí, sí, nos dijimos todos en voz baja o en voz alta y después, suena la campana.

Cuando los niños explotan en el escándalo del recreo, me pregunto qué significará nuestro intenso debate para ellos en el futuro o si tendrá algún sentido; me pregunto si lo van a recordar sólo unas horas, una semana o dos, como máximo. Es una pregunta imposible de responder. El misterio de esta vida, de cómo respondemos a lo largo de ella a lo que hemos oído y visto, a lo que hemos vivido, se burla totalmente de nuestro deseo demasiado humano de obtener el control del futuro. Finalmente, yo estaba sentado allí recordando a mi propia profesora de quinto y su gran esfuerzo para inspirarnos con sus enseñanzas sobre Abraham Lincoln empleando una enorme energía emocional, intelectual y moral, hasta el punto de obsesionar a aquella clase, mientras mirábamos fijamente diversos retratos del presidente que estaban colgados en la pared, memorizábamos sus palabras, que escribíamos en la pizarra, y permanecíamos sentados totalmente en silencio, casi hipnotizados, asombrados por la definitiva seriedad apasionada, e incluso a veces temible, de aquella profesora nuestra, normalmente entusiasta y dinámica cuando nos hablaba de aquel extraordinario presidente americano, que ella hacía revivir con sus defectos incluidos. Por supuesto, eran las luchas de Lincoln, su aspecto frágil y nada excepcional lo que nos enganchaba: era alguien que cometía errores, hacía concesiones y, en definitiva, rectificaba, lo cual entiendo ahora que era toda una secuencia que ya entonces habíamos llegado a conocer en nuestras respectivas vidas. Mientras intentábamos llegar a conocerle, llegamos a conocernos a nosotros mismos y a nuestros padres, y de una forma patente; pero esa familiaridad no debe confundirse con la adoración de un héroe. Lincoln sólo se convirtió gradualmente en héroe en un sentido; estábamos aprendiendo qué es el heroísmo; no se trataba de ser un santo que llega de lo alto, sino de alguien que tropieza, tiene tentaciones, se aparta del mal y se dirige hacia el bien, sólo con gran esfuerzo; podría decirse que se trataba de un heroísmo ante todo *interno* (una lucha moral psicológica), que sólo después se manifiesta en uno u otro escenario público.

También estaba yo allí sentado, recordando a mi profesor de octavo, que nos enseñó a respetar la lengua, a ser cuidadosos con las palabras, a esforzarnos por decir lo que realmente queremos decir y expresar exactamente lo que decimos, una santidad de pensamiento y expresión, dejando claro que todo esto manifiesta una especie de respeto por sí mismo: «sois seres humanos, la única especie que habla, escribe, escucha las palabras y las devuelve a los demás de una forma personal». Nunca nos dijo que memorizásemos aquella afirmación, pero todos nosotros lo hicimos, porque él mismo nos había convencido, gracias a su propio ejemplo, de que el corazón y el alma que él manifestaba con una gran convicción nos trasmitían exactamente el contenido de su mente. Aquella mañana, varias décadas después, yo acababa de ser testigo de la energía moral que dan los niños a la vida de un profesor, aunque, sin duda alguna, muchos de nosotros tengamos recuerdos en los que nuestro padre o nuestra madre, o ambos, dijeron o hicieron algo que se nos quedó inmediatamente grabado y nos ayudó a moldear lo que hoy día somos.

Por último, mientras observaba cómo salían educadamente del aula aquellos niños (con un control muy evidente, que retenía sus deseos de correr, correr y correr con alegría, con alivio hacia la cafetería o el patio de recreo), recordé a alguien de aproximadamente su misma edad (tenía diez años), a quien conocí hace mucho tiempo; recordé que me hizo darme cuenta de la capacidad que tiene un "simple niño" para la contemplación ética, para la interiorización espiritual. Aquel muchacho estaba gravemente enfermo de leucemia. Puesto que yo me había formado en pediatría y en psiquiatría infantil, se me pidió que examinara la situación psicológica de aquel joven paciente, pues ya había trabajado médicamente con niños parecidos y tenía alguna idea de lo que les sucedía en el cuerpo y de cómo ese proceso a veces influía en su condición mental. Aquel muchacho, David, había empezado a preguntar a los médicos y a las enfermeras que le atendían si ellos rezaban algunas veces por sus pacientes, incluido él. Aquellos hombres y mujeres serios, profesionales laboriosos y bien formados, quedaron desconcertados por aquel tipo de pregunta. ¡David les había dicho después que él rezaba por ellos! De ahí surgió la petición de que yo hiciera su "evaluación" y que viera qué es lo que le "perturbaba". Inmediatamente consentí en hacerlo, y mi respuesta respecto a aquel muchacho decía quizá más de mí, de mis valores, hipótesis básicas y forma de pensar, que de él. Comuniqué a sus médicos en la nota que escribí que era un niño brillante y sensible, asaltado por la ansiedad y el miedo. Estaba intentando entender qué le estaba pasando, aunque en el fondo sabía que iba a morir muy pronto. Con una desesperación obvia, estaba rezando a Dios para poder sobrevivir de algún modo, eso es lo que yo pensé, aunque en realidad tampoco ponía mucho énfasis en aquella forma de petición nada sorprendente e incluso convencional a "la más alta autoridad". Por el contrario, rezaba mucho por los médicos que le estaban tratando de diversas formas y en diferentes momentos. Incluso llegó a decirme que sentía pena por los médicos: la suya era una batalla costosa y ellos podían perder y, según sus propias palabras, a "nadie le gusta perder". Inmediatamente pensé que era *él* quien iba a perder y que *realmente* estaba preocupado por sí mismo y no por los médicos. ¿No debía yo ayudarle a ver claramente qué es lo que le preocupaba? ¿No era ése mi trabajo?

Una mañana en que pensaba vagamente en esta misión, la de clarificar a David su situación real y sus perspectivas clínicas, me senté con él en su habitación y le pregunté que cómo iban las cosas, con la intención (¡*mi* intención!) de saber cómo se sentía. El muchacho parecía débil y cansado; pero le brillaron los ojos y se las arregló para esbozar con determinación una sonrisa. Me dijo que estaba "bien", pero preocupado por los médicos y enfermeras: «están trabajando mucho y parecen desanimados». Se detuvo unos momentos y después continuó: «Estoy rezando por ellos». Es innecesario decir (aunque lo repito) que yo estaba convencido de que dichos comentarios decían más de la apreocupación de aquel niñopor sí mismo, de la aprensión de que no se iba a ganar la batalla por su vida. Decidí dar un rodeo al asunto y ver si finalmente podía hablar más abierta y directamente de lo que le pasaba por la cabeza, con la teoría de que hacerlo le ayudaría de alguna forma en aquel período triste y temible. Le pregunté por el contenido de las oraciones que ofrecía por el personal del hospital, esperando que estuviera rezando para que aquellos hombres y mujeres pudieran evitarle de alguna forma aquel terrible sufrimiento, pero las palabras que escuché de él fueron: «pido a Dios que sea bueno con ellos para que no se sientan muy mal si los niños de aquí vamos a encontrarLe». Se quedó otra vez en silencio y después expresó este último pensamiento: «cuando me encuentre con Dios, diré unas palabras en favor de las personas [que trabajan] en este hospital. Yo se lo dije al médico [su oncólogo infantil] y él me sonrió».

Mientras escuchaba a David estaba por fin empezando a darme cuenta de lo importante que era para él su fe, y la seriedad con la que había intentado conectarla con las experiencias de su vida y con su triste destino personal. Todavía pienso en él cuando hablo con niños que luchan por superar diversos obstáculos o dificultades y que intentan entender qué es lo que les está sucediendo a través de la reflexión religiosa o espiritual. David, y otros niños como él que he conocido, me han dado una gran lección para toda la vida: que los niños necesitan enormemente un sentido de propósito y de dirección en la vida, una serie de valores arraigados en la introspección moral, una vida espiritual sancionada por sus padres y madres en el mundo adulto.

Desde que conocí a David hace mucho tiempo, he pasado años hablando con niños cuyos padres son católicos, protestantes, judíos o musulmanes, aquí y en otros países; y también con niños cuyos padres no pertenecen a ningún credo religioso, aunque están profundamente interesados en reflexionar sobre los porqués de esta vida y también lo que se debe hacer y lo que no. Una y otra vez he llegado a darme cuenta de que incluso los niños en edad preescolar están constantemente intentando comprender cómo deben pensar sobre este don de la vida que se les da y qué deben hacer con ella. Las personas como yo, formadas en medicina, a menudo recalcamos los aspectos psicológicos de este fenómeno y no es raro que pongamos etiquetas reduccionistas, como si un niño no pudiera detenerse y pensar sobre el sentido de la vida sin ser candidato a un examen médico. De hecho, la exploración moral y las preguntas sobre los misterios de esta vida, sus ironías y ambigüedades, sus complejidades y paradojas, –esta actividad de la mente y del corazón– contribuye a la experiencia de lo que es un ser humano: la criatura de conciencia que, por medio del lenguaje –nuestra capacidad distintiva– intenta pautas e hipótesis para desvelar el significado de las cosas.

No es de extrañar que tantos americanos acudan rutinariamente y con tan buena voluntad a las iglesias y sinagogas. No es de extrañar que incluso padres agnósticos y ateos me hayan recalcado (lo mismo que lo hacen con sus hijos) lo realmente importante que es tener creencias e ideales y una posición de respeto reverencial ante esta existencia que se nos concede tan gratuitamente, al mismo tiempo que nos esforzamos cada vez más por obtener el control material del mundo que nos rodea. Por desgracia, demasiadas personas de los Estados Unidos contemporáneos nos sentimos inquietas por el tema de la religión cuando se relaciona con la vida de nuestros hijos, en el colegio, en el hogar y en el vecindario, como si este asunto fuera de alguna forma desconcertante y confuso, o incluso como si constituyera una amenaza para la sociedad de este país laico. Pero los niños preguntan sus "porqués" constantemente, buscan razones morales a las que ceñir su vida en el presente y en el futuro, indagan en el corazón de la espiritualidad: mirar hacia dentro en búsqueda de sentido y propósito; buscar una comprensión de lo que es realmente importante y por qué razones; esta actividad no tiene por qué llevarse a cabo dentro de un marco religioso institucionalizado y puede alentarse mediante la lectura de historias y poemas, el aprendizaje de la contemplación científica de este planeta sobrecogedor y maravilloso (y también temiblemente vulnerable), muchos de cuyos secretos todavía siguen ocultándose a nuestra búsqueda.

Mirando retrospectivamente, me di cuenta de que David fue un importante maestro para mí. Cuando miro hacia atrás, me veo como otro médico bien formado, cuya inocencia fue desafiada por el sentido común de un niño. Su espiritualidad me permitió contemplar la espiritualidad de otros niños y darme cuenta por fin de que honramos a nuestros hijos tomando en serio el aspecto moral y espiritual de sus vidas y pensando cómo podríamos responder al mismo con tacto e inteligencia. Si, hace muchas décadas, fue David quien me enseñó teniendo sólo diez años, otra joven diez años mayor que él, que acababa de salir de la adolescencia, me enseñó recientemente mucho más y me impulsó a volver a estudiar el tema central tratado en este libro: cómo podemos ayudarnos unos a otros, de modo que los ideales que proclamamos se queden reflejados en la forma en que nos relacionamos con las personas que vamos conociendo.

Cada vez que pienso en aquella estudiante, Marian, pienso en Ralph Waldo Emerson, cuya obra ella admiraba tanto. Hace más de ciento cincuenta años, en su ensayo *American Scholar* hizo una distinción, una comparación y un juicio que culminó en una lacónica afirmación: «el carácter es superior al intelecto». Ya en aquella época, un hombre de letras prominente, un intelectual, se preocupaba –como lo harían después muchos escritores y pensadores de las sucesivas generaciones– de los límites del conocimiento y de la naturaleza de las Facultades y Escuelas Técnicas, de la misión de la Universidad. Como él bien sabía, el intelecto puede crecer y seguir creciendo en una persona arrogante, egoísta o incluso cruel. Las instituciones originalmente fundadas para que los licenciados se conviertan en personas buenas y decentes, así como profundamente cultas, pueden abandonar esta misión conjunta en favor de un estrecho aprendizaje de libros transmitidos, de una línea de estudio no ideada en absoluto para relacionar las ideas y las teorías, por una parte, con nuestras vidas tal como las vivimos, por otra.

Los estudiantes tienen su propia forma de percatarse e intentar adaptarse a la especie de escisión que Emerson y otros han advertido. Hace cuatro años, Marian, una alumna mía inmadura, acudió a verme muy angustiada. Había llegado a Harvard procedente de una familia obrera del Medio Oeste. Estaba haciendo grandes esfuerzos para abrirse camino y entrar en la Facultad, y para ello limpiaba las habitaciones de otros alumnos. Una y otra vez se encontraba con compañeros de clase y compañeros de Facultad que aparentemente habían olvidado el significado de pedir las cosas "por favor" y de "dar las gracias", a pesar de las buenas notas obtenidas en sus respectivos colegios, y que no dudaban en ser rudos, o incluso bruscos con ella. Un día recibió proposiciones nada sutiles de un joven que ella sabía que era muy brillante como estudiante de Medicina y que ya era periodista profesional. No era la primera vez que recibía insinuaciones de este tipo, pero en aquella ocasión llegó a un punto de ruptura. Se despidió de su empleo y estaba dispuesta a abandonar Harvard e ir a estudiar a lo que ella llamaba la "lujosa y falsa Cambridge". Acudió a verme llena de ansiedad y cólera y, en unos minutos, empezó a sollozar desesperadamente. Tiempo atrás había participado en un seminario que yo daba sobre la poesía y la novela de Raymond Carver y los cuadros y dibujos de Edward Hopper: la convergencia temática de una sensibilidad literaria y artística, la exploración de la soledad americana en sus aspectos sociales y personales. Poco después se calmó y empezamos a recordar los viejos tiempos de aquellas clases. Pero ella quería hablar de algunos asuntos de este momento que le pesaban en la mente y, al final, escuché un relato detallado y sardónico de la vida de la Facultad vista por alguien demasiado vulnerable y muy impresionada por ella. En un determinado momento me hizo la siguiente observación: «aquel tipo [el que la había acosado sexualmente] obtiene sólo sobresalientes. Va diciendo a la gente que está en el grupo I [el mejor grupo académico]. He hecho con él dos cursos de razonamiento moral y estoy segura de que en ambos ha obtenido también sobresalientes, ¡y mire cómo se comporta conmigo, y estoy segura de que también hace lo mismo con las demás!».

Marian se calló unos instantes para dejarme reflexionar. Resultó que yo conocía a aquel joven y no podía menos que estar de acuerdo con la opinión de ella, aunque no me sorprendía del todo lo que ella había vivido mientras intentaba limpiar su habitación. Yo no sabía qué decir a pesar de que ella no tenía ningún problema en hacerme saber lo que le pasaba por la cabeza. Dentro de su campo principal de estudio –la Filosofía– y muy interesada en Literatura –ella combinaba las dos materias–, Marian había elegido un curso sobre el Holocausto, sus orígenes y su naturaleza esencial: un asesinato masivo de proporciones históricas inigualables en una nación hasta entonces conocida como una de las más civilizadas del mundo, con una ciudadanía tan culta como la de cualquier otro país. Basándose en sus estudios, Marian sacó a relucir nombres como el de Martin Heidegger, Carl Jung, Paul de Man y Ezra Pound, hombres que fueron brillantes y de mucho talento (un filósofo, un psicoanalista, un crítico literario y un poeta), y que habían contemporizado con el odio que supuso el nazismo y el fascismo durante los años treinta. Ella me recordó la buena disposición que tuvieron las universidades en Alemania y en Italia para hacer lo mismo y los innumerables médicos, abogados, jueces, periodistas, profesores y, sí, incluso sacerdotes, que fueron capaces de adaptarse a matones asesinos, simplemente porque tenían el poder político: la moral inclinándose con excesiva presteza al poder y, sin duda, con racionalizaciones inteligentes. También mencionó deliberadamente el *gulag* soviético, esos extensos campos de prisioneros a los que millones de personas honradas fueron enviadas por Stalin y sus brutales cómplices, asesorados normalmente por psiquiatras que estaban demasiado dispuestos a poner a aquellas víctimas de un estado totalitario malvado una serie de etiquetas psiquiátricas, y después inyectarles drogas con el objeto de reducirlas a zombis.

Cuando Marian abandonó mi despacho, yo estaba agotado, triste y a punto de vomitar. Había estado esforzándome hasta el final de una conversación que había durado casi dos horas por rescatar algo de ella, de mí mismo y también de una universidad que respeto mucho, a pesar de conocer sus limitaciones y más que eso (¿y qué institución no las tiene?). Le había sugerido que si ella había aprendido en Harvard lo que acababa de decirme, bueno, que *ése* era en sí mismo un buen aprendizaje adquirido. Ella me sonrió, me concedió el mérito de haberlo "intentado amablemente", pero siguió sin estar convencida. Entonces me planteó la siguiente pregunta directa, peliaguda y desconcertante: «he estado asistiendo a todos esos cursos de Filosofía y en ellos hablamos de lo que es verdad, de lo que es importante, de lo que es *bueno*; pues bien, ¿cómo enseña usted a la gente a *ser* buena?». Después vino la ampliación de la pregunta: «¿para qué sirve *conocer* el bien, si uno no sigue intentando ser una buena persona?».

Hasta entonces yo había estado manifestando simpatía por ella, por su indignación sobre algunos estudiantes cuyas habitaciones limpiaba y por su examen crítico de los límites de ese conocimiento abstracto, pero, de repente, me encontré a la defensiva. Confesé con cierto tono de autocomplaciente arrogancia en mi voz y en mis palabras que los Colegios Mayores y las Universidades son lo que son. Acabé con una especie de rendición al *statu quo*, encogiéndome de hombros, gesto que Marian advirtió y al que respondió con un enfado apenas disimulado, que no expresó con palabras, sino más bien con una mirada significativa, destinada a anunciar que acababa de hacer una completa valoración moral de mí. Inmediatamente se levantó diciéndome que tenía que ir a ver a alguien. Yo me di cuenta de que había cometido un gran error. Quería seguir la conversación, quería elogiarla por abordar un tema de una forma tan franca e incisiva, decirle que "había dado en el clavo", que había hecho diana en el corazón del asunto: *el razonamiento moral no puede ser equiparado con la conducta moral*. En realidad quería explicar mi gesto de encoger los hombros, señalar que no hay mucho que podamos hacer, que la vida institucional tiene su propio impulso y autoridad. Pero ella no estaba interesada en aquella línea argumental, en aquella especie de autojustificación, tal como me dejó saber en un inolvidable comentario final mientras abandonaba mi despacho: «me pregunto si Emerson fue "inteligente" en aquella conferencia que dio aquí en otro tiempo. Me pregunto si tuvo alguna vez alguna idea sobre qué *hacer* respecto a lo que le preocupaba, ¿o acaso pensaba que había hecho suficiente por haber expuesto el problema a aquellos profesores de Harvard?».

Ella estaba deliberadamente recordándome que no había olvidado mis repetidas referencias al ensayo *American Scholar* y a la importancia que el autor había dado al carácter, a la distinción que había hecho entre éste y el intelecto, en un discurso que dio en la misma institución que en aquel momento ella y yo llamábamos nuestra. Ella estaba diciendo implícitamente que incluso dicha clarificación, dicha insistencia, podía convertirse demasiado fácilmente en un aspecto del mismo problema que Emerson estaba exponiendo: el intelecto en acción, analizando su relación con la vida vivida de la conducta (el carácter), sin un reconocimiento aparente (e incómodo) de la paradoja subyacente en todo este asunto. La paradoja de que el estudio de la filosofía, incluso la filosofía del razonamiento moral, no provoca necesariamente en modo alguno, ni en el profesor ni en el alumno, una bondad puesta en práctica día a día; y la paradoja final de que una charla sobre esta misma paradoja puede resultar igualmente estéril, en el sentido de que, una vez más, se puede estar siendo inteligente, sin ninguna consecuencia aparente en lo que concierne a las acciones cotidianas.

¿Cómo abordar el asunto de cuál es el modo en que los profesores podemos animar a nuestros alumnos (y animarnos a *nosotros mismos*) a dar un gran paso desde el pensamiento a la acción, desde el análisis moral al cumplimiento de los compromisos morales? Obviamente el servicio a la comunidad nos brinda a todos una oportunidad de obrar conforme a nuestras opiniones y, por supuesto, puede conectarse con la reflexión, puede incluso alentarla. La lectura de *Invisible Man* de Ralph Ellison (literatura), de *Tally's Corner* de Elliot Liebow (sociología y antropología) o de *Childhood and Society* de Erik Erikson (psicología y psicoanálisis) cobra un nuevo sentido después de haber pasado algún tiempo en una Facultad o un hospital de un gueto. Del mismo modo, libros como éstos pueden estimular a un lector que trabaje como voluntario en uno u otro programa de servicios a detenerse y pensar, y con esto quiero decir pensar no sólo en abstracto, sino en concreto. Por ejemplo, ¿cómo la sabiduría de Ralph Ellison, expresada en sus obras de ficción, podría ayudar a moldear la forma en que trato a los niños que superviso, afectaría a mi comprensión y mi actitud hacia ellos, así como a las cosas que les digo y nuestras actividades conjuntas? Podría hacer que se convirtiera en un mentor, intentar invocar su sentido común práctico y su agudeza humorística en mi vida como docente.

Pese al escepticismo de aquella alumna mía, en este asunto un debate en clase puede ayudar. Marian me dio un gran empujón, hasta el punto de que su historia y las paradojas que ella advirtió mientras limpiaba aquellos dormitorios y asistía a cursos particulares en la universidad realmente dieron en el blanco. En mis clases empecé a referirme una y otra vez a lo que ella había señalado y aprendido, y mis alumnos captaron de sobra el mensaje. Su rectitud moral y su sagaz sentido de la vista y del oído ante la hipocresía se cernían sobre nosotros, provocándonos y poniéndonos incómodos. Cuando todos los que estábamos en un seminario dedicado a la introspección moral (gracias a san Agustín y a Pascal, a Tolstoi y a Bonhoeffer, sin olvidar a Emerson) acudimos a una cercana escuela primaria para trabajar como tutores de ciertos niños y niñas, tuvimos que agradecer a Marian y a estos escritores y pensadores una paradoja final: el intelecto de ella, estimulado por aquella experiencia de trabajar y estudiar en aquellos dormitorios, se convirtió para nosotros en un instrumento estimulante, en una provocación intelectual que espoleó nuestra actividad. Supongo que al final comprendimos (¡ése es el intelecto en acción!) que dicha actividad era la única "respuesta correcta" al problema moral que se había planteado.

Los acontecimientos que acabamos de exponer, la experiencia de una alumna y la respuesta de un profesor desconcertado, después alarmado e incluso desesperado, me han proporcionado, en realidad, cierta esperanza respecto a la posibilidad de que, de algún modo, el razonamiento y la reflexión moral puedan integrarse en la vida vivida de un alumno y de un profesor. Con demasiada frecuencia, los que leen o enseñan libros no piensan en plantearse esa clase de dilemas paradójicos que hemos expuesto. En cierto sentido, aquella alumna se convirtió en maestra de todos nosotros en mi seminario: nos desafió para probar que lo que pensamos y sostenemos intelectualmente puede conectarse con nuestras acciones diarias. Para algunos de nosotros, repito, dicha conexión puede establecerse gracias a un servicio comunitario. Pero ésa no es la única forma. Les pedí a mis alumnos que escribieran una redacción en la que expusieran su esfuerzo particular para honrar a través de la acción, por así decirlo, a través del ejemplo, los elevados pensamientos que estábamos exponiendo. Esto provocó (supongo que estimuló una cierta autoconciencia) el que varios alumnos hicieran diversos esfuerzos, y yo sentí que los mejores fueron pequeñas victorias, breves epifanías que de otro modo hubieran sido pasadas por alto, pero que tenían una gran importancia para cada persona concreta. «Le di las gracias a alguien que me servía la comida [en la cafetería de la facultad] y empezamos a hablar por primera vez», escribió una alumna de un momento aparentemente fugaz y sin grandes consecuencias, pero que para ella había sido una ruptura decisiva con una indiferencia hacia los demás que hasta entonces había considerado en abstracto como "personas que trabajan en la barra". Con ello, su mente había ganado mucho, había aprendido algo de la vida de otra persona y, al mismo tiempo, había mostrado su respeto por esta vida. Marian, que me había desafiado con su historia de enfado y melancolía, me había impulsado a enseñar de una forma diferente. En estos momentos, yo estaba sacando a relucir el mismo asunto que ella había expuesto a mi atención: la disparidad más que ocasional entre el pensamiento y la acción. En esta ocasión pedí que todos considerásemos cómo podíamos construir un puente para unir esa disparidad y después reflexionar en el debate y en la redacción sobre cualquier esfuerzo dirigido a este fin. Claro está que esto es la crónica de un simple inicio. La tarea de conectar el intelecto con el carácter es sobrecogedora, como bien saben Emerson y otros, y cualquiera puede caer en el cinismo y convertir el desafío moral de un seminario en otra ocasión más de oportunismo: ¡esta vez conseguiré un sobresaliente, escribiendo un trabajo encomiándome sutilmente por haber hecho esta o aquella "buena obra"! Sin embargo, para muchos de los que asistíamos a aquel seminario, la reflexión había quedado vinculada a la experiencia, y fuimos conmoviéndonos a medida que compartíamos historias de lo que nos había sucedido y los frutos que esperábamos de nuestras futuras vidas cotidianas.

Por supuesto, los padres no suelen pedir a sus hijos que escriban composiciones o hagan un servicio comunitario, aunque recuerdo a mi madre poniendo en una tarjeta pequeñas estrellas que compraba en los almacenes Woolworth, cuando yo llevaba a cabo determinadas responsabilidades domésticas; y cuando se habían acumulado suficientes, me compraba a mí y a mi hermano uno o dos pequeños regalos en aquellas mismas tiendas de baratillo, de cinco y diez centavos (en una época en la que aquellas monedas todavía tenían algún valor). ¿El soborno como medio de alentar una conducta moral en los niños? Obviamente no es una línea de acción recomendada, pero creo que nuestra madre nos estaba dejando claro qué es lo que ella valoraba realmente y nos estaba mostrando el esfuerzo que hacía para transmitirnos sus valores, lo imaginativa e inventiva que podía intentar ser y cómo respondía a *nuestra* humanidad, al mismo tiempo que se implicaba. Aún hoy día puedo recordar el placer que sentía pegando aquellas estrellas, cuando las ponía en las tarjetas con nuestros nombres; me acuerdo de la sonrisa de su cara, del tono musical de su voz. También puedo recordar la tristeza y la pena que reflejaba su rostro, la rápida mirada que echaba a las tarjetas clavadas con chinchetas en el tablón de anuncios ¡cuando hacía mucho tiempo que no habían sido tocadas! Ella quería claramente que nosotros aprendiésemos a participar en las tareas y responsabilidades familiares; quería que aprendiésemos a utilizar las palabras "gracias" y "por favor", no de una forma mecánica, superficial y autosuficiente, no por una pedantería de los padres, como a veces pensábamos (los que aprendíamos, metidos como estábamos en nuestras frustraciones y decepciones, seguidas de un impulso de irrita-

ción con ella: ¡la vieja película de ponerse contra los demás
cuando uno se enfrenta a sus propias limitaciones!), sino por un
deseo auténtico de su parte de que aprendiésemos a romper ese
apego a nuestra sagrada individualidad, tan insistente en su
propia realización, para dirigirnos a los demás y saludarles respetuosamente.

«Somos importantes unos para otros» es un dicho que hemos
escuchado alguna vez y que se sigue oyendo. Pero lo que realmente fue importante fue la prueba constante que nos brindó
nuestra madre de lo que era importante para *ella*, y esta prueba
consistía en su determinación para utilizar las expresiones "por
favor" y "gracias", y hacerlo de verdad, con naturalidad y no de
una forma llamativa, didáctica o para darse importancia. Se esforzaba por ser considerada con los demás, preguntarles por
sus cosas con tacto y sensibilidad y expresarles su enorme gratitud por cualquier favor que se le hubiera hecho a ella, a nosotros o a cualquier conocido. Indudablemente corro el riesgo de
ser sentimental en esta especie de oda a una madre, cantada
tanto tiempo después de los hechos; corro el riesgo de caer en
un romanticismo autocomplaciente. Sin embargo, recuerdo bien
las palabras pronunciadas en su funeral hace pocos años por
amigos, parientes y compañeros en las actividades de voluntariado que ella realizó hasta el final de su vida; algunas eran
personas que yo apenas conocía. Escuchar los elogios que se le
hacían me hicieron me efecto; me devolvieron los mismos recuerdos que me veo ahora escribiendo para los lectores: la evocación de una persona que continuó diciendo que quería que mi
hermano y yo «hiciéramos un espacio en nuestro espíritu para
los demás». Una interesante forma espacial [*sic*] de decirlo.
Debíamos reestructurar un poco los muebles de nuestra vida, esforzarnos por conseguir una especie de acomodo, si no queríamos vivir totalmente absorbidos por nuestra propia importancia.
Por supuesto que muchas veces fracasábamos y tomábamos todos nuestros fracasos a pecho, y lo sabíamos; pero ella no des-
hacía mediante reproches todo lo que estaba intentando lograr.

Con ello sólo habría conseguido que la persona que pedía "por favor" y daba las "gracias" se convirtieran para nosotros en personas frías, autoritarias e incapaces de concedernos el beneficio de la duda, incapaces de recordarnos lo lento y difícil que puede ser para todos alcanzar los diversos destinos morales que consideramos importantes durante la infancia.

Era obvio que ella ya sabía cómo ser paciente; pero, y esto era esencial, sabía cómo ser paciente no sólo con nosotros sino también con ella misma. Por potenciar un poco la psicología, digamos que ella conocía el significado del perdón como algo que le incumbía a ella con independencia de nosotros. ¿Cómo lo sé? Lo sé porque la recuerdo dejándonos saber lo "arrepentida" que estaba a veces: nos contaba en ocasiones que estaba "mortificada" porque había tomado algo (o a alguien) como cosa hecha. Entonces escuchábamos una historia concreta, que nos contaba, no para que nos asustásemos, por supuesto, sino en nuestro propio beneficio; no para emerger sutilmente como una persona absolutamente buena, tan buena que era capaz incluso de confesarnos sus pecados, sino que la contaba de una forma comparativa, como si ella y nosotros tuviéramos algo en común, algo que era importante para todos y, claro está, para aquéllos en los que teníamos que pensar a través de las expresiones que utilizábamos de "por favor" y "gracias", expresiones que ella ponía atención en utilizar cuando se dirigía a nosotros; era algo muy importante, inolvidable, silencioso e instructivo.

También la recuerdo hablándonos de cuál podía ser nuestra forma incorrecta de comportarnos y por qué. Mi madre nos contaba historias de valor y de miedo. Nos leía también cuentos, pero los momentos que más ansiosamente deseábamos eran los posteriores a la lectura, en los que nos hablaba de su propia vida y compartía con nosotros sus recuerdos y también los sentimientos que recordaba: los momentos en que había estado asustada o conmovida hasta llorar, momentos que le habían inspirado o en los que había sido animada por alguien o por una acción determinada. Mi padre también era un gran narrador de historias a la mesa del comedor y a la cabecera de nuestras camas cuando nos daba las buenas noches. Sus historias, al igual que las de mi madre, solían ser autobiográficas, pero no estaban cargadas de autocomplacencia en lo que George Eliot (era su gran amor, lo mismo que el de mi madre era Tolstoi) llamaría "egoísmo irreflexivo". Pero no, él nos hablaba de los *demás*, de sus "compinches" (había pasado su infancia en Yorkshire, Inglaterra), de su tío favorito que murió sirviendo en el ejército inglés durante la batalla de Ypres, en donde se produjo una terrible carnicería en medio de la primera guerra mundial, y también, por supuesto, de su hermano mayor, que también murió en aquella batalla. Nos contaba su gran enfermedad, una tuberculosis que contrajo a los dieciséis años, y los bondadosos cuidados que le salvaron la vida y que le dieron los benedictinos, a cuyo monasterio fue enviado siendo niño.

Aquellos monjes se convirtieron en algo muy importante para nosotros. Muy pronto nos dimos cuenta de que si no hubiera sido por el éxito que tuvieron, nosotros no habríamos tenido la oportunidad de vivir. No sólo habían salvado a nuestro padre, ¡sino que también habían hecho posible nuestra existencia! ¿Cómo hicieron su trabajo más importante? No mediante la administración de fármacos ni la realización de operaciones quirúrgicas, es decir, no siendo brillantes y tecnológicamente eficaces, sino por medio de la *virtud*, de sus diversas virtudes, que se nos contaban no como si fueran listas abstractas, sino a través de las obras realizadas: la comida deliciosa que le llevaban a la habitación con cariño, afecto y sonrisas; maravillosos paseos a caballo y en carro por el campo con un monje, que fueron momentos memorables; él continuaba su aprendizaje a través de las clases que se le daban; a pesar de que gran parte del tiempo mi padre debía descansar en la cama, también seguía uno de esos regímenes de ejercicios físicos que dirigía cuidadosamente uno de los monjes. Con todo esto, obteníamos atención, generosidad y preocupación, y nosotros seguíamos cayendo en la cuenta, ya que así se nos decía de una forma discreta pero rotunda, que dichas cualidades habían marcado la diferencia y habían tenido como resultado su cura posterior, su visita a América de forma que pudo asistir a la universidad, su oportunidad de conocer en el baile a una mujer que llegó a ser su esposa y, finalmente, la madre de sus hijos. Señalo todo esto para recalcar (¡ahora viene lo abstracto!) el carácter existencial de algunas de aquellas historias que mi padre nos narraba, así como la poderosa atracción que éstas ejercían en nuestra atención, interés y recuerdo. Nuestras mismas vidas dependían de la bondad del corazón, de la generosidad decidida y fidedigna de aquellos monjes cuya conducta oíamos describir. Las historias de mi padre eran relatos de peligro y dolor, pero anecdóticos; ahora me doy cuenta de que informalmente eran descripciones de personajes.

Mi padre era un científico y, durante su juventud en Inglaterra, había sido un gran caminante. Trasladó a este lado del Atlántico su afición a caminar y, durante mi niñez y también después, él y yo hicimos grandes caminatas juntos. No puedo imaginar haber llegado a ser la persona que soy si no hubieran existido aquellos momentos itinerantes. En esas ocasiones me preguntaba por mi vida, mis intereses, esperanzas y actividades del momento. Compartió conmigo muchas cosas. Los años que nos separaban parecían disolverse cuando caminábamos; eran grandes excursiones que nos convertían en camaradas, aunque no dejaba de ser también mi padre. De sus labios conocí detalles de su infancia, de su experiencia con la enfermedad ya mencionada, su decisión de estudiar Ciencias y de hacerlo en los Estados Unidos, en el MIT [Massachusetts Institute of Technology]. Pero también me hablaba, y esto es esencial, de las personas que había conocido, de aquéllas que le habían gustado y de las que no, y por qué. Acabé dándome cuenta de que sus razones para que le gustase o le disgustase una persona concreta en definitiva eran sus valores; valores que me describía de una forma natural en una narración continua, mientras nuestras piernas seguían caminando, tal vez como herramienta de ayuda a la franqueza con que solía contar sus historias, y también para mí, como hijo amoroso, admirador y agradecido, que seguía su ejemplo y le contaba cosas de mis compañeros, de los compañeros que me gustaban y de los que no, y porqué. Naturalmente, más adelante también le hablaba de las chicas, e incluso se las presentaba. El mayor cumplido que llegué a conocer de él fue el siguiente: «una buena persona, ¡realmente una buena persona!». Su observación más crítica era: «no es una persona demasiado buena». Sus frases sobreentendidas siempre tenían un gran peso para mí, en contraste con toda esa palabrería cotidiana que nos inunda ahora. En cierto sentido, una gran parte de la educación moral de un hijo tuvo lugar durante estas expediciones a pie: kilómetros y kilómetros de historias narradas, de ideales e ideas de un padre calando poco a poco en su descendiente.

Al llegar a la adolescencia no sólo había aprendido qué clase de persona le gustaba o no le gustaba a mi padre, sino también los principios éticos que informaban sus elecciones y decisiones. Por ejemplo, él respetaba mucho a un profesor del MIT, un hombre muy reservado, modesto y ecuánime, muy aficionado a visitar museos y asistir a conciertos sinfónicos. Mientras escuchaba describir a aquel profesor, me daba cuenta de lo mucho que mi padre había absorbido de él, incluido su mayor cumplido sobre aquel profesor y, aun hoy día, cuando sale el tema de ese profesor, puedo escuchar cada una de las palabras pronunciadas sobre él: «era una buena persona; sabía cómo cuidar de nosotros, sus alumnos, y de sí mismo». En estas palabras no hay un gran discurso; no existe elaboración alguna de intensos argumentos que sean filosóficamente sutiles o complejos; no hay ninguna afirmación psicológicamente ingeniosa ni intrincada, llena de misterios ocultos y, por ello, seguramente original y brillante. Simplemente un padre estaba diciendo a su hijo, al compartir el recuerdo de un venerado profesor, qué es lo que le importaba a él, qué cualidades marcaban para él una diferencia moral en positivo. Y repito que, en el lado negativo, también escuchaba los defectos que a mi padre no le gustaban en determinadas personas. Él mismo no era intachable; podía ser raro y tímido hasta el punto de recluirse; era demasiado mordaz y, en consecuencia, mostraba a veces una autosatisfacción arrogante. Para mi hermano y para mí era importante darnos cuenta de sus limitaciones y de las de nuestra madre: era un paso en el camino de nuestra toma de conciencia moral, aunque Dios sabe que no eran esos tímidos "pasos" psicológicos los que se cernían sobre nosotros en aquel entonces. Mi padre en realidad era su mejor (y peor) crítico; podía ser claro y franco respecto a sus propios defectos; él hablaba de su "distancia arrogante" mientras se esforzaba por todos los medios en mantenernos (literal y simbólicamente) recorriendo caminos no trillados por otros. Aún recuerdo con dolor sus referencias despectivas a "toda esa gente", y esta expresión procedía de un hombre que afirmaba ser "una persona ordinaria" frente a las "élites estiradas". Con cierto dolor, también me doy cuenta de cómo sus defectos se han hecho totalmente míos.

Orwell era el héroe de mi padre, y éste tenía sus mismos pies de barro (¿y quién no los tiene?). Ahora yo enseño a Orwell, exploro con los alumnos las aventuras, contradicciones, incoherencias y defectos maravillosamente lúcidos y atrayentes del ensayista y pienso en mi padre, en nuestros paseos y en él hablando otra vez de Orwell. Ahora me percato de lo que tenían en común: una pasión moral que era el alma de su pensamiento, una pasión que, en el caso de Orwell, había influido en muchos de nosotros, había calado en nuestras vidas, pensamientos y compromisos. Mi padre ejerció esta clase de influencia en su familia y en aquéllos con los que trabajó como voluntario durante veinte años, después de jubilarse a los sesenta y cinco: visitas constantes a los ancianos necesitados que estoy seguro (me lo dijeron las personas que llevaban la organización a la que entregó su tiempo y su energía) escuchaban la misma clase de observaciones irónicas y desconcertantes sobre la "vida" y sobre cómo "debe vivirse" que escuchamos mi hermano Bill y yo, por no hablar de nuestra madre que, sorprendentemente, completaba ciertos detalles que mi padre omitía de su vida y viceversa. Eso es lo que nos ocurre a todos: lo que no confiamos, lo que no podemos expresar dice mucho de quiénes somos.

Ella fue realmente la que nos dio a conocer la existencia del profesor amable y bondadoso del MIT al que nuestro padre veneraba tanto, y las razones para ello. El profesor había advertido la añoranza de un alumno capaz, su aspecto triste; en Yorkshire, el joven estaba demasiado lejos de Nueva York, su ciudad natal. Así pues, el anciano pidió al joven salir a dar un paseo, con un café como destino y un propósito manifiesto. Un paseo conduciría a otro. En ellos nada de "psicología", nada de orientación ni consejos, ninguna charla farragosa sobre el "aislamiento" o la "depresión", sino, por el contrario, una moral al viejo estilo: yo te reconozco, siento cosas de ti e intentaré ser amigo tuyo; el gesto de un profesor que siente el impulso y la obligación de salir al encuentro de otro ser humano.

Cuando estaba interno en un hospital psiquiátrico de Boston, yo solía pensar que uno de los defectos de mi padre era su poco aprecio demasiado obvio por las ciencias sociales, especialmente por la psicología y la psiquiatría. Realmente un punto ciego de su parte, que manifestaba una especie de miedo, de "resistencia", como decimos en el lenguaje psicoanalítico. Sin duda, esto es verdad hasta cierto punto, pero después me he dado cuenta del lado moral de sus preocupaciones, de sus recelos, de sus extenuantes dudas. Él estaba más interesado en el gesto de aquel profesor hacia él, una cortesía y una amabilidad expresadas, una atención respetuosa manifestada hacia un alumno, que en cargarse de peso recordando sus diversas vulnerabilidades psicológicas de aquella época. Mi madre me lo había dicho en cierta ocasión del siguiente modo: «no es que tu padre se desinterese totalmente de la psicología. La adora cuando George Eliot la practica; a menudo habla de la "psicología moral"; *ésa* es la clase de psicología en la que quiere husmear». Para mí, aquél fue un momento importante; fue entonces cuando empecé a preguntarme qué significaba eso de "psicología moral". Por supuesto, sólo hubiera necesitado haber dirigido mi mirada hacia su héroe, Orwell, o a su otro héroe, George Eliot o, ¿por qué no? a aquel profesor del MIT. Eran personas que examinaban los motivos con entusiasmo, incansablemente, pero eran motivos morales o, como decía mi padre sin vergüenza, "instintos morales", con lo que quería decir nuestro «deseo del propósito de la vida, nuestro sentido interno de cómo debemos comportarnos con los demás».

Sin embargo, mi padre no desconocía la existencia del inconsciente, la base principal de mi forma psicoanalítica de pensar sobre los "instintos"; pero él escogió una clase personal de trabajo analítico en un ámbito diferente: la acción en lugar del pensamiento, la fantasía y los sueños. Cito de una carta que me escribió en cierta ocasión (él escribía constantemente cartas a su familia que estaba en Inglaterra, a nosotros que estábamos aquí, aunque yo estuviera sólo a unos cuantos kilómetros en el colegio y tuviese teléfono en mi habitación o, más tarde, cuando vivía con mi familia muy cerca de él): «puedo ver cómo la gente como vosotros [psiquiatras y psicoanalistas] estáis interesados en comprender por qué las personas tienen los pensamientos y los sentimientos que tienen. Pero os digo [¡ésta era una forma conocida de exponerme algo!] que lo que realmente distingue a las personas es cómo se comportan entre sí, con independencia de lo que atraviese sus ocupadas mentes. Ya veis [otro de sus manierismos literarios] que vuestro propio doctor Freud nos ha dicho lo que finalmente ya sabíamos desde Sófocles y Shakespeare: los vicios secretos que todos tenemos son vicios de la imaginación. Entonces, ¿por qué tanto bombo y platillo? Lo que importa es cómo pueden utilizarse en el mundo todos los problemas que exploráis. Pensad en las posibles paradojas: por ejemplo, el psicoanalista que lo entiende absolutamente todo de todo el mundo, pero que no es una buena persona en su casa, en el vecindario o en la comunidad; o el individuo totalmente trastornado que necesita desesperadamente "tratamiento", pero que está ahí en algún trabajo de voluntariado, con una fidelidad canina, trabajando por alguna causa (vosotros diríais que a causa de su neurosis); y toda clase de personas en medio [de estas dos especies de polaridad que él ha descrito]».

Para mí hay mucha miga en este párrafo: cómo una determinada perspectiva puede informar nuestra visión de las personas y, en consecuencia, la forma en que nos llevamos con ellas, les enseñamos, incluida la forma en que les educamos, si se trata de nuestros hijos o de nuestros alumnos. Estoy diciendo que mis padres estaban interesados en unas determinadas metas morales para nosotros. Ellos querían que nosotros nos "portásemos bien". Querían que obedeciéramos las leyes sociales, por así decir, pero también las leyes morales que ellos se esforzaban por concretar explícitamente. Cuando nos dábamos de narices con el suelo, como podía ocurrirnos, no éramos inmediatamente arrojados en manos de los psiquiatras, sino que aquello daba lugar a toda una conversación sobre el núcleo del asunto, desde la moral a las emociones.

Espero que no estoy describiendo a mi padre y a mi madre, y ahora a mí mismo para ponernos una fácil etiqueta de "anticuados". Las personas y los profesores a los que todavía tengo un gran aprecio sabían cómo ser psicológicamente sensibles y receptivos. De todas formas, ésta es una clase de conocimiento que no pertenece en absoluto a este siglo nuestro. Recuerdo a mi madre leyendo a Sigmund y a Anna Freud, Karl Menninger, A. A. Brill, Lawrence Kubie, Karen Horney, Clara Thompson y, por supuesto, a Erik H. Erikson. Ella incluso le pedía a mi padre que los leyera, y no había un rechazo desdeñoso ni una actitud de paciente tolerancia por parte de él, como si se tratara de una debilidad de mi madre. Puedo recordar muchas miradas en sus ojos que expresaban una comprensión psicológica de mí, de alguna otra persona y, por supuesto, de ellos mismos. Sin duda, mi madre y mi padre estaban de acuerdo con Erikson cuando éste tituló su libro *Insight and Responsibility* (Penetración psicológica y responsabilidad), y cuando hablaban de sutileza psicológica. En algún punto, una interiorización analizada tiene que manifestarse en el mundo del deber y de la obligación hacia los demás, nuestros vecinos y nuestro país. Desde antes, ellos también estaban de acuerdo con el claro desafío de Erikson a una cultura cada vez más psicológica y "carente de valores", por no hablar del desafío a sus colegas psicoanalistas en aquellos últimos y poderosos párrafos de *Childhood and Society*:

Hoy día sabemos que la comunicación no es en absoluto, ni primordialmente, un asunto verbal: las palabras son sólo instrumentos de significados. En un mundo más iluminado y en condiciones históricas más complejas, el analista debe enfrentarse una vez más a todo el problema de la asociación juiciosa que expresa el espíritu del trabajo analítico más creativamente de lo que podrían expresar la tolerancia apática o la guía autocrática. Las diversas identidades que al principio se prestan a una fusión con la nueva identidad del analista –identidades basadas en argumentos talmúdicos, en celo mesiánico, en ortodoxia punitiva, en hábil sensacionalismo o en la ambición profesional y social–, todas ellas, junto con sus orígenes culturales, deben pasar ahora a formar parte del análisis del analista para que éste pueda ser capaz de descartar los rituales arcaicos de control y aprender a identificarse con el valor permanente de su tarea de iluminación. Sólo así puede liberar en sí mismo y en su paciente ese remanente de indignación juiciosa sin la cual la curación no es más que una paja lanzada al viento variable de la historia.

Sobra decir que la "indignación" es una palabra intensamente moral. Los profetas de Israel, Jeremías, Isaías, Amós y Miqueas, elevaban sus voces censurando y oponiéndose a los "principados y poderes" reinantes, sin importarles las injusticias que sufrían por parte de seres humanos como ellos que vivían al lado (los pecadores). *El que se indigna* no sólo se detiene a preguntarse cuál es el "problema" de los que se comportan mal; por el contrario, el punto esencial se halla en el impulso de un sentimiento de juicio, de una decisión de condenar, y de hacerlo con una determinada intensidad, y no de una forma fría, indirecta e imparcial, lo cual implica un criticismo demasiado oblicuo, al que habitualmente se llama "preocupación": escucho de dónde eres ¡y me preocupo por ti! Por el contrario, el desafío de Erikson consiste en la necesidad de que se manifieste el escándalo moral; irónicamente, su ausencia es un juicio que pertenece a la misma "psicología" que nos presiona continuamente a tener cuidado con dichas expresiones de alarma, de enfado, de disgusto y horror total (que convierten en *malas* estas "explosiones", nos hablan de nosotros mismos y nos asustan llevándonos a un silencio discreto y reservado). Como psicoanalista infantil, estaba defendiendo que los niños tienen necesidad de creencias y de compromisos morales que, cuando son amenazados o vulnerados, exigen una defensa, cuyo preludio es la energía que genera la indignación, entendida como una determinación ética que alguien ha tomado.

En cierta ocasión pregunté a Erikson cómo podíamos encaminarnos hacia ese nacimiento moral que él postulaba como una especie de árbitro final, un árbitro muy por encima de los diversos paradigmas psicoanalíticos que él había estudiado y, como formador de psicoanalistas, enseñado durante tantos años: «oh –respondió con bastante reticencia–, no quisiera prescribir», y a continuación añadió con una astuta ironía: «ni proscribir». A él siempre le preocupó un tipo de rectitud tomada al pie de la letra; ese tipo de rectitud que puede convertirse en una especie de atributo rutinario e hipócrita, en una preocupación arrogante por sí mismo. Él vio que yo quería algo, algo más; ese yo hambriento necesitado y en búsqueda que muchos de nosotros llevamos dentro de nuestro yo metódicamente práctico y cotidiano. Pero el silencio se apoderó de mí y yo me quedé allí sentado, esforzándome por dar una dirección a nuestra conversación.

De repente me vino a la mente un antiguo paciente. «Lo nuestro no es razonar por qué, sino actuar o morir». Su cita de la versión de Tennyson del desastre de Crimea tenía como objeto dejarme saber algo de su obligado itinerario, determinado en gran medida por lo limitado de su vida. Después vino el momento de la reconsideración: «a veces me pregunto por qué, una docena de porqués, pero no soy muy bueno en seguir adelante planteando las preguntas completas, encontrándoles las respuestas. Me detengo en el por qué y éste se convierte en una exclamación, ¡y no en una pregunta! Me gustaría poder formular las preguntas completas; de hecho, imagino que me gustaría no ser tan condenadamente ansioso ante el pensamiento de plantearme a mí mismo las preguntas. Quizá, si tuviera más *experiencia*... tal vez las experiencias te hacen plantearte las preguntas adecuadas y te dan las respuestas a tus porqués» y en este punto balbuceó y se quedó en silencio. Yo me vi hablándole a Erikson de él, de lo que había oído y aprendido de él, y Erikson se relajó visiblemente en aquel momento y dejó de estar en guardia. Me sonrió y me dijo que uno de mis pacientes ya me había dado una respuesta a mis preguntas y que yo "parecía conocerla", aunque aparentemente lo negaba por la forma en que le estaba contando lo sucedido: «A veces un paciente puede ser el verdadero doctor [para nosotros] que más necesitamos». Bueno, ¡ya está bien de esa versión psicológica del oráculo de Delfos! Yo quería de Erikson enseñanzas pedagógicas más concretas. Nuestros hijos tenían edad de ir al colegio y, de vez en cuando, yo tenía ganas de gritar, estaba muy frustrado y ansioso por algo que alguno de ellos había hecho o había dejado de hacer, metiéndose en una pelea, vistiéndose como un vagabundo, dejando su habitación desordenada todos los días, hablando como un carretero, olvidando una y otra vez decir "por favor" y "gracias". Él advirtió mi impaciencia claramente y así lo supe cuando le oí decir: «es un largo y difícil camino educar a nuestros hijos para que sean buenos; tiene que seguir haciéndolo, *educándoles*, y eso significa *sacarlo* *todo a relucir** con ellos: preguntando, diciendo, sondeándoles, sondeándose a sí mismo, enseñándoles cómo ir más allá del *por qué*, como decía su paciente que deseaba saber hacer; y esto significa intentarlo todo por usted mismo, encontrar sus propias palabras a través de la experiencia, su propia forma de ensamblarlas. Tiene que saber en qué posición está y, ¡por Dios! no se mueva ni un ápice de ahí. Tiene que asegurarse de que sus hijos sepan cuál es su posición, entiendan por qué y esperar a que se pongan a su lado, y será la paciencia la que les lleve ahí, el trabajo día a día, la constancia de hacerlo. Es un *trabajo moral*, basado en pronunciar esas frases morales que usted espera que sus hijos aprendan de usted, en su propio beneficio, ¡aunque en versiones de ellos!».

Fui capaz de ver que ya no iríamos más lejos. Me había echado una especie de sermón, y a veces lo necesitamos de alguien en quien confiamos y a quien respetamos, alguien que está dispuesto a hacer lo que decía que hiciéramos como padres: tomar una posición, ¡a pesar de los momentos de agitación y duda! Él estaba siendo respetuoso consigo y conmigo, alejándonos a ambos de lo demasiado preciso, de la tentación de lo formulado en favor de un *tono*, un *énfasis*, una *dirección* más esquivos: la llamada moral tal como cada uno tiene que escucharla para sí mismo y escucharla para los demás. A continuación y de modo abrupto dejamos atrás este tema y la conversación giró sobre su curso preparatorio de licenciatura en el que yo enseñaba; habló de su psicoanalista Anna Freud, a la que yo visitaba por entonces y de la que estaba aprendiendo mucho. De repente dio un giro a la conversación y recordó momentos de sus primeros años en que se analizaba con Anna Freud, siendo él alumno del Instituto Psicoanalítico de Viena. Recordó las conferencias que ella daba a padres y profesores, y cómo intentaba exponer un punto de vista en lugar de formular *las* res-

---

* Juego de palabras. En inglés *to bring up* puede significar tanto "educar" y "criar" como "sacar algo a relucir". (*N. del T.*)

puestas a las preguntas (un montón de ellas) que sabía que los asistentes iban a plantearle. En cierta ocasión, en respuesta a alguna pregunta concreta, le había dicho que ella no podía darle "las respuestas detalladas" que él parecía querer, sino "sólo una forma de afrontar las preguntas". Yo me reí y contesté que muchos padres y profesores queríamos "afrontar" no sólo algunas preguntas, sino también a nuestros hijos y alumnos. «Sí, sí –me respondió Erikson–, y entonces es cuando tenemos que esforzarnos por ser amables, tenemos que enfrentarnos a nosotros mismos para hacer lo mejor que podamos por ellos».

Yo no quise, y no pude, dejar de señalar y resaltar la palabra "mejor". Intenté utilizarla para hacer que aquella mujer sabia, aquella anciana sabia me dijese más, me diese más, me afirmase un poco más como padre, como profesor, me enseñase su conocimiento y su sabiduría acumulados. *¿Cómo* podemos hacer "lo mejor que sabemos por ellos"?, *¿qué es* "es lo mejor para ellos"? Planteé esas preguntas ansiosas, fingiendo estar "tranquilo" sobre todo lo que implicaban, riéndome y bromeando de mi propia búsqueda, a pesar de ser un padre, un padre sin imaginación y preocupado. «Ya les dije –añadió dirigiéndose a mí y recordándomelo– "ser buenos", eso es lo que tenemos que ser, que *hacer*: mostrar con nuestra conducta que estamos interesados en los demás y que queremos lo mejor para ellos». En aquellos momentos nos desanimamos ambos un poco, pues ambos nos dimos cuenta (tal como pensé entonces y como todavía sigo pensando) de que no estábamos considerando un acto concreto ni una serie de actos, ni una rutina o un conjunto de normas o una estrategia, sino más bien una forma de ser a la que uno aspira primero, después trabaja día a día para encontrarla para sí mismo y para compartirla después con los demás.

El sobrino de Henry James, e hijo de William James, preguntó en cierta ocasión al gran y clarividente novelista qué debía hacer con su vida, cómo debía vivirla. El sobrino (del que podría decirse que todavía atraviesa la crisis de identidad de la que hablaba Erikson) recibió este consejo: «en la vida hay tres cosas importantes. La primera es ser bueno. La segunda es ser bueno. ¡Y la tercera es ser bueno!». La clave aquí se halla en el verbo exhortativo "ser", así como en el adjetivo, en la insistencia de que uno ha de encontrar una existencia que le permita *ser bueno*. ¿Cómo hacerlo? "Mojándose" una y otra vez, con este propósito en la mente, con la voluntad de navegar enderezando el rumbo una y otra vez, ayudados por aquellas personas a las que pretendemos ayudar, guiados por nuestros anhelos morales en beneficio de los demás, en beneficio de nosotros mismos con los demás: un compromiso con los otros, con uno mismo en relación con esos otros, lo cual no evitará tormentas y períodos de navegación a la deriva, pero ese mismo compromiso se convierte en el núcleo de un viaje con diversos altibajos y cuya esencia, a fin y al cabo, es el mismo destino: el compromiso moral producido por una vida de compañía moral.

APÉNDICE

En este libro me he referido con cierta extensión a una historia de Tolstoi, "El viejo abuelo y el nieto" y a la película *Un asunto del Bronx*. He mencionado de paso las leyendas populares que compartimos con nuestros niños pequeños, las implicaciones morales, por ejemplo, de Robin Hood o de la Cenicienta. Por suerte, existen libros que nos proporcionan a los padres y a los profesores todo el material de lectura que desearíamos tener siempre a mano cuando reflexionamos sobre cuestiones éticas con nuestros hijos e hijas y alumnos y alumnas. Así pues, creo que este apéndice puede ser útil, aunque, gracias a Dios, es breve. En 1993 William J. Bennett nos brindó *The Book of Virtues*, un importante recurso, un gran compañero válido para la búsqueda moral de los padres y también de la de la clase. En 1994, William Kilpatrick, Gregory Wolfe y Suzanne Wolfe nos proporcionaron *Books that Build Character*. En 1995, Bennett nos suministró todavía más material de reflexión y consejo con *The Moral Compass: Stories for a Life's Journey*. Ese mismo año, Colin Greer y Herbert Kohl nos brindaron *A Call to Character*, con más material de lectura para nuestra vida familiar o nuestra vida docente. Además, hay otras historias de Tolstoi además de las mencionadas. Algunas, como "Cuánta tierra necesita un hombre" o "Dueño y hombre" pueden leerse a los niños o dárselas para que las lean por sí mismos, y también pueden servir para estimular la imaginación moral de los estudiantes de bachillerato e incluso para los universitarios. Por supuesto, muchos de nuestros grandes novelistas, dramaturgos y poetas nos sirven muy bien de esta misma forma, nos brindan muchas ocasiones de reflexión moral. En estas páginas ya he mencionado *Middlemarch*, de George Eliot y, con todo el respeto debido, me gustaría remitir al lector interesado en más obras de ficción con similares sugerencias morales a un libro que escribí hace algunos años: *The Call of Stories: Teaching and the Moral Imagination*. Naturalmente, siempre pueden verse películas, y algunas de ellas pueden impulsarnos con gran fuerza a mirar hacia dentro, a preguntarnos cómo vivimos esta vida. Me gustaría mencionar especialmente en este punto la película de Mel Gibson *El hombre sin rostro*, que trata de un antiguo profesor, desfigurado en un accidente de automóvil, que se convierte en un forastero temido del que todos desconfían en una ciudad costera del estado de Maine. Un niño de unos once años llega a conocerle y lo que se enseñan uno al otro tiene muchos mensajes sobre la "inteligencia moral", la capacidad en desarrollo que tiene un niño para entender a los demás con imparcialidad, honradez, interés y generosidad de espíritu. Yo me he servido de esta película muy eficazmente con mis alumnos de enseñanza media y de enseñanza superior; no es en absoluto una especie de sermoneo, pero ellos se ven impulsados a reflexionar sobre la forma en que juzgamos a los demás y las razones por las que les aceptamos o nos apartamos de la gente. Por supuesto, como siguen recordándome mis alumnos, hay también algunas películas del Oeste que nos brindan la oportunidad de considerar las cosas que están bien y las injusticias de este mundo, y lo mismo ocurre con muchas historias políciacas llevadas al cine, por no hablar de la gran cantidad de adaptaciones de buenas novelas a guiones cinematográficos.

Sin embargo, y sin desvalorizar lo que libros y películas pueden hacer para estimular la reflexión moral, varios profesores de una escuela de Boston en la que yo trabajaba me dieron una lección sobre la forma en que podemos ayudar a desarrollar la conducta y la experiencia moral de nuestros hijos y alumnos, que es el tema y la finalidad de la exposición de este libro. Sin grandes alharacas, esos maestros llevaron a sus alumnos a una residencia de la tercera edad de los alrededores, para que visitaran a los ancianos e incapacitados que vivían allí, pudieran hablar con ellos, escucharles y servirles un refresco. En otras ocasiones, los niños ayudaron a limpiar un parque cercano. Un profesor de sexto de la misma escuela hizo que algunos de sus alumnos leyeran a los ciegos, y supieran así algo de su vida.

Mientras yo observaba cómo se llevaban a cabo estos esfuerzos, acompañando a estos niños y a sus profesores a destinos concretos para una visita ocasional o para unas horas de limpieza, empecé a darme cuenta de que me había convertido en un testigo de lo que podía llamarse un *"curriculum* moral": la realización institucionalizada y estimulada mediante acciones de las posibilidades éticas que aquellos niños poseían. Es evidente que los que hemos aprendido a guiar a nuestros alumnos a través de los diferentes recodos cognitivos, y a guiarles a lo largo de los numerosos obstáculos emocionales que les surgen, también podemos reflexionar sobre la forma de unirnos a esos maestros y profesores para añadir a ese *curriculum* moral otras acciones modestas. Creo que padres y madres podríamos igualmente considerar esta posibilidad y explorar esta vía.

SUMARIO